NOUVELLE BIBLIOTHÈQUE SCIENTIFIQUE A TROIS FRANCS

LES CONFINS DE LA SCIENCE ET DE LA PHILOSOPHIE

par le P. I. CARBONNELLE S. J.

TROISIÈME ÉDITION

TOME I.

SOCIÉTÉ GÉNÉRALE DE LIBRAIRIE CATHOLIQUE

PARIS
VICTOR PALMÉ, Directeur général
76, rue des Saints-Pères.

BRUXELLES
J. ALBANEL, Dr de la succursale
12, rue des Paroissiens.

GENÈVE
GROSSET et TREMBLEY, Libraires-Éditeurs
4, rue Corraterie, 4.

LES CONFINS DE LA SCIENCE

ET DE LA PHILOSOPHIE

BRUXELLES. — IMPRIMERIE ALFRED VROMANT.

LES CONFINS
DE LA
SCIENCE
ET DE LA
PHILOSOPHIE

par le P. I. CARBONNELLE S.J.

TROISIÈME ÉDITION
TOME I.

SOCIÉTÉ GÉNÉRALE DE LIBRAIRIE CATHOLIQUE

PARIS
VICTOR PALMÉ, Directeur général
76, rue des Saints-Pères

BRUXELLES
J. ALBANEL, Dr de la succursale
12, rue des Paroissiens.

GENÈVE
GROSSET et TREMBLEY, Libraires-Éditeurs
4, rue Corraterie, 4.

PRÉFACE

Il n'y a pas d'opposition entre l'esprit scientifique et l'esprit religieux; il n'y a pas d'opposition entre ce qu'enseignent les sciences et ce qu'enseigne la révélation ; telles sont les deux vérités que la *Société scientifique de Bruxelles* s'attache à démontrer et à répandre ; telle est la portée que, dans son domaine, elle donne à sa devise empruntée au Concile du Vatican : *Nulla unquam inter fidem et rationem vera dissensio esse potest.*

Les premiers fondateurs de cette Société, bien qu'appartenant à des nationalités diverses, ont pensé qu'il leur suffirait, pour faire œuvre commune, d'être réunis par la foi religieuse ; et ils ont fait appel, non seulement aux savants chrétiens du monde entier, mais à tous ceux qui, éclairés par les mêmes dogmes révélés, savent quelle est de nos jours l'importance d'une culture scientifique sérieuse. Cet appel a été entendu. De toutes les parties du monde, d'illustres adhésions et des demandes d'admission sont arrivées au Secrétariat [1], et il en arrive encore fréquemment aujourd'hui.

Une œuvre aussi opportune a naturellement rencontré des contradicteurs ; mais elle a reçu aussi de précieux témoignages de sympathie. Les plus significatifs lui sont venus des souverains pontifes. Pie IX bénit sa naissance en 1875, et, dès la quatrième année de son existence, Léon XIII lui adressa par écrit [2] des encouragements qu'il a daigné renouveler de vive voix l'année dernière [3].

Aussi elle s'est consacrée à sa tâche avec un zèle qui n'a jamais diminué ; ses publications sont là pour le démontrer. Dans ses *Annales*, publiées depuis 1876 à la fin de chaque année sociale, elle a donné non seulement le compte rendu de ses réunions, mais encore et surtout des mémoires originaux sur toutes les parties des sciences. Ces mémoires le plus souvent ne s'adressent qu'aux

[1] 27, rue des Ursulines, Bruxelles.

[2] 15 janvier 1879.

[3] Dans la grande assemblée réunie à Rome, pour la fête de saint Thomas d'Aquin, le 7 mars 1880.

hommes spéciaux ; mais ceux-ci savent les apprécier, et souvent on les a mentionnés dans les réunions académiques et dans les recueils scientifiques les plus estimés. C'est principalement par ses *Annales* que la Société démontre qu'il n'y a pas d'opposition entre l'esprit scientifique et l'esprit religieux ; car il n'y a rien de tel que de marcher pour prouver le mouvement.

Ce premier résultat ne pouvait lui suffire. A partir de janvier 1877, elle fit paraître en outre une publication trimestrielle destinée à vulgariser les découvertes des savants parmi les esprits cultivés, et tout particulièrement à montrer qu'il n'y a pas d'opposition entre ces découvertes et les vérités religieuses. C'est la *Revue des questions scientifiques*, qui, en dehors même des membres de la Société, compte aujourd'hui de nombreux abonnés dans le monde entier. Des juges compétents ont souvent déclaré qu'elle n'est pas restée au-dessous de sa mission.

C'est pour cette Revue qu'a été écrit, sous un autre titre, l'ouvrage dont nous publions une nouvelle édition. Ses premières pages ont eu l'honneur de paraître en tête de la première livraison. L'importance de la philosophie spiritualiste et religieuse, à la défense de laquelle il est consacré, explique cette distinction. Nous avons fait tous nos efforts pour qu'il n'en fût pas trop indigne.

Puisse-t-il, sous sa forme nouvelle, contribuer plus largement à dissiper les ténèbres que les sectaires contemporains accumulent sur ces graves questions. Puisse-t-il aussi amener de nouvelles adhésions à la Société scientifique et de nouveaux lecteurs à sa Revue.

7 mars 1881.

LES CONFINS DE LA SCIENCE

ET

DE LA PHILOSOPHIE

INTRODUCTION.

Sommaire. — L'importance sociale des sciences naturelles tient principalement à ce qu'elles sont maintenant arrivées dans le voisinage de la philosophie. — Elles ont aujourd'hui conquis une grande autorité sur les masses. — Le matérialisme et l'athéisme exploitent cette récente popularité. — L'aveuglement de certains savants constitue un danger social. — C'est un devoir pour les chrétiens de défendre la vérité religieuse sur le terrain scientifique et d'éclairer surtout les régions voisines de la philosophie. — Le prestige du progrès est une force qu'il ne faut pas laisser usurper par l'irréligion. — Principales questions traitées dans les chapitres suivants.

Le rôle social de la science a, de nos jours, singulièrement grandi. A d'autres époques sans doute les recherches des savants ont ouvert la voie à des applications d'une portée considérable; et malgré les innombrables merveilles suscitées autour de nous par la vapeur et l'électricité, on peut se demander si ces merveilles surpassent en importance pratique les applications plus anciennes comme la découverte du nouveau monde, l'ouverture d'une voie maritime vers l'extrême Orient, l'invention de la poudre à canon, ou même, en remontant plus haut, jusqu'au berceau des civilisations, les premiers essais de l'agriculture, du commerce et de l'industrie. Mais si, dans le passé, la science a rendu parfois des services éclatants à la société, elle ne l'a fait qu'en descendant, pour ainsi dire, des régions théoriques qu'elle occupe naturellement, pour s'appliquer à des arts qui lui sont inférieurs.

Au contraire, la valeur sociale qu'elle a pour la première fois conquise dans notre siècle, ne lui est échue que dans le voisinage des plus hauts sommets qu'elle puisse atteindre. Sur plus d'un point de son domaine, elle s'est emparée de positions élevées, jadis inaccessibles, aujourd'hui solidement occupées et pour toujours, d'où elle découvre, d'où elle éclaire même de vastes étendues dans le domaine limitrophe de la philosophie.

La science ne s'occupe que des phénomènes matériels ; la philosophie se réserve les phénomènes intellectuels et les causes substantielles de tous les phénomènes. Elles peuvent donc souvent se mouvoir l'une et l'autre sans se gêner ; mais elles peuvent aussi se rapprocher jusqu'au contact. Ce rapprochement s'est accompli de nos jours.

Pour porter la lumière dans l'immense chaos qu'elle avait à débrouiller, la science a été forcée de subordonner ses phénomènes entre eux, de reconnaître dans les uns de simples effets dont les autres sont les causes ; et en procédant ainsi elle a peu à peu réduit les phénomènes compliqués à n'être que des résultantes de phénomènes plus simples. De cause en cause, d'explication en explication, elle en est presque arrivée au terme de son analyse, aux phénomènes atomiques, qui sont les éléments et les causes de tous les autres, et qui sont eux-mêmes tellement élémentaires qu'il ne semble plus possible de les analyser. Tout se réduit, ou doit se réduire, à des translations de points matériels régies par les lois simples et générales de la dynamique. Tous les phénomènes matériels ramenés ainsi à leurs derniers éléments, se révèlent à nous comme n'étant que des actions. Il ne reste plus qu'à les rattacher aux agents correspondants, c'est-à-dire à leurs causes substantielles, et l'on arrive ainsi jusqu'au domaine de la philosophie.

Là aussi se dresse la grande question de leur cause première et de la création.

Elle se présente encore ailleurs. L'étude des phénomènes atomiques a révélé certaines lois d'une grande généralité, qui s'étendent à l'univers entier, et qui jettent déjà peut-être quelques lueurs sur le plan et la destinée de cette œuvre immense. Comment s'occuper du plan et de la construction, sans songer à l'intelligence et à la volonté de l'architecte, c'est-à-dire du Créateur ? Cette destinée du monde n'élève-t-elle pas naturellement nos esprits jusqu'à la Providence qui non seulement l'a conçue, mais en a marqué toutes les étapes et assuré l'accomplissement ?

Quel est dans ce plan le rôle de notre liberté? Quelle influence pouvons-nous exercer sur les décrets de cette Providence? Quelle peut être l'efficacité de la prière dans le monde matériel? Qu'est-ce que le miracle ? Les questions se présentent en foule. Sans doute ce n'est pas à la science qu'il appartient d'y répondre, c'est à la philosophie. Mais puisque le savant, tout en restant sur son propre terrain, se trouve pour ainsi dire forcé de les poser, il est clair qu'ici encore il est arrivé à l'un de ces sommets d'où l'œil pénètre au loin dans le pays voisin.

En voici un troisième. Les phénomènes matériels se réduisent tous à des mouvements régis par les lois de la dynamique. Il en est cependant qui ne sont pas exclusivement régis par ces lois. Ainsi la conscience nous apprend invinciblement, à chaque instant, que dans nos mouvements, dans nos sensations même, il y a quelque chose de libre; que dans ces phénomènes tout n'est pas déterminé, comme dans ceux que l'on étudie ordinairement en mécanique, par les équations différentielles du mouvement et par l'état initial. Nos actions matérielles ont donc un principe tout différent de ces agents mécaniques et soumis à la nécessité que nous appelons les atomes. Cette exception s'étend-elle à d'autres phénomènes matériels? Comprend-elle, par exemple, tous ceux que l'on nomme vitaux ? Les animaux, les végétaux ont-ils tous un principe vital distinct de leur organisme? Ici, on le devine, la philosophie et la science se mêlent presque nécessairement; car, par sa nature, ce principe, s'il existe, appartient à la philosophie ; et d'autre part, nous ne pouvons le rechercher et l'étudier, que par l'expérience et par l'observation de phénomènes qui appartiennent à la science.

Les progrès de la physiologie, science toute moderne, soulèvent à leur tour d'autres questions mixtes. Quelles sont les relations du principe vital et de l'organisme? Quelles sont leurs influences mutuelles ? En quoi consiste l'union de l'âme et du corps? Et encore, si les animaux produisent, comme les hommes, des actes matériels régis par d'autres lois que celles de la mécanique, quelle est la différence essentielle entre le principe immatériel des uns et celui des autres?

Toutes ces questions, et d'autres encore que nous exposerons plus loin, surgissent aujourd'hui d'elles-mêmes à la suite de recherches réellement et purement scientifiques. C'est là un fait que l'on peut appeler nouveau dans l'histoire des sciences. Si quelque chose d'analogue a pu parfois se produire exceptionnellement dans les siècles passés, jamais, à aucune autre époque, ces grandes questions ne se sont ainsi dressées sur la route naturelle du savant, toutes à la fois, précises et obstinées. C'est à ce fait que la science doit aujourd'hui la plus grande part de son importance sociale. Il est aisé de le reconnaître.

Les applications industrielles, agricoles, commerciales de la science ont sans doute une valeur considérable pour la société. Elles ont réalisé partout autour de nous des progrès incroyables. Loin de les méconnaître ou de les rabaisser, remarquons en passant qu'elles sont une des deux raisons de la faveur accordée par l'Église aux études scientifiques. La première constitution dogmatique du concile du Vatican nous l'affirme, « l'Église leur vient en aide et les encourage de bien des manières ; car elle n'ignore pas, elle ne dédaigne pas les avantages qui en résultent pour la vie des hommes [1]. » Mais la seconde raison de cette faveur est précisément le lien naturel qui rattache la science à la philosophie ; et cette raison nous est immédiatement donnée comme plus puissante encore que la première : « Bien plus, l'Église reconnaît que venant de Dieu, le maître des sciences, leur emploi régulier doit, avec le secours de sa grâce, nous ramener à Dieu [2]. »

Dire que la science nous conduit à Dieu, n'est-ce pas proclamer qu'elle éclaire ces parties de la philosophie spiritualiste et religieuse qui traitent de la nature de l'homme, de l'existence de Dieu et de nos rapports avec lui ? N'est-ce pas aussi reconnaître le pouvoir qu'elle peut exercer sur l'intelligence et sur la volonté ? Nous venons

[1] Quapropter tantum abest, ut Ecclesia humanarum artium et disciplinarum culturæ obsistat, ut hanc multis modis juvet atque promoveat. Non enim commoda ab iis ad hominum vitam dimanantia aut ignorat aut despicit. *Const. de Fid. cath.* c. IV.

[2] Fatemur imo eas, quemadmodum a Deo, scientiarum Domino, profectæ sunt, ita si rite pertractentur, ad Deum, juvante ejus gratia, perducere. Ibid.

d'indiquer sommairement quelques-uns des sujets philosophiques sur lesquels elle jette ses reflets ; il faut aussi nous rendre compte de l'influence qu'elle exerce.

Les systèmes philosophiques ont pu, à diverses époques, passionner leur partisans, créer des écoles florissantes et se répandre même quelque peu au dehors; mais ils n'ont jamais remué directement la société que dans ses couches supérieures, qui sont de beaucoup les moins nombreuses. Les couches inférieures, les grandes masses de l'humanité y sont restées profondément indifférentes. Les religions positives, dogmatisant avec autorité, ont pu seules jusqu'ici les pénétrer de leurs enseignements. Le christianisme lui-même ne leur a fait recevoir ses dogmes sublimes que par le miracle, le sacrifice et la vertu, c'est-à-dire par l'autorité. Eh bien ! cette autorité, cette popularité qui manque à la philosophie, la science la possède aujourd'hui dans une grande mesure. Elle le doit à l'éclat de ses succès, à la juste réputation de ses méthodes, à la grande importance de ses applications. On se moque encore des savants, mais on croit à la science. Cette foi scientifique a pénétré profondément ; souvent même elle se montre d'autant plus robuste qu'elle est moins éclairée.

C'est là de nouveau un grand fait qui se produit pour la première fois de nos jours, et avec lequel nous devons compter. Sans doute la religion chrétienne n'a pas besoin, pour conserver la foi des peuples, pour continuer à la conquérir, d'emprunter la popularité fort inférieure de la science ; elle s'en est passée pendant dix-huit siècles et pourrait s'en passer toujours. Mais Dieu ne veut pas qu'elle s'en passe ; et l'Église, son interprète, semble en avertir le monde dans les paroles mêmes que nous citions plus haut.

D'ailleurs, l'histoire a sa logique, et les deux faits nouveaux que nous venons de signaler en ont amené un troisième, en face duquel les chrétiens ne peuvent plus hésiter.

De tout temps les grandes vérités sur lesquelles repose toute moralité humaine, l'existence de Dieu, la Providence, l'immortalité de l'âme, le libre arbitre, ont rencontré des contradicteurs passionnés ou perfides. C'est que, d'un côté, ces thèses dont la preuve est en nous s'affirment très souvent avec un empire irrésistible au fond de notre sens intime, et que, d'un autre côté, elles sont souvent gênantes pour la faiblesse humaine. Impérieuses et gênantes, il n'en faut pas plus pour qu'on les déclare tyranniques, pour qu'on commence à les haïr et à se révolter contre elles. Depuis que l'homme est sur la terre, cette révolte a toujours grondé, et de toutes les passions aveugles qui se disputent son pauvre cœur, la haine de la vérité est bien la plus aveugle et la plus fanatique.

Au fond elle est aujourd'hui ce qu'elle a toujours été ; et pour le prouver nous n'avons qu'à traduire ici quelques lignes de l'Ancien Testament. Les tristes paroles rapportées au second chapitre de la Sagesse sont encore aujourd'hui dans la bouche de tous les matérialistes ; la forme elle-même n'a pas vieilli, et les images en sont encore modernes.

« Ils ont dit en eux-mêmes dans leurs fausses pensées : La vie est courte et fatigante ; point de guérison à la mort, et l'on n'a vu personne revenir de l'autre monde. Car nous sommes nés du néant, et nous serons ensuite comme si nous n'avions pas existé. En effet le souffle de nos narines n'est qu'une fumée, la pensée n'est qu'une étincelle qui remue notre cœur ; quand elle sera éteinte, notre corps s'en ira en poussière, notre esprit se répandra comme un gaz léger, notre vie passera comme la trace d'une nuée ; elle se dissipera comme un brouillard qui se retire devant les rayons du soleil, chargé de sa chaleur. Notre nom obtiendra l'oubli du temps, nul ne gardera le souvenir de nos œuvres ; car nos années passent comme une ombre ; pas de retour après la mort ; la tombe est scellée, nul n'en revient [1]. »

Et n'est-ce pas contre l'athéisme plus ou moins scientifique de nos positivistes que sont écrites les paroles suivantes du même livre ? « Ils sont bien peu de chose tous ces hommes qui ne possèdent pas au fond la connaissance de Dieu, qui dans les biens apparents n'ont pas pu découvrir le bien réel, et qui regardent l'œuvre sans reconnaître l'ouvrier. Le feu, le vent, l'air mobile, la sphère des astres, l'eau sans bornes, le soleil et la lune, voilà ce qu'ils ont pris pour les dieux qui régissent le monde. Mais

[1] Dixerunt enim cogitantes apud se non recte : Exiguum et cum tædio est tempus vitæ nostræ, et non est refrigerium in fine hominis, et non est qui agnitus sit reversus ab inferis : quia ex nihilo nati sumus, et post hoc erimus tanquam non fuerimus : quoniam fumus flatus est in naribus nostris : et sermo scintilla ad commovendum cor nostrum : qua extincta, cinis erit corpus nostrum, et spiritus diffundetur tanquam mollis aer, et transibit vita nostra tanquam vestigium nubis, et sicut nebula dissolvetur, quæ fugata est a radiis solis, et a calore illius aggravata : et nomen nostrum oblivionem accipiet per tempus, et nemo memoriam habebit operum nostrorum. Umbræ enim transitus est tempus nostrum, et non est reversio finis nostri : quoniam consignata est, et nemo revertitur. *Sap.* II.

si la beauté de ces choses leur a semblé divine, que n'aperçoivent-ils la beauté supérieure de celui qui en est le maître ; car c'est l'auteur même de la beauté qui a fait toutes ces choses. Et s'ils en admirent la force et la fécondité, qu'ils en concluent donc la puissance plus grande encore de leur auteur. Car par la grandeur et la beauté de la création, ils pourront voir et connaître le Créateur..... Ils ne sont pas excusables ; car si leur science leur a permis d'apprécier l'univers, comment n'ont-ils pas su en découvrir le maître [1] ? »

Aujourd'hui encore, comme il y a deux mille ans, on nous dit avec M. Tyndall que nous devons

[1] Vani autem sunt omnes homines in quibus non subest scientia Dei : et de his quæ videntur bona non potuerunt intelligere eum qui est, neque operibus attendentes agnoverunt quis esset artifex : sed aut ignem, aut spiritum, aut citatum aerem, aut gyrum stellarum, aut nimiam aquam, aut solem et lunam, rectores orbis terrarum deos putaverunt. Quorum si specie delectati, deos putaverunt : sciant quanto his dominator eorum speciosior est ; speciei enim generator hæc omnia constituit. Aut si virtutem et opera eorum mirati sunt, intelligant ab illis, quoniam qui hæc fecit, fortior est illis : a magnitudine enim speciei et creaturæ, cognoscibiliter poterit creator horum videri... Iterum autem nec his debet ignosci. Si enim tantum potuerunt scire, ut possent æstimare sæculum : quomodo hujus Dominum non facilius invenerunt ? *Sap.* XIII.

« nous dissoudre, comme les bandes d'un nuage matinal, dans l'azur infini du passé. » Aujourd'hui encore on nous dit avec M. Littré : « Nous ne savons rien sur la cause de l'univers et des habitants qu'il renferme; ce qu'on en raconte ou imagine est idée, conjecture, manière de voir. » Ce n'est donc pas dans les thèses qu'il y a progrès ; mais voici où se trouve le changement.

C'est au nom de la science qu'on les affirme, de la science qui aujourd'hui a conquis le droit de parler sur ces grandes choses; et l'on communique ainsi à ces erreurs une puissance qu'elles n'ont jamais eue, qu'elles n'ont jamais pu avoir dans les siècles précédents. Ce n'est pas, il est vrai, la première fois que la révolte se donne pour une revendication des droits de la science; nous en verrons bientôt un autre exemple remarquable, et d'ailleurs cette jactance est trop naturelle pour être tout à fait moderne. Mais elle n'était jadis qu'un fait exceptionnel, et de plus sans conséquence; car cette pauvre science était alors ridicule et sans autorité. Aujourd'hui l'exception est devenue la règle générale. On trouverait difficilement un seul athée, un seul matérialiste, quelque ignorant qu'il puisse être, qui ne se dise et ne se croie un champion de la science moderne. Ouvrez au hasard un journal irréligieux quelconque ; vous êtes à peu près sûr d'y rencontrer cette confiance et cette affirmation. Il vous sera sans doute impossible de ne pas voir le « petit bout d'oreille » ; vous vous direz que ces journalistes sont athées pour le plaisir de l'être, qu'ils sont matérialistes, comme on l'était il y a deux mille ans, pour des raisons fort peu scientifiques ; *excæcavit enim illos malitia eorum* [1]. Mais il vous sera également impossible de ne pas reconnaître, dans leur charlatanisme aux cent bouches, un grave danger pour la société. Tout charlatan trouve des dupes ; et ici les dupes sont d'autant plus nombreuses et d'autant plus à plaindre, qu'on les trompe au nom d'une science qu'elles estiment à bon droit sans pouvoir la contrôler, et qu'on peut, en les trompant, se couvrir d'autorités réellement scientifiques.

Car, il faut bien en prendre son parti, il y a des savants attachés à cette triste besogne. Bornons-nous ici à constater le fait, et avouons qu'il est difficile de l'expliquer. Nous disions tout à l'heure que la science moderne éclaire sur plusieurs points les questions philosophiques ; comment ce supplément de lumière produit-il de l'obscurité ? Quoi ! c'est vous qui portez le flam-

[1] *Sap.* II.

beau et vous n'y voyez pas ! Vos yeux sont-ils de ceux que la lumière aveugle ? Au dire d'Aristote [1], l'œil de notre intelligence ressemble parfois à celui des hiboux, qui ne voit bien que dans la nuit. Nous savons tous que ce phénomène de l'éblouissement n'est pas rare en métaphysique, où les choses les plus claires et les plus éclatantes sont parfois celles qu'on distingue le moins. En est-il de même pour certains hommes dans les questions qui nous occupent ? Peut-être ; mais ce qui est aussi possible, c'est que la science nous aveugle, moins par la vive lumière qu'elle projette que par l'orgueil qui l'accompagne. *Scientia inflat* [2], dit saint Paul. Or, d'un côté, l'orgueil est au fond de cet esprit de révolte contre Dieu et contre la vérité, d'où procèdent ordinairement l'athéisme et le matérialisme ; et d'un autre côté l'orgueil est une des passions qui nous aveuglent le plus aisément. S. Augustin le reconnaît pour lui-même avec une image énergique qui rappelle la parole de saint Paul : *Nimis inflata facies mea claudebat oculos meos* [3]. Terrible châtiment qui, aux exaltations injustes de l'orgueil, fait bientôt

[1] *Métaphysiques*, II.

[2] *I. Cor.* VIII.

[3] *Conf.* lib. VII.

succéder, comme nous le rappelait naguère le docteur Lefebvre, les plus incroyables abaissements. « Il n'y a pas longtemps que les panthéistes allemands disaient à l'humanité : nous sommes des dieux ! S'ils s'étaient retournés, ils auraient vu derrière eux d'autres savants, accourant sur le char du progrès, et criant avec Vogt : nous sommes des bêtes [1]. » Quelle que soit d'ailleurs l'explication de cette infirmité intellectuelle, on n'en peut nier l'existence et, puisque nous avons à nous en occuper, nous pouvons sans injustice lui donner son vrai nom d'Aveuglement scientifique, qui la caractérise et qui rappelle son origine.

Après ce que nous avons dit des grandes découvertes théoriques de la science moderne, et de la popularité qu'elle doit à ses succès, il est évident que cet aveuglement est un grand danger social. Le vertige qu'il engendre est contagieux et, bien que formé sur les hauteurs, il descend rapidement jusqu'aux plus basses régions. Là, son pouvoir destructeur devient immense, car l'impitoyable logique des passions populaires ne recule devant

[1] Discours prononcé à la Société scientifique de Bruxelles, le 18 novembre 1875.

aucune énormité. C'est à la religion seulement qu'on en voulait, c'est l'ordre social tout entier qu'on a compromis. « On a beau faire, disait Mgr Dupanloup, l'existence de Dieu, l'existence et l'immortalité de l'âme, la loi morale, la liberté et la responsabilité humaine sont les bases primordiales et profondes, non seulement de toute religion, mais de tout ordre social : quand on les ébranle, tout tremble [1]. »

On frémit en songeant au compte qu'il faudra rendre un jour du talent mal employé ; mais déjà, dès cette vie, la société doit le condamner et le flétrir ; car il est devant elle responsable des conséquences. Tant de mauvaises passions, tant de vanités, tant d'orgueils, tant de haines, tant de convoitises sont continuellement aux aguets, cherchant à légitimer et à propager leur révolte, cherchant des armes et des complices, que déjà la simple indifférence est presque une trahison. Comment donc la complicité serait-elle excusable ? Voyez de quoi s'autorisent chaque jour les ennemis de la société. Toute parole irréligieuse d'un savant est immédiatement recueillie et vulgarisée à tous les degrés, en attendant qu'on puisse en tirer les conséquences pratiques. Un

[1] *Où allons-nous?*

journal catholique de Paris, le *Français*, a donné dernièrement quelques séries de citations qui nous montrent bien le caractère et l'activité de cette propagande ; c'est dans les journaux radicaux et dans des brochures populaires qu'il les a découpées en indiquant soigneusement les titres et les pages. Nous demandons la permission d'en placer quelques-unes sous les yeux du lecteur.

Aujourd'hui, par le progrès continu de la science, qui ramène l'esprit humain aux réalités concrètes, aux faits d'expérience, l'idée de Dieu commence à se défaire ; et déjà, comme les rois, les cultes s'en vont.

Rejetons donc résolument tout ce qui est divin. Nous sommes sur la terre, n'aspirons point au ciel.

Ne cherchons donc jamais dans le ciel la raison de ce qui se passe sur la terre. Disons aujourd'hui : Aide-toi, le ciel ne t'aidera pas.

De même qu'avec la gravitation il n'est plus besoin d'un Dieu créateur, qui mette et maintienne les astres en mouvement ; de même avec la justice il n'est plus besoin de Providence.

Il semble que les esprits sont ramenés au polythéisme par la science moderne et désintéressée.

L'éternité du monde une fois admise, tout s'en déduit. La fatalité des lois est une consolation pour qui réfléchit.

L'âme est l'ensemble des fonctions de l'être animé, la résultante de l'organisme,... de même que Dieu est la résultante des lois générales de l'univers.

Ce que j'appelle esprit c'est la matière organisée, vivante, pensante, en opposition avec la matière inorganique.

L'homme a-t-il une âme? — Comme tous les autres animaux, l'homme est pourvu d'un cerveau... Le cerveau est organisé pour penser comme l'estomac pour digérer...

Entre les mouvements réflexes ou instinctifs d'un zoophyte et les formes les plus élevées de la raison de l'homme, il n'existe que des différences de degré, non d'essence.

Connaître les propriétés générales et spécifiques des différentes variétés de cellules nerveuses, et les modes suivant lesquels elles réagissent les unes sur les autres, par contiguïté ou à distance, c'est connaître l'intelligence sous quelque forme que ce soit. Du moins on ne peut faire plus dans l'état actuel de la science... C'est par une simple illusion que nous croyons penser et agir comme nous voulons ; la vérité est qu'il ne dépend pas de nous de diriger nos idées en un certain sens, ni de les évoquer quand il nous plairait... Inutile de dire que ce mécanisme de la volonté exclut comme absolument contradictoire la notion puérile d'un libre arbitre. Si la direction de nos pensées nous échappe, à plus forte raison peut-on dire la même chose de celle de nos actions.

Nous reconnaissons avec la science que la volonté de l'homme dépend d'une foule de causes extérieures, qu'un homme n'est pas coupable lorsqu'il commet un acte que réprouve notre conscience, mais que rend inévitable son organisation physique ou morale, et nous proclamons que cet homme ne peut être puni pour cet acte, qu'il n'y a pas de coupables, qu'il n'y a que des ignorants et des malades.

Nos matérialistes se rencontrent souvent avec ceux dont le livre de la Sagesse nous a conservé les paroles. Ceux-ci, nous l'avons vu, se promettaient l'oubli et le néant. Nos contemporains écrivent :

Rien ne vaut le mol oreiller de l'oubli. Ne plus être est sans doute un grand bien, mais n'avoir jamais été aurait beaucoup mieux valu.

Les uns concluaient : *Venite ergo, et fruamur bonis quæ sunt, et utamur creatura tanquam in juventute celeriter* [1]. Les autres enseignent que :

L'idéal est de jouir le plus possible en travaillant le moins possible.

[1] *Sap.* II.

On disait autrefois : *Opprimamus pauperem justum..... Sit autem fortitudo nostra lex justitiæ ; quod enim infirmum est inutile invenitur* [1]. Aujourd'hui on dit :

Il faut que nous sachions user de la contrainte.

La vérité c'est nous qui la créons ; les nécessités sociales, c'est nous qui les définissons.

Comment ? Par la force. C'est la force seule qui dans ce monde crée et conserve, c'est elle qui fixe les nécessités sociales et les règles du droit ; car un droit sans force n'est qu'un mot. Quoi qu'on en dise, non seulement la force prime le droit, ce qui du reste ne signifie pas grand'chose, mais la force, c'est le droit.

Voilà ce qu'on appelle la morale scientifique ; parce que cela dérive naturellement des dogmes que les athées et les matérialistes enseignent au nom de la science moderne. Les principes sont révoltants, mais la pratique est encore pire. Nous renonçons à le prouver par de nouvelles citations; car, pour quelques-unes, nous arriverions à cette catégorie de preuves qui exige ordinairement le huis clos ; pour les autres des faits récents parlent assez haut. Ils font encore retentir à nos oreilles des clameurs comme celles qu'enregistrait déjà le livre de la Sagesse : *Circumveniamus ergo jus-*

[1] Ibid.

tum .... Factus est in traductionem cogitationum nostrarum. Gravis est nobis etiam ad videndum... Contumelia et tormento interrogemus eum... Morte turpissima condemnemus eum[1]. Tant il est vrai qu'à toute époque, ces dogmes horribles, couverts ou non de formules scientifiques, produisent nécessairement dans les masses la même barbarie.

Nous citions tout à l'heure ce que disaient de l'importance sociale de la science ceux que Dieu lui-même a établis dans le monde pour y garder le dépôt de la foi. Poussons la citation plus loin, et à la lumière des faits que nous venons de rappeler, nous y verrons que l'Église est en même temps la gardienne de la civilisation et de la morale: « Elle ne défend certes pas aux sciences d'employer, chacune dans son domaine, ses propres principes et sa propre méthode ; mais tout en leur reconnaissant cette juste liberté, elle s'efforce d'empêcher que l'opposition à l'enseignement divin ne leur inocule des erreurs ou que, sorties de leurs frontières, elles ne s'annexent et ne révolutionnent le domaine de la foi[2] ».

[1] Ibid.

[2] Nec sane ipsa vetat, ne hujusmodi disciplinæ in suo quæque ambitu propriis utantur principiis et propria methodo ; sed justam hanc libertatem agnoscens, id sedulo

Le devoir des chrétiens est de s'associer à cette prévoyante sollicitude. Nous devons défendre la vérité religieuse en tout temps et sur tous les points où on l'attaque ; et puisque ses ennemis sont intéressés à la combattre aujourd'hui sur le terrain scientifique, c'est là que nous devons aujourd'hui l'affirmer et la soutenir. Nous le devons au nom de cet amour profond qui nous attache à la foi chrétienne, à la religion révélée ; car cette religion repose sur la philosophie spiritualiste et religieuse que l'on essaie de renverser. Nous le devons au nom de cette charité universelle dont le divin fondateur du christianisme nous a fait un précepte ; car ces malheureux que l'on trompe autour de nous sont nos frères ; comme nous ils ont pour père ce Dieu qu'on leur apprend à renier ; comme nous ils sont appelés à l'héritage éternel dont on veut leur ravir l'espérance. Nous le devons au nom de la civilisation et de la morale, qui s'abîment nécessairement dès qu'on cache à la société la vue de la Providence divine et de la responsabilité humaine. Nous le devons enfin pour l'honneur même de la science ; car on la déshonore quand on la met au service de l'orgueil et de toutes

cavet, ne divinæ doctrinæ repugnando errores in se suscipiant : aut fines proprios transgressæ, ea quæ sunt fidei occupent et perturbent. (*Const. de Fid. cath.*, c. IV.)

les passions révoltées, quand on la fait mentir aux ignorants, fausser leur conscience, étouffer en eux les convictions qui les élèvent, et montrer « à l'espoir du vice l'asile horrible du néant. »

Ce devoir incombe particulièrement aux philosophes et aux savants ; car c'est sur leur commune frontière que l'erreur s'agite aujourd'hui. C'est là qu'affluent les révoltés, parce que les terres voisines, récemment découvertes, encore mal connues, sont un théâtre excellent pour leur exploits nocturnes. Pour en purger le pays, les honnêtes gens ne doivent pas se contenter d'y faire la police, d'examiner les papiers des aventuriers, et d'arrêter les malfaiteurs ; ils doivent en outre défricher, bâtir, dresser des cartes, établir des communications. En d'autres termes, il ne faut pas se contenter de réfuter les erreurs, il faut directement contribuer à la découverte de la vérité ; il faut vulgariser ces parties de la science à l'usage des philosophes, il faut répandre en même temps de vraies notions philosophiques parmi les savants. La défense ne suffit pas, il faut songer à la colonisation. Si la première est une nécessité peut-être plus urgente, la seconde est un avantage certainement plus durable.

Nous croyons que plusieurs parties de la philosophie peuvent aujourd'hui, grâce à certaines découvertes scientifiques, gagner en clarté et en précision. Pourquoi négligerions-nous ce progrès ? Tout le monde en profitera, sauf les adversaires de la vérité. Sans doute il y a des sujets où l'on ne doit pas se hâter d'innover ; et, après la théologie, c'est probablement la philosophie qui exige sous ce rapport le plus de prudence, de modération et, je dirai même, de modestie. Mais il n'en est pas moins vrai qu'aucune branche des connaissances humaines n'est condamnée à l'immobilité. Partout le progrès est la récompense promise au travail et à la recherche.

Le progrès est quelque chose de plus ; c'est une force, car il donne de l'autorité. C'est au progrès réalisé par elle que la science doit une partie de sa puissance sociale. Les adversaires que nous avons à combattre le savent bien ; aussi ils n'oublient pas de s'en attribuer le monopole. Ceux-là même qui s'indignent avec le plus d'éloquence à la vue des progrès de la religion dans le monde, manquent rarement une occasion de déclarer que, devant leur science, la religion s'en va.

« Quiconque, dit M. J. W. Draper [1], connaît

[1] *Les conflits de la science et de la religion. Préface.* — Je n'ai pas le texte anglais de cet ouvrage, et je suis

la situation intellectuelle des classes éclairées en Europe et en Amérique, sait qu'elles s'éloignent chaque jour davantage des croyances religieuses établies, et que, si quelques hommes seulement accusent leur divergence, des masses considérables opèrent leur scission en silence et en secret.

» Le mouvement est si fort, si irrésistible, qu'il ne saurait être arrêté par le mépris ni par la force. La dérision, l'injure, la contrainte, tout est impuissant contre lui, et le temps approche où devront se réaliser les effets politiques de la révolution religieuse. »

Ce genre d'assertion, nous allions dire de réclame, a évidemment pour but d'entraîner les naïfs par le prestige du progrès. La tactique n'est pas neuve, nous le verrons, mais on ne peut pas dire qu'elle soit usée. Elle compte toujours parmi les meilleurs moyens des adversaires de la religion ; bien peu d'entre eux ont assez de confiance dans leurs autres ressources pour renoncer à celle-là. Ils n'ont garde en particulier de s'en priver sur le terrain scientifique ; ils vont même jusqu'à refaire l'histoire, à l'usage de leurs disciples, pour bien leur persuader que le christianisme, cet éternel

obligé de le citer d'après la traduction un peu gauche publiée par la librairie Germer Baillière.

ennemi du progrès, a fini par être vaincu par la science toujours persécutée.

« L'antagonisme dont nous sommes témoins, poursuit M. Draper, a commencé le jour où le christianisme est devenu une puissance politique. Depuis ce moment, la Religion et la Science sont en présence. Une révélation divine exclue (sic) nécessairement la contradiction. Elle exclue (sic) le progrès des idées, et tout ce qui émane de la spontanéité humaine...

» L'histoire de la science n'est pas seulement l'histoire de ses découvertes. C'est encore celle du conflit existant entre ces deux puissances contraires : d'une part la force expansive de l'intelligence humaine ; d'autre part la compression exercée par la foi traditionnelle et par les intérêts humains...

» Les ténèbres intellectuelles qui se sont répandues alors sur l'Europe, commencent aujourd'hui à se dissiper. L'aurore d'un jour meilleur luit maintenant sur nous. La société invoque la lumière pour voir enfin la route qu'elle suit. Elle s'aperçoit clairement qu'elle vient de quitter la trace qu'elle suivait sur l'Océan, et qu'elle est partie sur une mer inconnue pour un autre voyage, à la conquête de la civilisation... »

Telle est, en résumé, l'histoire scientifique qui

a cours dans un certain monde. Nous laissons à d'autres le soin d'examiner historiquement ces prétendus conflits de la religion, c'est-à-dire, comme l'avoue M. Draper, de l'Église catholique et de la science [1]. A ce point de vue, nous nous contenterons ici d'une remarque. Cette Église, ennemie déclarée de la science, proclamait naguère, dans la première constitution dogmatique du concile du Vatican, que loin de s'opposer aux recherches scientifiques, elle les aide et les encourage de toutes ses forces. Loin de susciter les conflits, elle déclarait qu'au fond il n'y a jamais de conflit possible : *Nulla unquam inter fidem et rationem vera dissensio esse potest*. C'est là, on en conviendra, une singulière façon de prévenir ses fidèles contre son ennemie.

Mais ce que nous devons relever, c'est l'étrange manière dont on a récemment imaginé de concevoir le progrès scientifique, afin de l'identifier avec l'histoire de l'athéisme et du matérialisme. Ç'a été une tentative hardie, si hardie même qu'en dépit de l'adage *audentes fortuna juvat*, elle ne

[1] Voir l'excellente réfutation publiée par le R. P. De Smedt, sous le titre *l'Église et la science*, dans la *Revue des questions scientifiques*, t. I, pp. 98 et suiv. (janvier 1877).

pouvait réussir. Nous l'examinerons dans le chapitre suivant.

Nous aborderons ensuite les divers points où, comme nous l'avons dit plus haut, la science et la philosophie se rencontrent : la physique moderne et la théorie atomique ; l'infini dans l'espace et dans le temps ; la création ; les lois générales de l'univers matériel, telles que la constance de la masse et de l'énergie, l'état final vers lequel converge l'ensemble des phénomènes ; la Providence, la prière, le miracle ; la cause des phénomènes vitaux dans les plantes et dans les animaux ; les forces volontaires, les mouvements musculaires et les sensations ; la différence essentielle entre l'homme et les animaux ; la formation des organismes végétaux et animaux.

C'est là sans doute un sujet bien vaste et bien difficile ; je ne me flatte pas de le traiter comme il mériterait de l'être. Mais je suis sûr au moins de ne pas m'y lancer sans préparation ; plus d'une fois déjà j'ai reculé devant cette tâche épineuse, et pour me décider enfin il a fallu tout le poids des motifs exposés plus haut. S'il m'arrive de me tromper et qu'on veuille bien me le montrer, j'aurai, je l'espère, la franchise de le reconnaître.

Dans ces questions d'ailleurs le chrétien a l'immense avantage de trouver dans sa foi des indications et des lumières qui manquent à l'incrédule ; il a au fond du cœur, beaucoup plus que l'incrédule, de puissants motifs, non seulement de respecter, mais d'aimer ardemment la vérité. Qu'importe donc que M. Tyndall lui déclare « qu'un cerveau ultramontain est, pour la science, virtuellement aussi peu développé qu'un cerveau d'enfant? » N'est-ce pas le cœur qui nourrit le cerveau ?

Quant au résultat final de la lutte actuelle, il n'est pas douteux. *Magna est veritas et prævalebit.* Cette flamme que l'on veut éteindre se rallume d'elle-même et sans cesse au fond de toute conscience humaine. Contre elle le souffle du mensonge ne peut jamais obtenir qu'un succès éphémère. On peut essayer de se mettre un bandeau ; mais il est impossible de ne pas la voir dès qu'on ouvre les yeux. « Non, Messieurs, nous disait le docteur Lefebvre dans le magnifique discours déjà cité [1], l'erreur n'a pas d'avance sur la vérité. Sans doute l'erreur est contagieuse ; elle se répand quelquefois, comme les grandes épidémies, avec une profusion désolante ; mais tôt ou tard son règne finit, parce qu'elle est stérile. C'est là une des grandes lois de conservation du monde moral

[1] Discours prononcé à la Société scientifique de Bruxelles, le 18 novembre 1873.

comme du monde physique. Voyez ce qui se passe parmi les êtres vivants : il naît quelquefois des monstres. Leur propagation serait une horreur et une épouvante. Mais Dieu y a pourvu. Il les condamne à la stérilité, et quand ils meurent, ils meurent tout entiers. Dans le monde moral, l'erreur est une monstruosité ; elle parviendrait peut-être un jour à étouffer la vérité, si la Providence ne l'avait frappée, elle aussi, de la malédiction de l'infécondité.

» Il n'en est pas ainsi de la vérité. Vous le savez, Messieurs, sa fécondité est immortelle. Si la vérité désertant un jour la terre, se réfugiait dans une seule âme, une âme obscure et ignorée, il ne faudrait pas désespérer de la revoir. Ce germe mystérieux et fécond suffirait pour faire refleurir dans le monde la vérité, la justice et le droit. C'est le grain de froment, enseveli au fond des hypogées égyptiens, et qui rendu au sol après trois mille ans de sommeil, suffirait à lui seul pour ramener dans nos champs l'abondance des moissons. »

CHAPITRE PREMIER

LE PROGRÈS.

SOMMAIRE. — Source du progrès scientifique selon M. Tyndall. — Son système historique de Belfast contredit par l'histoire et rejeté même par M. Draper. — La physique moderne est-elle fondée sur les rêveries d'Épicure ? — — Ressemblance fortuite et purement extérieure. — — Le poète Lucrèce. — Examen du premier livre de son poème. — Principes importants du second livre, oubliés par M. Tyndall. — L'*exiguum clinamen*. — Applications tirées des quatre derniers livres. — L'école d'Épicure fut en réalité la plus antiscientifique des écoles de la Grèce. On n'y ramènera pas le monde.

Il y a, disions-nous, des savants parmi nos adversaires ; ce n'est qu'une minorité, mais elle se fait entendre. Loin de dissimuler ce fait regrettable, nous en fournirons bien des preuves au cours de ce travail, en citant des savants pour les réfuter. Déjà nous avons cité sur le sujet même de ce chapitre, M. Draper, professeur à l'Université de New-York. Or, dans sa préface, après nous avoir parlé de l'accueil fait à son *Histoire du développement intellectuel de l'Europe*, qui, « outre un

2.

grand nombre d'éditions faites en Amérique et en Angleterre, a été traduite en français, en allemand, en russe, en polonais, en serbe, etc., et a été partout reçue avec faveur; » M. Draper ajoute: « J'ai aussi cultivé les sciences naturelles et publié, sur cette matière, de nombreux mémoires. » M. Draper peut donc être rangé parmi les savants ; car c'est par modestie sans doute qu'il ne nous parle pas de la valeur et du succès de ses nombreux mémoires.

M. Tyndall, que nous citerons bientôt, est un vulgarisateur de grand talent, auteur de quelques recherches originales, parfaitement au courant des progrès de la physique. Nul ne peut lui refuser le titre de savant ; et même parmi les adversaires de ses erreurs, il en est qui l'admirent comme un physicien éminent.

Malgré les brillantes qualités que nous lui reconnaissons, nous croyons qu'il a entrepris une tâche au-dessus de ses forces, quand il a essayé, dans son fameux discours de Belfast [1], de refaire

[1] Ce discours a eu plusieurs éditions qui, dit-on, ne sont pas toutes également hardies. Des deux éditions anglaises que nous avons sous les yeux, l'une est probablement l'édition princeps ; car elle a paru à Londres dans le *Times* du 20 août 1874, quelques jours après que le discours eût été prononcé à Belfast ; l'autre a été publiée par la *Tribune* de

l'histoire de la science, pour donner à son scepticisme philosophique le prestige du progrès scientifique.

New-York au mois d'octobre de la même année. Les différences entre ces deux éditions paraissent insignifiantes.

Nous ne connaissons que deux traductions françaises. Celle des *Mondes* de l'abbé Moigno est généralement fidèle et correcte. Mais celle de la *Revue scientifique* (librairie Germer Baillière) destinée sans doute à un public qui pour admirer n'a pas besoin de comprendre, est toute émaillée de contresens et de non-sens. Ainsi, quand M. Tyndall parle du docteur Wells, le fondateur de notre théorie actuelle de la rosée, *the founder of our present theory of dew*, le traducteur, trompé peut-être par le *Times* où le dernier mot se trouve avec une majuscule *Dew*, écrit sans sourciller : « Le docteur Wells, le fondateur de notre théorie actuelle de *Dew*. » Ainsi encore, les mots *my deistical friends*, qui signifient *mes chers déistes*, sont traduits par *mes confrères en déité*.

M. Tyndall, en parlant d'Aristote, a deux ou trois phrases assez obscures. Le traducteur désorienté ajoute bravement une négation à l'une d'elles, et arrive au résultat suivant : « Je me suis quelquefois permis de comparer Aristote à Gœthe, *non* dans le but d'attribuer au philosophe de Stagyre un pouvoir surhumain pour amasser et systématiser des faits, mais pour le considérer comme fatalement privé de ce genre d'esprit auquel Gœthé lui-même a justement fait le reproche d'être incomplet. » On trouve de ces beautés à chaque page, presque à chaque paragraphe. Évidemment la *Revue scientifique* ne s'adresse pas à des « cerveaux ultramontains. »

Il ne pouvait pas, pour revendiquer sérieusement ce prestige, se contenter d'un procédé fort à la mode aujourd'hui dans le demi-monde de la science irréligieuse, et qui consiste à présenter l'athéisme et le matérialisme comme des résul-

Nous avouons que l'orateur de Belfast n'est pas toujours très clair ; mais enfin, avec un peu de travail, on parvient d'ordinaire à deviner ce qu'il veut dire. Citons, par exemple, une phrase un peu embarrassée que les *Mondes* ont clairement rendue comme suit : « Ici, ma pensée se reporte sur un de nos plus chers associés, aujourd'hui blanchi par les années, mais encore robuste, dont la voix prophétique dominant celle de ses contemporains, il y a trente ans, donnait l'essor à tout ce qu'il y avait de vie et de noblesse au fond des meilleurs esprits de l'époque, — un homme digne de prendre place auprès de Socrate et du macchabéen Éléazar, capable comme eux de tout oser et de tout souffrir, — qui aurait pu être un des fondateurs de la doctrine stoïcienne, et discuter sur la beauté et la vertu dans le célèbre jardin d'Academe. » Au lieu de cela, voici ce que la *Revue scientifique* sert à ses lecteurs : « Je me rappelle ici *de* l'un d'entre nous, dont la voix prophétique, *rauque* mais puissante plus que toute autre voix *de cet âge*, il y a quelque trente ans, *délivra de leurs chaînes* la vie et la noblesse qui *gisent latentes* dans les esprits *les plus doués* — d'un homme digne de *s'asseoir* à côté de Socrate ou du macchabée Éléazar, d'oser et de souffrir tout ce qu'ils ont osé et souffert, digne — ainsi qu'il le dit lui-même en parlant de Fichte, *d'avoir été* le maître du Portique et *d'avoir disserté* sur la beauté et la vertu dans les bosquets d'Académus. »

tats tout modernes d'études accumulées pendant des siècles. Cela ne peut que se dire en passant, dans une conférence populaire ou dans un journal radical, pour des auditeurs ou des lecteurs fort ignorants. A Belfast, dans un long discours présidentiel, devant les membres de l'Association britannique, il n'y fallait pas songer. M. Tyndall a pris résolument dès le début une position toute différente et même opposée. Il reconnaît que, depuis vingt-trois siècles au moins, on a clairement énoncé que *rien n'existe en dehors de la matière* ; formule unique qui résume les deux négations de l'athée et du matérialiste. Mais, c'est là du moins ce qu'il s'efforcera d'établir, si cette formule n'est pas le produit et le terme actuel du progrès, elle en a été le commencement et la source ; car en créant dès lors la théorie des atomes qui se développe et s'étend encore de nos jours, elle a vraiment enfanté la science, et assuré tous ses progrès futurs.

Tel est bien le sens de cette introduction où il nous montre les hommes, livrés d'abord à l'*anthropomorphisme* [1], s'en dégoûtant peu à peu,

[1] Dans un autre passage de ce discours, M. Tyndall nous donne à entendre que, sous ce nom assez impropre, il comprend la croyance à un Dieu créateur et providentiel :

concevant, grâce au « progrès des notions scientifiques, le désir et la résolution de balayer du champ de la théorie cette multitude de dieux et de démons,... passant de ce qui serait au-dessus des sens à ce qui est au-dessous, » aux premiers éléments des corps ; de sorte qu'enfin « par une nouvelle abstraction, les chefs de la spéculation scientifique arrivèrent à cette féconde doctrine des atomes et des molécules dont les derniers développements ont été exposés avec tant de force et de clarté, au précédent congrès de l'Association britannique. »

C'est dans ce système que les pages suivantes essaient d'encadrer l'histoire de la science. Le premier en date parmi ces « chefs de la spéculation scientifique » fut Démocrite, né 460 ans avant notre ère, philosophe bien plus sérieux, nous dit-on, que Platon et Aristote. Les principes qu'il énonça révèlent un « irréconciliable antagoniste » de l'anthropomorphisme : « 1. De rien, rien ne se produit. Rien de ce qui existe ne peut être anéanti. 2. Rien n'arrive par hasard ; chaque événement a sa cause de laquelle il résulte néces-

• L'anthropomorphisme que M. Darwin semblait vouloir éliminer, se trouve dans la création de quelques formes, aussi bien que dans la création de formes nombreuses. »

sairement. 3. Les seules choses qui existent sont les atomes et l'espace vide. Le reste n'est qu'opinion. 4. Les atomes sont en nombre infini, ils sont infiniment variés dans leur forme. Ils se heurtent mutuellement, et les mouvements latéraux et les tourbillons qui en résultent sont les commencements des mondes. 5. Les différences entre les choses ont pour cause les différences entre leurs atomes, pour le nombre, la dimension et l'agrégation. 6. L'âme consiste en atomes libres, lisses, ronds comme ceux du feu. Ce sont les plus mobiles de tous les atomes ; ils pénètrent le corps entier, et de leurs mouvements résultent les phénomènes de la vie. Ainsi les atomes de Démocrite sont individuellement privés de sensation ; ils se combinent suivant des lois mécaniques, et non seulement les formes organiques, mais les phénomènes de la sensation et de la pensée sont des résultats de leurs combinaisons. »

On voit que Démocrite balayait autre chose que « cette multitude de dieux et de démons. » Le troisième principe de cet adversaire intrépide de l'anthropomorphisme suffit à lui seul pour supprimer l'existence de Dieu et la spiritualité de l'âme. A ces vieilles croyances il substitua la théorie des atomes, et fit ainsi le premier pas dans la carrière du progrès.

Empédocle fit le second en expliquant, par la survivance du plus capable, tout ce qui dans les agrégations d'atomes semblerait indiquer un plan, une intention. Épicure appliqua la doctrine à la vie des hommes, et montra qu'il n'y a rien à craindre après la mort. Mettons que ce soit le troisième pas, bien qu'à vrai dire Démocrite eût pu arriver jusque-là sans le moindre effort. Mais nous cherchons en vain le quatrième. La théorie atomique s'est arrêtée là, pour bien des siècles, 270 ans avant l'ère chrétienne.

M. Tyndall nous dit bien que 150 ans après la mort d'Épicure (200 ans eût été plus exact), Lucrèce écrivit son grand poème *de la Nature des choses*. Mais Lucrèce, admirateur passionné d'Épicure, n'a fait que vulgariser la doctrine du maître ; il n'y a rien ajouté. Et pourtant, pendant les trois siècles qui suivirent cette mort, on n'est pas resté stationnaire ; car M. Tyndall, au moment de nous décrire la fâcheuse influence du christianisme naissant, résume ainsi la situation : « La science de l'ancienne Grèce avait débarrassé le monde de ces fantômes de dieux dont on voyait les caprices dans les phénomènes naturels ; elle s'était affranchie de cette stérile recherche où, guidée par la seule lumière intérieure de l'esprit, elle essayait vainement de passer par dessus l'expérience et d'arriver jusqu'aux dernières causes. A l'observation accidentelle, elle avait substitué l'observation intentionnelle ; elle employait des instruments pour aider les sens, et la méthode scientifique était à peu près complétée par l'union de l'induction et de l'expérience.» L'observation intentionnelle, l'expérience, les instruments pour aider les sens, voilà de bien grands progrès dans la science, et nous ne voyons pas que les trois ou quatre « chefs de la spéculation scientifique » y aient jamais songé. A qui donc en revient l'honneur ?

Si nous consultons l'histoire ordinaire, nous devons l'attribuer à plusieurs générations successives de géomètres et d'astronomes. L'école de Thalès, celle de Pythagore, celle de Platon et surtout la célèbre école d'Alexandrie avaient accumulé les découvertes et perfectionné les méthodes. Si nous ne consultions que l'histoire selon M. Tyndall, nous pourrions être tentés de tout reporter aux descendants de Démocrite et d'Épicure ; car c'est à peine si nous apercevons dans un coin de son tableau historique, les grands noms d'Euclide, d'Archimède, de Pythagore, d'Hipparque. Il les a glissés furtivement dans une sorte de *post-scriptum*. Toute la place est tenue par ses héros, Démocrite, Empédocle, Épicure et Lucrèce.

Il est fâcheux que M. Draper lui-même, après avoir reçu de l'orateur de Belfast un témoignage si flatteur de confiance, n'ait pas adopté le système de son ami. Nous venons de relire le premier chapitre de ses *Conflits de la science et de la religion* qui, intitulé *l'Origine de la science*, s'étend aussi jusqu'à l'ère chrétienne. Nous y avons remarqué des phrases comme celles-ci : « Les nombreuses erreurs d'Aristote ne prouvent rien contre sa méthode, car elles proviennent de l'*insuffisance des faits observés*. Quelques-uns des résultats obtenus par lui sont très importants... La méthode inductive ainsi formulée [par Aristote] est un instrument d'une grande puissance. *C'est à elle que sont dus tous les progrès de la science moderne.* » Voilà déjà une notable divergence, mais voici qui est plus encore. On trouve dans ce premier chapitre, dans cette *Origine de la science*, les noms de Callisthènes, d'Euclide, d'Archimède, d'Ératosthènes, d'Appollonius, d'Hipparque, de Ptolémée et une foule d'autres; mais pas un mot sur ceux qu'à Belfast on proclamait les fondateurs et les promoteurs de la science. Leurs noms ne sont pas même prononcés ; M. Draper les oublie et n'y fait pas la moindre allusion. C'est qu'il n'a pas voulu se placer, pour refaire l'histoire, au même point de vue que son ami; et nous y gagnons, car nous avons aujourd'hui, sur le même sujet, deux perspectives également originales, qui n'ont aucun point de commun.

C'est pourtant dans cette première période qu'il était le moins difficile d'identifier le développement de la doctrine de Démocrite avec celui de la véritable science. Dans les périodes suivantes, il est absolument impossible d'attribuer la moindre influence à cette doctrine. Parmi toutes les rêveries plus ou moins scientifiques de l'antiquité, il n'en est peut-être pas une qui ait eu plus rarement la chance de voir surgir quelque défenseur isolé, soit dans les premiers siècles chrétiens, soit au moyen âge, soit à la renaissance. M. Tyndall en fait à peu près l'aveu; mais il ajoute : « *En toute probabilité*, elle garda son empire parmi les hommes sérieux et réfléchis, bien que ni l'Église, ni le monde, ne fussent disposés à la tolérer. Une fois, en 1348, *on* la formula distinctement; mais *on* fut forcé de se rétracter aussitôt et ainsi découragée, elle sommeilla jusqu'au dix-septième siècle. »

Elle resta donc, comme Achille, bien longtemps sous la tente. Aussi M. Tyndall n'a d'autre ressource que d'imiter Homère, et pour remplir le poème, de décrire les fautes et les revers des deux Atrides, pasteurs des peuples, ennemis d'Achille, en nous rappelant de temps en temps que le héros n'est pas loin et que les gens de bien le regrettent. Ces deux Atrides sont la doctrine de l'Église et la philosophie d'Aristote. Nous n'avons pas à relever ici ce qu'en dit le conférencier, bien qu'il parle parfois de la première comme Thersite parlait d'Agamemnon, sans même dédaigner la pasquinade. Enfin au dix-septième siècle, Achille est bien près de reparaître; car Patrocle intervient sous la figure de Gassendi appelé par M. Tyndall, on ne sait trop pourquoi, « le Père Gassendi, » et dont les ouvrages ne lui semblent guère mieux connus que le nom.

Nous arrêterons là notre analyse. Elle ne s'étend qu'au premier tiers de ce grand discours, mais elle est plus que suffisante pour démontrer que ce système historique, quelque talent qu'on emploie à l'exposer, ne peut tenir un seul instant devant les faits. La doctrine de Démocrite et d'Épicure n'a été, en fait, ni le commencement ni la source du progrès scientifique. La science a marché, depuis l'antiquité jusqu'aux temps modernes, sans jamais en subir l'influence.

Et cependant ce système a un côté spécieux.

Il est très vrai, en effet, que la doctrine des

atomes et des molécules est féconde, car elle a déjà produit beaucoup en chimie et en physique. Il est très vrai qu'elle reçoit encore tous les jours des développements. Nous pensons même, et nous justifierons cette opinion dans le chapitre suivant, qu'elle se développera de plus en plus ; nous espérons qu'elle finira par absorber à peu près toute la science du monde matériel, qu'elle fournira enfin, à elle seule, la théorie complète de tous les phénomènes inorganiques, et qu'elle jouera un rôle des plus importants dans l'explication des phénomènes vitaux.

Si donc Démocrite et ses successeurs avaient réellement posé les fondements de cette doctrine, il faudrait les regarder, malgré l'indifférence des siècles postérieurs, comme les premiers parents de la science moderne. De plus, comme il est incontestable qu'ils n'ont parlé d'atomes et de premiers éléments que pour se débarrasser de la création et de la spiritualité de l'âme, il faudrait bien reconnaître au front de la science naissante la tache originelle de l'athéisme et du matérialisme. On montrerait sans doute que la souillure n'est qu'accidentelle, et qu'elle a été rachetée par la suite. Mais il n'en faudrait pas moins attribuer à ces tristes erreurs la gloire d'avoir provoqué le premier pas dans la carrière du progrès.

Heureusement pour l'honneur de la science, il n'y a entre les deux doctrines, l'ancienne et la moderne, qu'une ressemblance trompeuse. En parlant ainsi, nous ne voulons pas dire seulement que tout le mérite appartient ici aux modernes, parce qu'ils démontrent ce que les anciens se contentaient de conjecturer au hasard. Non, il ne s'agit point d'un de ces cas où la simple conjecture a réellement rencontré la vérité, comme par exemple, sur le fait de la rotation de la terre autour de son axe. Dans le cas actuel de la théorie atomique, la thèse et la démonstration sont également modernes. Nous ne pouvons mieux préciser la différence que nous voyons entre les deux théories, qu'en citant un exemple fort curieux où, malgré la ressemblance extérieure la plus singulière, personne ne sera tenté de confondre la découverte moderne avec la rêverie ancienne.

Nous avons sous les yeux un petit volume à la fin duquel se trouve cette note : Acheué d'Imprimer le 12. iour de Feurier 1628. de l'Imprimerie de Ozée Seigneuré [1]. Voici le commencement du

[1] Ce volume publié à Rouen, « chez Charles Osmont, ruë aux Iuifs, prés le Palais, » n'est qu'une troisième édition, avec additions, d'un ouvrage anonyme publié d'abord en

titre : « Recreations mathematiques. Composées, De plusieurs Problemes, plaisans et facetieux, d'Arithmetique, Geometrie, Astrologie, Optique, Perspectiue, Mechanique, Chymie, et d'autres rares et curieux Secrets : Plusieurs desquels n'ont iamais esté Imprimez. » A la page 110, sous le titre *Probleme* 74, nous voyons une figure gravée sur bois, représentant les *vingt-trois* lettres de l'alphabet rangées autour d'un cercle. Au centre de ce cercle pivote une aiguille horizontale arrêtée devant la lettre A ; nous transcrivons scrupuleusement l'explication de cette figure.

« Quelqu'vns ont voulu dire, que par le moyen d'vn aimant, ou autre pierre semblable, les personnes absentes se pourroient entre-parler ? par

1624, « au Pont-à-Mousson, » par le père Jean Leurechon, jésuite lorrain.

M. Terquem a signalé, dès 1856, ce bizarre précurseur du télégraphe à cadran. En 1869 le P. Timoteo Bertelli, barnabite, en a complété l'histoire bibliographique, dans le *Bulletino* du Pce B. Boncompagni. On trouvera le résumé de ce travail dans un article de M. Gilbert (*Revue catholique* de Louvain, mars 1876).

Avant le P. Leurechon, Porta et le naturaliste brugeois Anselme Boëce de Boodt (dans sa *Gemmarum et lapidum historia*, 1609) avaient parlé de cette expérience imaginaire ; et le P. Strada, (dans ses *Prolusiones academicæ*, 1617) l'avait décrite en vers latins dignes de Lucrèce.

exemple, Claude estant à Paris et Iean à Rome, si l'vn et l'autre auoit vne aiguille frottée à quelque pierre; dont la vertu fust telle, qu'à mesure qu'vne aiguille se mouueroit à Paris, l'autre se remuast tout de mesme à Rome; Il se pourroit faire que Claude et Iean, eussent chacun vn mesme alphabet, et qu'ils eussent conuenu de se parler de loing, tous les iours, à 6. heures du soir, l'aiguille ayant fait trois tours et demy, pour signal que c'est Claude, et non autre, qui veut parler à Iean. Alors Claude luy voulant dire que le Roy est à Paris, il feroit mouuoir et arrester son aiguille sur L. puis sur E. Puis sur R, O, Y, et ainsi des autres : Or en mesme temps, l'aiguille de Iean s'accordant sur les mesmes lettres, et partant il pourroit facilement escrire ou entendre ce que l'autre luy veut signifier.

» L'inuention est belle, mais ie n'estime pas que il se trouue au monde vn aymant qui ayt telle vertu ; aussi n'est-il pas expedient, autrement les trahisons seroient trop frequentes et trop ouuertes. »

Voilà donc deux cadrans garnis de lettres ; voilà deux aiguilles aimantées qui doivent, malgré la grande distance qui les sépare, tourner et s'arrêter ensemble sur telles et telles lettres au choix de l'opérateur ; voilà, en projet du moins, une correspondance télégraphique instantanée ; voilà en un mot tout ce qu'il y a de saillant, pour un profane, dans le télégraphe à cadran ; et cependant pour peu que l'on sache ce que c'est qu'un télégraphe électrique, on ne peut songer à comparer sérieusement ces deux choses. Ce qui manque à l'une, c'est précisément tout ce qui est essentiel à l'autre. Rien de plus facile sans doute que de profiter des ressemblances accidentelles pour tromper les simples. Qui sait ? on le fera peut-être ; les dernières lignes du P. Leurechon fourniraient alors une bonne preuve d'un nouveau conflit de la science et de la religion ; elles montreraient victorieusement que, sans l'opposition du cléricalisme, le télégraphe électrique aurait pu s'établir deux cents ans plus tôt. Mais tous ceux qui ne sont pas intéressés à soutenir une pareille thèse, penseront comme nous que le télégraphe électrique est une grande et utile découverte, et que l'expérience décrite plus haut n'est qu'une mystification. Telle est exactement la différence qui sépare la théorie atomique moderne de la doctrine de Démocrite et d'Épicure.

Il est heureusement facile et même agréable de s'en assurer.

Les œuvres de ces deux philosophes sont, à la

vérité, perdues depuis longtemps. La Grèce, dans sa longue décadence, livrée au schisme et aux discordes religieuses, ravagée par les invasions, n'en a conservé que des fragments. Une ingénieuse comparaison, que nous trouvons dans le discours de M. Tyndall, nous dit même pourquoi, lors des grands déluges de la barbarie, ces ouvrages disparurent plus aisément que d'autres. C'est que « dans le naufrage universel des connaissances humaines, ces planches de la philosophie aristotélique et platonique, dont le bois était plus léger et les pores plus gonflés, surnagèrent et vinrent jusqu'à nous; les choses plus solides s'enfoncèrent et descendirent à peu près jusqu'à l'oubli. » La doctrine toutefois ne s'engloutit pas avec les manuscrits. Un contemporain de Cicéron, un des plus grands poètes que Rome ait enfantés, Lucrèce, l'a magnifiquement exposée dans les six livres de son poème *de Rerum Natura*, qui, par les soins et le travail des moines de l'Église latine, ont traversé les grands cataclysmes, et nous sont arrivés dans leur intégrité.

C'est là que nous pouvons l'étudier, et l'apprécier ; et cette étude, grâce à la verve originale et au talent énergique de l'écrivain, grâce au charme particulier de cette langue poétique encore indécise dans ses allures, encore toute hérissée d'archaïsmes, est vraiment attachante pourvu qu'on la fasse, non dans une traduction, mais dans l'original. « Cette vertu poétique, dit Villemain [1], fait lire son ouvrage en dépit de la répugnance et quelquefois même de l'ennui qui s'attache à sa mauvaise philosophie. Au premier abord, les vers de Lucrèce semblent rudes et négligés ; les détails techniques abondent ; les paroles sont quelquefois languissantes et prosaïques; mais qu'on le lise avec soin, on y sentira une expression pleine de vie, qui non seulement anime de beaux épisodes et de riches descriptions, mais qui souvent s'introduit même dans l'argumentation la plus sèche et la couvre de fleurs inattendues. C'est une richesse qui tient à la fois aux origines de la langue latine et au génie particulier du poète. C'est une abondance d'images fortes et gracieuses, une sensibilité toute matérialiste, il est vrai, mais touchante et expressive. » Lucrèce est un vulgarisateur de génie, qui peut encore servir de modèle ; car bien que l'importance croissante de la science ait suscité, dans notre siècle, plus d'un bel ouvrage de vulgarisation, son poème reste encore l'une des œuvres les plus parfaites en ce

1 Article *Lucrèce* dans la *Biographie universelle* de Michaud.

genre, digne de figurer au tout premier rang. Ce qui seul en fait la faiblesse, c'est le fond qu'il emprunte à ses devanciers. « Ce système, dit encore Villemain, paraît, il faut l'avouer, très logiquement absurde, en même temps qu'il est fondé sur la physique la plus ignorante et la plus fausse. Mais ce qui nous occupe, ce qui nous séduit dans Lucrèce, c'est le talent du grand poète, talent plus grand que les entraves d'un faux système, et que l'aridité d'une doctrine qui semble ennemie des beaux vers, comme de toutes les émotions généreuses. »

Le lecteur voudra donc bien nous pardonner si, dans le résumé que nous allons faire de cette triste doctrine, nous citons peut-être un peu trop de vers latins ; il nous faut une vigilance sévère pour ne pas céder à la tentation d'en citer davantage.

Les deux premiers livres du poème exposent les principes ; les quatre autres en déduisent l'explication de tous les phénomènes de la nature. Les deux premiers méritent donc un examen plus approfondi.

Les principes y sont formulés dans l'ordre suivant :

1° *Rien ne peut être créé, c'est-à-dire engendré de rien par la puissance divine.*

Nullam rem e nihilo gigni divinitus unquam (I, 151).

Ce vers ne signifie pas seulement qu'il ne se produit pas de nouvelle matière dans les phénomènes quotidiens. *Unquam*, dit le poète, qui ajoute, cinq vers plus loin :

> nil posse creari
> De nihilo (156).

Cela ne se fait *jamais*, cela ne *peut* se faire.

La preuve de cette vaste assertion, c'est que cela *ne se fait pas dans les phénomènes vitaux* ; car les corps vivants ne naissent que d'un germe propre à chaque espèce (160), ils ne se développent que dans des circonstances convenables (175), peu à peu (185), à condition de se nourrir (193), dans de certaines limites (200) ; les plantes en particulier dépendent beaucoup du sol où elles se trouvent (209).

Nil igitur fieri de nilo posse fatendum est (206).

Voilà la démonstration dans toute sa simplicité. Aujourd'hui on est à la fois plus simple encore et plus habile. On se contente d'énoncer la thèse, sans ombre d'argument ; ainsi dégagée, elle s'impose comme un dogme à la foi des néophytes.

2° *Rien ne peut être anéanti.* Le premier énoncé de ce principe n'est pas aussi absolu. Lucrèce déclare simplement que la nature résout les choses en leurs éléments, et ne les anéantit pas.

Huc accedit, uti quidque in sua corpora rursum
Dissolvat natura, neque ad nihilum interimat res (216).

Mais bientôt il est plus formel, et nie la possibilité de l'anéantissement :

Haud igitur possunt ad nilum quæque revorti (238).

Voici les preuves : Rien ne disparaît subitement et sans effort (218) ; rien ne subsisterait aujourd'hui, tout se serait anéanti dans l'infini du passé (226), (il oublie que l'infinité de son univers peut compenser l'infinité de son passé) ; transcrivons l'énoncé de ce second argument :

Omnia enim debet, mortali corpore quæ sunt,
Infinita ætas consumse anteacta, diesque (233) ;

il faut des efforts très inégaux pour détruire des corps différents (argument fort obscur, que les commentateurs ne sont pas parvenus à éclaircir) (239); l'eau des pluies ne s'anéantit pas, elle nourrit les plantes et celles-ci nourrissent les animaux.

3° *Les éléments*[1] *des corps sont invisibles*, il est vrai,

> nequeunt oculis rerum primordia cerni (269) ;

mais il en est de même du vent (272), des odeurs (299), de la chaleur et du froid (301), ainsi que du son (302). Quelques autres exemples, l'humidité qui se précipite et s'évapore (306), les métaux et les pierres qui s'usent à la longue par le frottement (312), montrent que les corps se divisent en particules invisibles.

4° *Outre les atomes, il y a le vide,*

> namque est in rebus inane (331).

En effet, les corps peuvent se mouvoir (336) ; l'eau peut imbiber les corps solides, la voix passe à travers les murailles (347); les corps ont des densités inégales (359) : si un solide se divise vio-

[1] Les prédécesseurs grecs de notre poète appellent ces éléments des *atomes*. Lucrèce, qui pourtant ne recule pas devant les mots grecs, n'emploie jamais celui-ci. Il dit *principia, primordia rerum, prima corpora materiai*, etc.

lemment, avant que l'air se soit logé entre les deux fragments, le vide a dû s'y produire (385).

Ce *vide* d'ailleurs n'est autre chose que le *lieu* ou l'*espace;*

Tum porro locus ac spatium, quod inane vocamus,
Si nullum foret, haudquaquam sita corpora possent
Esse, neque omnino quoquam divorsa meare (427).

Ce point est à noter; car certaines autres assertions permettraient d'en douter. Ainsi, au vers 460, le poète refuse d'attribuer au temps cette existence qu'il vient de revendiquer pour le *vide*: *tempus item per se non est*, nous dit-il. Cependant, quelque incapable d'abstraction que l'on soit, il est difficile de ne pas voir que l'existence du temps et celle de l'espace sont des existences de même ordre.

5° *Hormis les atomes et le vide, rien n'existe réellement.* La nature entière consiste en ces deux choses (peut-être faudrait-il traduire : toute *substance* existante, *natura ut est per se*, se trouve en ces deux choses).

Omnis, ut est, igitur per se natura duabus
Constitit in rebus : nam corpora sunt et inane (420).

Lucrèce renforce bientôt cette assertion : *Præterea nihil est... quasi tertia sit numero natura reperta* (431). Il n'existe rien au delà, pas de troisième essence. Et pour qu'on sache bien qu'il n'a pas en vue uniquement le monde *sensible*, il ajoute que rien d'*intelligible* n'existe et ne peut exister au delà :

Ergo præter inane et corpora, tertia per se
Nulla potest rerum in numero natura relinqui ;
Nec quæ sub sensus cadat ullo tempore nostros,
Nec ratione animi quam quisquam possit apisci (446).

Il apporte deux preuves : premièrement, cette troisième *nature* ou substance devrait être tangible ou intangible ; si elle est tangible, c'est un corps ; si elle est intangible, elle se laisse traverser et par suite c'est le vide (434) ; secondement, elle devrait être active ou passive, ou bien elle devrait être le lieu d'une activité étrangère ; dans le premier cas c'est un corps, dans le second c'est le vide (441).

Quant aux autres choses, que nous nommons par des substantifs, *quæquomque cluent*, ce ne sont que les *conjuncta* des deux premières, c'est-à-dire leurs *propriétés essentielles*, ou leurs *eventa*, c'est-à-dire leurs *qualités accidentelles* (450). Ceci ressemble beaucoup aux accidents séparables ou inséparables d'Aristote.

6° *Il y a deux espèces de corps, les élémentaires et les composés.*

Corpora sunt porro partim primordia rerum,
Partim concilio quæ constant principiorum (484).

7° *Les corps élémentaires sont solides et éternels,*

solido atque æterno corpore constant (501).

Solides veut dire qu'ils ne contiennent aucun vide dans leur intérieur. Quant à leur *éternité*, le poète ne s'occupe *ici* que de l'avenir ; les atomes sont *immuables*, qu'ils aient ou n'aient pas commencé à exister. Il apporte en faveur de cette double thèse un grand nombre d'arguments que nous ne résumerons point. Ces arguments l'amènent à la question, célèbre dans l'antiquité, de l'existence d'un *minumum quid*, c'est-à-dire d'une limite à la divisibilité des choses. Il se prononce naturellement pour l'affirmative ; et nous devons citer l'argument suivant (616) qui, s'il était bon pour les corps, établirait aussi la proposition pour les solides, et même pour toutes les figures ontinues de la géométrie, c'est-à-dire dans un sens où elle est évidemment absurde. Mais on sait que, « les chefs de la spéculation scientifique, »

Épicure et ses disciples, étaient brouillés avec la géométrie de leurs contemporains.

Præterea, nisi erit minumum, parvissima quæque
Corpora constabunt ex partibus infinitis :
Quippe ubi dimidiæ partis pars semper habebit
Dimidiam partem ; nec res præfiniet ulla.
Ergo rerum inter summam, minumamque, quid escit?
Nil erit, ut distet : nam quamvis funditus omnis
Summa sit infinita, tamen parvissima quæ sunt,
Ex infinitis constabunt partibus æque.
Quod quoniam ratio reclamat vera, negatque
Credere posse animum, victus fateare necesse est,
Esse ea, quæ nullis jam prædita partibus exstent,
Et minuma constent natura : quæ quoniam sunt,
Olla quoque esse tibi solida atque æterna fatendum [1].

Lucrèce tient beaucoup au théorème de la limite inférieure. Il y revient deux fois, dans le

[1] « D'ailleurs, s'il n'y a aucune limite inférieure, les moindres corps auront une infinité de parties, puisque chaque moitié aura toujours sa moitié et que rien n'arrêtera cette subdivision. Quelle différence y aura-t-il donc entre l'univers entier et sa plus petite portion? Aucune, bien que l'univers soit infini ; car les plus petits corps auront également une infinité de parties. Mais la saine raison se récrie et l'esprit rejette cette conséquence ; vous êtes donc forcé de l'avouer, il y a des corps qui ne peuvent plus avoir de parties, qui sont la limite inférieure de la nature ; et puisqu'ils sont tels, ils doivent être solides et immuables. »

premier livre, pour blâmer Empédocle (747) et Anaxagore (844) de ne l'avoir pas admis. C'est qu'au fond, malgré l'erreur géométrique impliquée dans sa démonstration, ce théorème paraît avoir été dans l'antiquité la seule base scientifique des théories atomiques. Inutile de dire que les théories modernes en sont tout à fait indépendantes.

La série des principes s'interrompt ici, pour permettre au poète de réfuter les systèmes de quelques philosophes sur les éléments des corps. Il attaque notamment Héraclite, Empédocle et Anaxagore. Nous passons cette réfutation qui prend près de trois cents vers, et nous arrivons à la dernière partie de ce premier livre, où il s'efforce de démontrer l'infinité de l'univers.

8° *L'univers n'a pas de limite et le nombre des atomes est infini.*

Omne quod est, igitur, nulla regione viarum
Finitum est ;...
Non habet extremum ; caret ergo fine modoque (957).

A ne consulter que les quatre premiers arguments, on pourrait croire que cette infinité ne doit pas s'attribuer à l'univers proprement dit, qu'elle s'affirme uniquement pour l'espace, pour le vide. Mais ce qui suit (1007) enseigne clairement qu'il y a des corps dans toutes les régions de cet espace infini. La nature, nous dit-on, y a pourvu ; le vide termine les corps, les corps terminent le vide, par une succession indéfinie :

> quia corpus inani,
> Et quod inane autem est, finiri corpore cogit,
> Ut sic alternis infinita omnia reddat (1008).

A cette occasion, le poète expose le principe de la survivance du plus capable. Dans les siècles infinis du passé, les atomes ont essayé tous les arrangements,

> Ex infinito vexantur percita plagis ;
> Omne genus motus et cœtus experiundo (1024),

et ont fini par arriver à des combinaisons durables; de là l'ordre actuel, dans le cours des fleuves, dans la végétation, dans la vie des animaux, etc.

De ce que l'univers est infini, il conclut en passant qu'il n'a pas de centre ; et par une confusion remarquable, il applique cette conclusion à la terre, et se moque des niais, *stolidis*, qui croient aux antipodes (1067).

Tels sont les principes du premier livre. Mais, bien que le résumé donné à Belfast ne s'étende guère plus loin, il y en a quatre autres, plus importants au point de vue scientifique, et auxquels tout le second livre est consacré. On peut les formuler ainsi :

1° *Le mouvement est essentiel aux atomes* (II, 133).

2° *Ils offrent une grande variété de figures* (333).

3° *Les corps composés renferment tous des atomes de plusieurs espèces* (581).

4° *Outre le mouvement et la figure*[1], *les atomes n'ont aucune autre propriété* (730).

On verra dans les livres suivants que ces quatre principes se prêtent, avec une plasticité merveilleuse, à l'explication de tous les phénomènes, réels ou imaginaires. Ils renferment en germe toute la physique épicurienne, et, à vrai dire, ce sont eux qui constituent la vieille théorie atomique.

Il y a trois mouvements : de bas en haut, ***sursum***, de haut en bas, ***deorsum***, et le mouvement

[1] Diogène Laerce nous a conservé (livre X) la formule qu'Épicure donnait à ce principe. Elle diffère, mais seulement en apparence, de celle que nous donnons ici d'après Lucrèce. Les atomes, suivant Épicure, n'ont d'autre propriété que leur *figure*, leur *poids* et leur *grandeur*, πλὴν σχήματος, καὶ βάρους, καὶ μεγέθους. Lucrèce a réuni la grandeur avec la figure, et en substituant le mouvement au poids, il n'a fait, selon les idées du maître, que remplacer la cause par l'effet.

latéral ou de déclinaison, *clinamen, declinatio*. Les deux derniers seuls sont naturels et primordiaux ; le premier n'est qu'une résultante des chocs qui se produisent entre les atomes.

Nous n'avons rien à dire du mouvement naturel de haut en bas ; la chute des corps nous indique assez l'origine de cette vieille formule ; mais le mouvement latéral, le *clinamen exiguum*, perfectionnement ajouté par Épicure à la doctrine de Démocrite, donne lieu à une remarque, que nos matérialistes modernes se sont bien gardés de faire, et qui ne manque pas d'intérêt. Pourquoi ce mouvement ? Pourquoi en faire une propriété naturelle et primordiale ? Lucrèce nous le dit : c'est que, sans cela, il ne reste que le mouvement *deorsum* ; tous les phénomènes et le mouvement *sursum* lui-même, qui résultent du choc des atomes, disparaîtraient. Or, et c'est ici que la remarque devient intéressante, parmi ces phénomènes, Lucrèce compte et met au premier rang *les mouvements volontaires* de l'homme et des animaux.

Les modernes, éclairés par l'expérience et par les lois de la mécanique qui résument cette expérience, savent parfaitement que, dans les phénomènes purement atomiques, tout est nécessaire ; c'est-à-dire que tous les états successifs d'un système d'atomes où il n'y a d'autre force que les actions mutuelles de ces mêmes atomes, sont des conséquences nécessaires, rigoureuses, d'un seul de ces états qu'on appelle l'état initial. Il n'y a donc plus moyen d'être matérialiste désormais, c'est-à-dire de réduire tous les agents de l'univers aux substances atomiques, à moins que l'on ne se résigne à nier l'existence du *volontaire*, l'existence de la liberté, dans l'homme comme dans les animaux. Tout le monde actuellement sait cela, même, comme nous l'avons pu voir dans l'introduction, même les journalistes radicaux. Il n'en était pas ainsi du temps de Lucrèce, et des « chefs de la spéculation scientifique. » On n'avait qu'une notion confuse de la mécanique ; mais on savait alors, aussi bien qu'aujourd'hui, que l'homme est libre. Aussi ces vieux matérialistes, plutôt que de nier maladroitement le volontaire, plutôt que d'extirper cette conviction de notre liberté qui s'obstine à refleurir toujours au fond de la conscience, ont préféré supprimer le nécessaire dans les phénomènes purement atomiques. Ils nient que l'état subséquent dérive intégralement et rigoureusement de l'état qui précède, ils nient que les mouvements des atomes soient tout déterminés dans le temps et l'espace ; et ils attribuent, comme propriété essentielle, à ces atomes, un mouvement latéral arbitraire, impossible à prévoir, très faible sans doute, *exiguum, nec plus quam minumum*, mais très réel. Cela leur semblait suffisant pour sauvegarder la liberté. Lucrèce devient vraiment éloquent lorsqu'il expose cette singulière doctrine (251).

Denique si semper motus connectitur omnis,
Et vetere exoritur semper novus ordine certo;
Nec *declinando* faciunt primordia motus
Principium quoddam quod fati fœdera rumpat,
Ex infinito ne causam causa sequatur:
Libera per terras unde hæc animantibus exstat,
Unde est hæc, inquam, fatis avolsa voluntas,
Per quam progredimur, quo ducit quemque voluptas;
Declinamus item motus, *nec tempore certo*,
Nec regione loci certa, sed ubi ipsa tulit mens?
Nam dubio procul heis rebus sua quoique voluntas
Principium dat; et hinc motus per membra rigantur [1].

[1] «Enfin si tous les mouvements forment une chaîne continue, si celui qui finit entraîne invariablement celui qui commence, si la déclinaison des éléments ne fournit pas une source de mouvement capable de briser cette nécessité fatale, cette série infinie où la cause succède à la cause; d'où vient donc ici-bas dans les animaux, d'où vient cette volonté libre et soustraite aux lois du destin? cette volonté par laquelle nous avançons à notre gré, par laquelle aussi nous varions nos mouvements, sans être liés à un temps ou à un lieu déterminé, mais sous la seule direction de l'esprit?

Les vers qui suivent font ressortir la différence évidente entre les mouvements volontaires et les mouvements imposés aux êtres vivants. Convenez-en, dit-il, il y a autre chose que les chocs et les poids; et il répète immédiatement en d'autres termes (289) :

Sed ne mens ipsa necessum
Intestinum habeat cunctis in rebus agundis,
Et, devicta quasi, cogatur ferre patique ;
Id facit exiguum clinamen principiorum,
Nec regione loci certa, nec tempore certo [1].

Voici donc une différence radicale entre les anciens matérialistes et les nouveaux. Les anciens nient les phénomènes nécessaires, les nouveaux nient les phénomènes volontaires. Tous s'inscrivent en faux contre l'expérience; mais les premiers contredisent l'expérience extérieure, les seconds contredisent l'expérience intérieure; les

Car, sans ombre de doute, c'est dans la volonté individuelle que ces faits ont leur source, et c'est de là que les mouvements se répandent dans les membres. »

[1] « Si notre esprit n'est pas, dans toutes nos actions, soumis à une nécessité interne qui le dompterait en quelque sorte et le réduirait à une servitude passive, c'est à cause de ce faible écart latéral que les éléments exécutent sans conditions fixes ni de lieu, ni de temps. »

uns ne comprennent pas le témoignage des sens, les autres tâchent de ne pas entendre le témoignage de la conscience. Est-ce peut-être dans ce changement qu'il y a progrès ?

Non; puisqu'il s'agit de progrès dans ce chapitre, il nous est permis de le constater en passant, ce mouvement du matérialisme est une reculade, et c'est devant le progrès de la science qu'il a dû l'exécuter. Les petits écarts latéraux de Lucrèce, la suppression du nécessaire dans les phénomènes purement atomiques, sont des erreurs sans doute; mais elles ne répugnent pas invinciblement à l'esprit de l'homme, parce qu'elles ne contredisent que l'expérience extérieure. Il a fallu de longues recherches pour établir la doctrine contraire; pendant bien des siècles, la science n'était ni assez avancée, ni assez précise pour attaquer victorieusement sur ce terrain les matérialistes. De ce côté donc, la position des anciens était du moins tenable. L'erreur avait alors une base d'opérations. Elle l'a perdue aujourd'hui, les lois de la mécanique l'en ont chassée, elle a dû se réfugier dans un réduit qu'elle dédaignait autrefois. Elle doit nier l'existence du volontaire, dont tous les hommes sont, en dépit d'eux-mêmes, parfaitement convaincus. Ainsi acculée, elle ne peut plus rien sur la raison humaine, il faut qu'elle en appelle aux passions, et qu'elle se contente de tromper les malheureux qui veulent être trompés.

Il n'est pas étonnant qu'à Belfast M. Tyndall ait complètement oublié l'*exiguum clinamen.* Mais pourquoi ne rien dire des figures variées que Lucrèce prête à ses atomes? Ces figures sont la seule chose qui, dans les rêveries anciennes, ait quelque apparence d'analogie avec la *molécule* moderne. Peut-être, bien qu'il attribue aux « chefs de la spéculation scientifique la féconde doctrine des atomes *et des molécules,* » a-t-il vu lui-même qu'il n'y avait là qu'une apparence trompeuse.

Quoi qu'il en soit, pour expliquer et démontrer la grande variété des figures atomiques, Lucrèce nous fait remarquer que le feu du ciel pénètre les murailles, que nos flammes n'en peuvent faire autant, et que par conséquent les atomes du premier doivent être plus subtils; que de même la corne se laisse traverser par les atomes de la lumière, et non par ceux des gouttes de pluie, que les atomes du vin passent par un filtre qui retient ceux de l'huile. Les atomes du miel et du lait sont ronds et lisses, ceux de la centaurée sont anguleux et crochus; car les uns flattent le goût, les autres le tourmentent; les différences entre les odeurs agréables ou repoussantes, entre les brillantes et les tristes couleurs, entre le chaud et le froid, le dur et le mou, s'expliquent tout aussi aisément, et prouvent la thèse avec la même rigueur. Il y a bien quelques difficultés, mais elles se résolvent sans peine par le mélange d'atomes de diverses figures. Jusqu'à présent, les modernes n'ont pas encore songé aux figures des molécules pour de pareilles explications.

Nous apprenons ensuite que les figures atomiques, bien que fort variées, bien qu'à chacune d'elles corresponde une infinité d'atomes, sont elles-mêmes en nombre fini. Les atomes sont trop petits, nous dit-on, pour que leurs figures puissent varier à l'infini. La doctrine d'Épicure est, comme on voit, toujours également dédaigneuse de la géométrie.

Le troisième principe, le mélange de plusieurs espèces d'atomes dans chacun des corps que nous voyons, n'a absolument aucune importance à notre point de vue; car évidemment personne ne croira qu'il ressemble, même de loin, à notre théorie chimique des corps composés. Lucrèce cependant le signale tout particulièrement à l'attention, et recommande de ne pas l'oublier; c'est qu'il a pour objet d'augmenter encore la plasticité déjà si grande de sa théorie.

C'est du reste avec ces trois principes, absolument étrangers à la physique moderne, qu'il faut désormais tout expliquer dans la nature. Car le quatrième principe du second livre nous apprend en réalité que toutes les qualités sensibles des corps, la couleur, le chaud et le froid, le son, le goût, l'odeur, résultent, dans les composés, du mélange des atomes, de leurs figures et de leurs chocs ; mais n'appartiennent en aucune façon aux atomes eux-mêmes.

Sed ne forte putes, solo spoliata colore
Corpora prima manere ; etiam secreta teporis
Sunt ac frigoris omnino calidique vaporis;
Et sonitu sterila, et suco jejuna feruntur ;
Nec jaciunt ullum proprium de corpore odorem (842).

Les phénomènes de la vie animale, la sensation, le mouvement volontaire, le plaisir, la douleur, la pensée, sont également produits par des atomes qui eux-mêmes sont insensibles et sans vie :

Nunc ea, quæ sentire videmus quomque, necesse est,
Ex insensilibus tamen omnia confiteare
Principiis constare... (865).

On ne voit pas trop que cela s'accorde avec les écarts arbitraires, avec le *clinamen* qu'on attribuait tout à l'heure à ces mêmes atomes, mais on ne voit pas non plus qu'il y ait contradiction.

Il est clair que, pour expliquer les propriétés sensibles des corps avec de pareils principes, il faut absolument ramener toutes les impressions extérieures à des impressions tactiles. Lucrèce n'y manque pas, et il le fait avec le talent d'un grand poète qui, s'il n'a jamais appliqué aux faits que l'observation accidentelle et indolente, n'en est pas moins doué d'une rare perspicacité. Aussi, malgré la faiblesse et le ridicule de ses explications, on y trouve parfois des passages extrêmemeut remarquables ; plus remarquables même aujourd'hui qu'à l'époque où ils furent écrits. Tel vers, telle période poétique semblent, si on les détache du contexte, autant de formules de la science moderne. C'est que celle-ci, en appliquant les principes de la mécanique à la physiologie, est arrivée elle aussi, mais d'une tout autre manière, à expliquer toutes les impressions sensibles par des impressions pour ainsi dire tactiles. Dès lors on conçoit ces singulières rencontres qui ne sont pas tout à fait fortuites. Il est bon de les signaler ; mais il faut se garder de croire que Lucrèce attribuait à ses formules le sens que nous pouvons aujourd'hui leur donner. Pour leur enlever toute valeur scientifique, il suffit de les remettre à leur place dans son livre.

Nous pourrions arrêter ici notre exposé de l'ancien atomisme, car nous n'avons omis aucun de ses principes. Mais comprend-on bien les principes sans en voir au moins quelques applications? Et puis, notre poète est si séduisant, nous ne pouvons le quitter sans feuilleter au moins ses quatre derniers livres.

Nous apprenons au livre III qu'il faut distinguer entre l'*animus* et l'*anima*. Le plus noble des deux, l'*animus*, est une sorte de viscère, composé d'atomes extrêmement subtils. Il est logé au milieu de la poitrine ; car la pensée et la volonté s'engendrent là, et non dans la tête, ou dans les pieds, ou dans les mains,

> animi nunquam mens consiliumque
> Gignitur in capite, aut pedibus, manibusve... (III,615).

L'*anima* n'est qu'un prolongement de l'*animus* à travers les membres. Lucrèce n'est pas anatomiste, mais on ne l'embarrasserait guère en lui demandant de montrer dans un cadavre ce viscère et son prolongement. Il répondrait qu'il n'en reste absolument rien dans un cadavre. A la mort, les atomes de l'un et de l'autre s'échappent par tous les pores, *per caulas corporis omneis*. Dans le sixième livre, il répète cet hémistiche, et donne à entendre que l'âme est retenue dans le corps par la pression de l'atmosphère; car pour expliquer la mort des oiseaux qui passent au-dessus de l'Averne, il nous dit que le bouillonnement des champs Phlégréens repousse les atomes de l'air, et fait presque le vide entre la terre et les oiseaux ; ceux-ci tombent,

et vacuum prope jam per inane jacentes
Dispergunt animas per caulas corporis omneis(VI,839)

Il y a dans le livre III une série de vingt-huit arguments pour prouver que nous ne sommes pas immortels, que tout finit pour nous à la mort. On sent en les lisant que l'auteur essaie de se convaincre, qu'il se débat contre la conviction contraire. Il semble toujours hanté par la crainte de la vie future et du châtiment éternel. Déjà au premier livre il disait :

Nunc ratio nulla est restandi, nulla facultas,
Æternas quoniam pœnas in morte timendum (I, 111).

C'est, croyons-nous, uniquement pour réagir contre cette frayeur qu'il nie la Providence et l'immortalité. Nulle part on n'aperçoit en lui cette haine de Dieu qui, depuis le christianisme, est si ordinaire parmi les athées.

Le quatrième livre traite des sens, de l'imagination et de la pensée, du sommeil et des songes. Les simulacres jouent un grand rôle dans cette théorie. Ce sont des images légères, qui voltigent çà et là, comme des pellicules détachées de la surface des choses ;

Quæ, quasi membranæ summo de corpore rerum
Dereptæ, volitant ultro citroque per auras (IV, 35).

Cela ne résulte guère des principes de la théorie atomique, mais c'est fort commode, surtout pour expliquer la vision. Malheureusement les « chefs de la spéculation scientifique, » peu au courant des travaux de leurs contemporains et de leurs prédécesseurs, étaient aussi ignorants en optique qu'en géométrie. Voici quelques-unes de leurs découvertes : Si le simulacre nous indique, non seulement la forme, mais la distance de l'objet, c'est qu'il chasse plus ou moins d'air à travers nos yeux, suivant que l'objet est plus ou moins éloigné. Si le miroir représente à gauche ce qui est à droite, c'est que les simulacres se retournent pour fuir après avoir touché sa surface. Un homme qui a la jaunisse voit tout en jaune, parce que les atomes qui s'échappent de son corps sont ramenés dans ses yeux par les simulacres. Les angles des simulacres s'émoussent par le frottement quand ils doivent traverser beaucoup d'air ; voilà pourquoi les tours carrées paraissent rondes de loin.

Le son est composé d'atomes ; car on s'épuise et l'on maigrit quand on parle beaucoup. Des atomes anguleux composent les voix rauques, des atomes lisses composent les voix douces.

Passons les goûts et les odeurs ; voyons comment s'explique l'imagination et la pensée. Ce ne sera pas long, nous dit le poète.

Nunc age, quæ moveant animum res, accipe ; et unde,
Quæ veniunt, veniant in mentem, percipe paucis (IV, 724).

La cause en est encore dans des simulacres ; mais ceux-ci sont beaucoup plus déliés que ceux de la vision. Aussi ils pénètrent tout le corps et excitent les subtils atomes de l'*animus*. Si nous sommes maîtres de penser à ce que nous voulons, ce n'est pas que les simulacres accourent à notre appel ; c'est que, d'une part, il s'en présente sans cesse un nombre immense et de toutes les espèces, et que, d'autre part, l'esprit ne peut les voir qu'à la condition de se tendre, de faire attention, car ils sont si ténus. Dans cette innombrable et continuelle invasion, l'esprit choisit à son gré ceux pour lesquels il veut se tendre ; il y prête attention, les voit et ne voit pas les autres.

Quant au mouvement volontaire, en voici l'explication : les simulacres en font naître l'idée ; la volonté en résulte, *inde voluntas fit* ; l'*animus* ébranle l'*anima*, celle-ci ébranle le corps et le mouvement s'accomplit. Si Lucrèce n'avait pas logé l'*animus* au beau milieu de la poitrine, on pourrait voir ici la description de l'ébranlement cérébral, suivi de l'ébranlement nerveux et de la contraction musculaire.

On voudrait bien apprendre comment il se fait que cette attention et cette volonté ne sont pas entièrement nécessitées par les simulacres qui les excitent. C'est ici qu'il eût fallu développer et appliquer la théorie du *clinamen*. Il faut croire que Lucrèce ne savait rien de plus précis là-dessus que ce qu'il en a dit au second livre, car il n'y revient plus.

Le livre V renferme la géologie, l'astronomie, la biologie, la linguistique, la science des religions, la technologie et la sociologie.

Jetons un coup d'œil sur cette astronomie indépendante du calcul et de l'observation. Elle n'a rien emprunté à Aristarque, ni à l'école d'Alexandrie. Elle ignore l'existence des planètes. Le soleil et la lune, suivant elle, ne sont pas plus grands qu'ils ne paraissent à nos yeux.

Quam nostreis oculeis, qua cernimus, esse videtur
(V. 577).

Aussi faut-il une vingtaine de vers pour expliquer comment tant de lumière peut venir d'un si petit soleil, *tantulus sol*. Le vent pourrait bien être la cause qui fait osciller ces astres entre les deux tropiques. Pourquoi pas, nous dit-on, puisqu'il parvient à déplacer les nuages ? Il n'est pas improbable que tous les soirs les atomes du soleil se dispersent dans l'espace, et que tous les matins un nouveau soleil se reforme à l'orient. Il en est de même pour la lune. Les éclipses de ces deux grands luminaires pourraient bien n'avoir d'autre cause que le départ momentané de leurs atomes ignés.

Arrivé là, le poète nous avertit qu'il a vraiment résolu tous les problèmes des cieux :

Magni per cærula mundi
Qua fieri quidquid posset ratione, resolvi (V. 770) ;

et il passe aux traités suivants du même livre.

Il n'a réservé pour le sixième que la météorologie ; encore lui semble-t-il superflu de tout expliquer en détail, tant la chose est facile. Ainsi, après plus de quatre cents vers consacrés au tonnerre, à l'éclair, à la foudre, à la pluie et aux nuages, il nous déclare que les autres météores tels que la neige, les vents, la grêle, les frimas, la gelée, n'offrent absolument aucune difficulté, quand on connaît bien les principes de la théorie atomique.

Cetera quæ sursum crescunt, sursumque creantur
Et quæ concrescunt in nubibus, omnia, prorsum
Omnia, nix, ventei, grando, gelidæque pruinæ,
Et vis magna geli, magnum duramen aquarum,
Et mora quæ fluvios passim refrenat ; aventeis
Perfacile est tamen hæc reperire animoque videre,
Omnia quo pacto fiant, qua reve creentur ;
Quom bene cognoris, elementeis reddita quæ sint
(VI, 527).

Puis il explique sans peine les tremblements de terre, l'invariabilité du niveau des mers, les éruptions de l'Etna, les inondations du Nil, les phénomènes de l'Averne, les variations de la température des sources, l'action de l'aimant sur le fer, et les maladies pestilentielles.

Dans tout ce poème où l'on trouve tant de choses expliquées, on ne rencontre pas une seule expérience, pas une seule observation intentionnelle, pas une seule mesure. Tel était l'esprit de l'école d'Épicure, qui fut en réalité, quoi qu'on en ait dit à Belfast, la plus antiscientifique de toutes les écoles de la Grèce. Toutes ces explications, qui valent à peine la *virtus dormitiva* de l'opium, peuvent aujourd'hui nous faire sourire ; mais elles devaient bien désappointer les lecteurs contemporains. Aussi nous concevons aisément le mépris de Cicéron pour Épicure, nous concevons qu'il lui reproche d'avoir été lui-même un ignorant, et d'avoir empêché les autres de s'instruire [1].

Voilà pourtant les hommes que M. Tyndall a voulu, à cause de leur « opposition à l'anthropomorphisme, » donner pour ancêtres à la science moderne. Voilà la doctrine ridicule et essentiellement stérile, qu'il a présentée comme la source du progrès. L'exposé que nous venons d'en faire montre suffisamment l'inanité de cette prétention. Aucun de ces principes ne fait aujourd'hui partie de la science. Ce vieux système, fils de l'athéisme et de l'ignorance, ne ressemble à notre théorie atomique, que comme l'aiguille aimantée de Claude et de Jean ressemble au télégraphe électrique. On le verra bien dans les deux chapitres suivants.

[1] De cetero vellem equidem, aut ipse doctrinis fuisset instructior (est enim... non satis politus iis artibus quas qui tenent eruditi appellantur), aut ne deterruisset alios a studiis. *De finibus*, I, 7.

Ne venez donc pas, au nom de ce système et de cette ressemblance, réclamer pour l'irréligion le prestige du progrès scientifique. Voici déjà vingt-trois siècles que l'irréligion a pénétré sur le terrain de la science. Elle n'y a pas fait une seule découverte. Au contraire, la science a marché depuis lors contre le matérialisme, et si elle ne l'a pas encore complètement expulsé, elle l'a du moins fait reculer. Depuis lors aussi, il s'est produit un fait beaucoup plus important que tous les progrès de la science. Le flambeau du christianisme s'est levé sur l'humanité. Un phare a été bâti sur le roc, et nous voyons briller à son sommet la lumière éternelle qui éclaire tout homme en ce monde. Vous avez beau fermer les yeux, et rappeler à grands cris les ténèbres. Les ténèbres ne reviendront pas, le phare est là pour toujours et ses rayons vous pénètrent malgré vous. C'est donc en vain que vous conviez les hommes à reculer avec vous de vingt siècles. Ceux-là même qui voudraient vous donner raison seront toujours forcés de vous répondre avec un autre grand poète à peine plus chrétien que Lucrèce :

Quand Horace, Lucrèce et le vieil Épicure,
Assis à mes côtés, m'appelleraient heureux,

Et quand ces grands amants de l'antique nature
Me chanteraient la joie et le mépris des dieux,
Je leur dirais à tous : « Quoi que nous puissions faire,
Je souffre, il est trop tard ; le monde s'est fait vieux,
Une immense espérance a traversé la terre ;
Malgré nous vers le ciel il faut lever les yeux [1] ! »

[1] Alfred de Musset. *L'espoir en Dieu.*

CHAPITRE II.

LA PHYSIQUE MODERNE.

SOMMAIRE. — Importance philosophique et scientifique de la théorie atomique moderne. — Première difficulté inhérente à sa vulgarisation : Fondée par Boscovich, elle est encore dans sa période de formation. — Seconde difficulté : Elle exige une certaine connaissance de la dynamique. — Formule caractéristique de la physique moderne. — Notions de dynamique suffisantes pour comprendre la conservation de l'énergie. — Deux lois expérimentales. — Théorème des forces vives. — Conservation de l'énergie. — Perception des phénomènes physiques. — Le son, la chaleur, la lumière. — Discontinuité et actions des atomes pondérables. —Atomes et molécules. — État solide, liquide, gazeux. — Influences réciproques des deux espèces d'atomes.

La théorie atomique moderne n'est ni athée ni matérialiste ; au contraire. Les rêveries d'Épicure étaient à la fois l'un et l'autre, mais aussi, le chapitre précédent l'a suffisamment établi, elles n'étaient que cela. La recherche scientifique, l'étude des faits leur fut toujours étrangère. Elles n'ont eu d'autre principe que cet esprit de révolte qui nie la Providence pour n'avoir pas de maître, et cette tendance secrète à la dégradation qui nie la vie future pour n'avoir pas de frein. Elles sont de plus restées naturellement stériles; aucune découverte de quelque valeur dans les sciences ne remonte à un philosophe épicurien.

Il en est tout autrement de la théorie moderne. Bien que ses premières formules réellement scientifiques datent à peine d'un siècle, bien qu'elle n'ait commencé à montrer toute son importance que depuis une trentaine d'années, elle est cependant le produit du travail accumulé par de nombreuses générations; générations de savants voués à l'observation et à l'expérience, non de rêveurs ignorants et audacieux. Ce produit est sans doute encore bien imparfait, car à travers chaque solution on aperçoit des masses effrayantes de problèmes ; mais on y sent déja des acquisitions définitives, on y voit des directions précises ; les promesses sont magnifiques et les probabilités sont rassurantes.

Ces prévisions, nous tenons à le dire dès le début, n'ont rien d'encourageant pour les adversaires de la vérité spiritualiste et religieuse. Il est probable même qu'ils en seront bientôt réduits à renier la science en même temps que la philosophie. La raison en est bien simple. Plus on avancera dans la connaissance intime de la matière, plus on verra clairement que la matière ne peut rendre raison de tous les phénomènes. Déjà nous avons plus haut signalé dans cette voie un progrès très important. Les anciens matérialistes croyaient qu'il ne leur serait pas impossible d'expliquer la liberté par les mouvements déclinatoires des atomes ; les modernes ont dû renoncer à cette illusion. Le nécessaire qui caractérise les phénomènes purement atomiques est aujourd'hui une vérité trop bien établie et trop bien reconnue, pour qu'ils osent encore la nier. C'est pourquoi ils ont pris le parti de nier le volontaire ; mais ils sont ainsi tombés de Charybde en Scylla ; car pour éviter de contredire l'expérience des laboratoires, ils doivent se résigner à contredire l'expérience du sens intime. Que feront-ils donc quand, grâce au progrès de la théorie atomique, on sera parvenu à démontrer l'existence d'agents libres, l'existence de substances immatérielles, par des mesures précises, par de véritables expériences de physique et de physiologie? Une pareille démonstration est loin d'être impossible, nous le ferons voir plus loin ; et pour dire ici toute notre pensée, nous la croyons plus que possible, elle nous semble une chose très probable, et l'on y arrivera peut-être avant peu d'années. Il faudra bien alors désavouer la science elle-même, et insulter comme réactionnaire celle dont on se dit aujourd'hui les représentants.

L'athéisme est encore plus maltraité par cette théorie; car déjà, dans son état actuel, elle établit scientifiquement le fait de la création. C'est d'elle en effet que découle une loi magnifique, découverte depuis moins d'un quart de siècle, admise, croyons-nous, par tous les savants qui l'ont étudiée, et qu'il suffit d'admettre pour être clairement, rigoureusement obligé de conclure que le monde matériel a eu un commencement. Nous savons à quoi nous nous engageons en parlant ainsi : nous promettons une démonstration scientifique, à la fois claire et rigoureuse. Le lecteur verra dans la suite de cette étude si nous tenons notre promesse.

Une théorie dont les conséquences ont une telle portée a le droit d'exiger l'attention de tous les esprits sérieux, de ceux surtout qui se vouent aux études philosophiques. Aussi nous semble-t-il superflu d'énumérer ici, en commençant, tous les autres services qu'elle peut encore leur rendre. Mais nous voudrions également dire à ceux qui s'occupent plus spécialement de recherches scientifiques, soit qu'ils se bornent aux phénomènes inorganiques de la physique et de la chimie, soit qu'ils explorent le vaste et mystérieux domaine de la physiologie, qu'il leur est désormais presque impossible de s'en passer. C'est s'exposer à faire souvent fausse route, à perdre son temps et son travail, que de négliger les indications précieuses qu'elle fournit, ou même de se contenter d'en acquérir une connaissance confuse. Or, on en conviendra sans peine, quand une théorie a conquis une pareille importance, quand elle offre un intérêt aussi général, il devient urgent de la vulgariser, c'est-à-dire de la répandre parmi ceux à qui elle peut rendre service, savants ou philosophes. C'est ce que nous voudrions faire; mais l'entreprise est difficile pour plus d'une raison.

Et d'abord, où se trouve aujourd'hui l'ensemble de cette théorie? Quelle école, quelle académie l'a clairement formulée? Les savants sont-ils à l'heure qu'il est d'accord sur ses principes; ou même simplement existe-t-il un ouvrage de quelque autorité où ces principes se trouvent méthodiquement exposés?

Tous les traités de chimie ont actuellement un chapitre, ou du moins un long paragraphe intitulé *Théorie atomique*. En les feuilletant on rencontre à presque toutes les pages les mots d'atomes, de molécules, de poids atomiques, d'atomicité. Trouverions-nous là le corps de doctrine que nous cherchons? S'il en était ainsi, la tâche du vulgarisateur serait bien simple, car les lois générales de la chimie ne sont pas bien difficiles à exposer. Tout lecteur instruit peut, sans se soumettre à une préparation spéciale, sans aligner dans son esprit toute une série de notions nouvelles et abstraites, suivre les raisonnements de cette science, et comprendre ses théories. Aussi, plus d'un chapitre écrit pour un traité didactique de chimie pourrait sans inconvénient se transporter dans une revue. Mais l'atomisme chimique, quelle que soit son utilité pour coordonner les phénomènes, pour expliquer les lois et les proportions de poids et de volume qu'on observe dans les réactions des laboratoires, et les figures géométriques si variées que les corps prennent dans la cristallisation, n'en est pas moins, au point de vue de la théorie générale des corps et de la synthèse de tous les phénomènes matériels, la partie la moins importante de la théorie atomique. Nous esquisserons plus loin cette partie avec le reste, et nous verrons alors que la chimie s'est elle-même enrichie par les conquêtes d'une tout autre science.

Cette autre science est la mécanique. C'est elle qui, arrivant à la théorie par ses propres méthodes, en a vraiment fondé la puissance; car elle l'a rendue à la fois plus certaine, plus précise et plus générale. Il est du reste très remarquable qu'à une époque où la chimie était à peine dans l'enfance, un demi-siècle avant Lavoisier, longtemps avant que Dalton imaginât son atomisme, ce fut un mathématicien qui, en étudiant le phénomène purement mécanique du choc de deux corps solides, arriva à formuler les premiers principes de la théorie moderne. Ce savant, dont M. Tyndall, malgré sa partialité pour les atomes et les atomistes, a oublié de parler dans son discours de Belfast, est le jésuite Boscovich. C'est lui qui le premier a dit en termes exprès que l'explication de tous les phénomènes de la nature, la connaissance complète de la philosophie naturelle, se réduit à la solution d'un problème de mécanique. On connaît le titre de son ouvrage : *Theoria philosophiæ naturalis redacta ad unicam legem virium in natura existentium.* Toute la science de la nature, réduite à la seule loi des forces naturelles ! Et qu'on veuille bien le remarquer, ces *forces* ne sont pas pour Boscovich des mystères voilés de noms connus, comme la chaleur, l'électricité, la lumière, le magnétisme; non, ce sont les vraies forces, simples et intelligibles, que l'on considère en mécanique. Voici, pour ne citer qu'un passage, comment il résume lui-même les principes de sa théorie : « La matière est constituée par des points tout à fait simples, indivisibles et inétendus, distants les uns des autres, doués chacun de la force d'inertie, et en outre d'une force active réciproque, fonction des distances ; de telle sorte que, la distance étant donnée, la grandeur et la direction de la force sont toutes déterminées ; que, si la distance varie, la force varie aussi ; que, si la distance décroît indéfiniment, cette force est répulsive et augmente sans limite ; qu'au contraire, si la distance augmente, cette force répulsive diminue, s'évanouit, se change en une force attractive qui croît d'abord, décroît ensuite, et redevient répulsive pour passer de nouveau plusieurs fois par les mêmes alternatives, jusqu'à ce qu'enfin elle reste définitivement attractive et varie à fort peu près en raison inverse du carré des distances. »

On a vraiment peine à concevoir qu'un homme ait pu, au milieu du dix-huitième siècle, s'élever à cette hauteur ; mais d'autre part, on s'étonne qu'il ait pu s'y arrêter. Car, si nous faisons abstraction de la loi détaillée qu'il attribue aux variations de la force centrale dont chacun de ses atomes est le siège, nous devons reconnaître dans ce passage une portion essentielle et des plus importantes des principes qui sont aujourd'hui reçus dans la science. Avec sa résolution d'en déduire tous les phénomènes matériels, comment Boscovich n'a-t-il pas rencontré, dès les premiers pas, l'explication dynamique des phénomènes calorifiques ; comment n'a-t-il pas découvert, un siècle avant nos contemporains, cette thermodynamique qui nous a révélé tant de choses? Mais d'un autre côté, il ne faut pas oublier que la chimie n'existait pas encore, que la physique était encore bien jeune, que la mécanique elle-même, quoique portée dans les cieux par Newton, à qui elle avait donné l'explication du mouvement elliptique des planètes, n'avait pas encore montré cette merveilleuse puissance et cette grande généralité qu'elle a déployée depuis dans les immortels travaux de Lagrange, de Laplace et des grands géomètres du dix-neuvième siècle. Il a donc fallu à Boscovich un puissant effort de divination pour arriver, comme d'un bond, à une position que le progrès de toutes ces sciences a fini par nous conquérir. C'est un hommage que nous devons lui rendre. Il est vrai que cet effort l'a complètement épuisé; car les principes si féconds qu'il avait rencontrés sont restés à peu près stériles entre ses mains. Mais aussi sa découverte arrivait avant l'heure. Les faits connus alors étaient insuffisants pour la soutenir, et lui donner son véritable sens. Or telle est la faiblesse de l'esprit humain que, presque toujours, une découverte entrevue avant l'heure par une intuition hardie, manque de prise sur les contemporains, et cache à l'inventeur lui-même sa véritable portée. Tout se réduit à un éblouissement passager. Plus tard, des vérités préliminaires lui préparent les esprits, elle n'a plus qu'à se montrer pour s'imposer partout avec une force irrésistible, et de grandes conquêtes viennent bientôt consacrer à jamais son empire.

Nous sommes actuellement arrivés à cette dernière phase, mais nous la parcourons encore; et c'est ce qui explique non seulement l'importance de la vulgarisation que nous entreprenons, mais aussi sa difficulté. Les vérités préliminaires nous sont venues de diverses régions fort distinctes, presque opposées : de la chimie, de l'optique, de la théorie de la chaleur et de l'électricité, de la physiologie, et surtout de la mécanique. Chacune de ces sciences nous apporte son témoignage, mais elle le donne en son langage ; il faut entendre ces langues, les traduire en une seule, contrôler, comparer et résumer les assertions. C'est un grand travail de critique qui doit éliminer bien des inexactitudes, effacer bien des préjugés, dissiper bien des illusions. On ne peut pas dire qu'il soit achevé.

Il se fait lentement dans le monde des savants, et pendant qu'il progresse, les vulgarisateurs risquent beaucoup d'aller à l'aventure, faute d'un guide autorisé.

Dans ces conditions, si nous ne voulons pas renoncer à l'entreprise, il faut bien nous résoudre à nous guider un peu nous-même. Le résumé que nous présenterons au lecteur sera donc ce que nous regardons, après une étude consciencieuse, comme la plus juste expression de la théorie en formation. Sur plus d'un point sans doute il ne sera pas d'accord avec les vues de tel ou tel savant ; nous indiquerons même quelques-unes de ces divergences ; mais c'est là un inconvénient inévitable, nous vivons à une période de transition, où l'accord n'est pas encore établi. C'est la première difficulté inhérente à notre tâche.

Inhérente aujourd'hui, cette difficulté finira pourtant par disparaître. On n'en peut dire autant de la suivante, car elle est essentielle.

La partie la plus importante de la théorie, celle qui finira par absorber ou, du moins, par contenir et dominer toutes les autres, c'est la mécanique ou pour préciser davantage, la dynamique. Or la dynamique est, de toutes les sciences fondées sur l'observation et l'expérience, celle dont les allures et les procédés ont le plus de ressemblance avec ceux des mathématiques pures. Cette ressemblance est telle que plusieurs s'y laissent tromper, et rangent la dynamique parmi les sciences de pur raisonnement, à côté de l'arithmétique et de l'analyse. Ses traités didactiques semblent ne se composer que d'équations ; le langage ordinaire paraît n'y jouer qu'un rôle accessoire, pour relier entre elles, de distance en distance, des séries de formules. C'est de là que provient sa puissance. Car le raisonnement mathématique est un merveilleux appareil qui saisit la raison de l'homme, et l'emporte rapidement, comme sur des rails, à travers les idées les plus abstraites et les plus touffues, jusqu'aux conclusions les plus éloignées. Il a, sur les formes ordinaires du raisonnement, toute la supériorité qu'ont aujourd'hui, sur les instruments des peuples primitifs, les machines de la grande industrie. L'œuvre des machines est rapide et précise, elle atteint parfois des proportions gigantesques. Tel est aussi le travail algébrique. On peut dire que les mathématiciens raisonnent à la mécanique et à la vapeur.

Le vulgarisateur peut-il les imiter? Non, car les formules, même les plus élémentaires, ont le triste privilège d'épouvanter la grande masse des lecteurs. Que serait-ce donc si l'on montrait ces formules différentielles et intégrales qui forment la trame des traités de dynamique ? C'est en vain d'ailleurs qu'on essaierait de mettre en langage vulgaire la langue des équations. En traduisant une démonstration algébrique, on ne la rend pas plus accessible aux profanes, on la rend seulement inintelligible aux initiés. La musique qui ne manipule ni le raisonnement ni les idées abstraites, emploie, elle aussi, une écriture particulière qui lui permet de peindre fort exactement et fort simplement tous les sons simultanés et successifs du morceau le plus compliqué. Mais qu'arriverait-il, si l'on s'avisait d'écrire une partition en langage ordinaire ? Le compositeur lui-même n'y comprendrait plus rien.

A cela cependant il y a remède. La fermeté, la sûreté du raisonnement mathématique est assez généralement connue pour que tout lecteur puisse accepter sans contrôle ses conclusions comme rigoureusement déduites. On peut donc, en vulgarisant la dynamique, supprimer hardiment les démonstrations chiffrées. Mais voici où gît l'inévitable difficulté. Les propositions elles-mêmes sont dures à comprendre ; elles rapprochent des idées qui, comme celles de force, de vitesse, de masse, de quantité, de mouvement, de travail, de force vive, d'énergie, tout en offrant à l'esprit un certain sens qu'il saisit tout d'abord, ne peuvent devenir tout à fait précises qu'à l'aide d'une grande attention; et cependant, telle est la nature absolue de ces propositions qu'elles cessent d'être vraies, dès que les idées cessent d'être précises. Dans ces matières surtout, ce qui est presque vrai est tout à fait faux. Depuis la naissance de la thermodynamique, que d'exemples n'avons-nous pas vus de vulgarisations inexactes, erronées, parce que les écrivains, habitués sans doute aux conférences de physique amusante, jaloux de conserver à leurs lecteurs le privilège de l'attention indolente, ont reculé devant les rudes exigences du sujet. Ils se sont fait lire, ils ont intéressé ; mais au fond ils n'ont pas éclairé, ils n'ont pas fait comprendre, ils n'ont répandu que des erreurs. Nous écrivions en 1869 : « De tous les savants qui ont jusqu'ici exposé cette théorie, les mathématiciens sont à peu près les seuls à qui l'on ne puisse reprocher d'autre défaut que la sécheresse peu attrayante de leurs compositions. C'est qu'habitués à la rigueur du raisonnement et à la précision du langage, ils savent éviter les illusions embusquées sur la route, ils savent n'employer les mots que dans les limites de leur élasticité, et donner même aux expressions les plus importantes la rigidité la plus absolue. A cette condition seulement, les propositions scientifiques forment la charpente d'une théorie. Elles deviennent sous leur plume les rouages d'un mécanisme caché, dont les autres peuvent tout au plus nous prouver l'existence en nous montrant le cadran. » Nous pensons que cette appréciation est encore juste aujourd'hui.

Le lecteur est donc averti que, dans quelques paragraphes de ce chapitre, il lui faudra pour nous suivre, s'il n'est pas quelque peu mathématicien, une assez pénible attention; moins pénible pourtant qu'elle ne l'eût été il y a quelque vingt ans. Car en s'adaptant aux nouvelles théories, la dynamique elle-même s'est perfectionnée; elle s'est rendue, à certains égards, plus accessible à l'intelligence et même, dans de justes limites, à l'imagination. L'effort du reste aura sa récompense; car il donnera la clef de bien des mystères dans le monde des phénomènes inorganiques, et permettra d'aborder ensuite, avec des principes éprouvés, l'étude si importante des phénomènes vitaux. Si parfois les pentes sont raides, si la marche est un peu haletante, on se rappellera qu'on s'élève aux sommets importants découverts par la physique moderne.

La physique moderne ! essayons avant tout de

la caractériser, de donner la formule exacte qui la distingue de l'ancienne.

On disait il y a trente ans, et plusieurs disent encore aujourd'hui : la chaleur, la lumière, l'électricité ne sont que les manifestations d'une même force. C'est un énoncé primitif, assez défectueux, de la formule que nous cherchons. Il est incomplet ; car la physique, entendue dans son sens le plus général, étudie bien d'autres phénomènes que ceux de la chaleur, de la lumière et de l'électricité. Il est confus et inexact, parce qu'il fait du mot *force* un usage que tout mathématicien déclarerait scientifiquement impropre. On a successivement modifié cet énoncé, on a parlé de la corrélation des forces physiques, de leur unité, de leur équivalence, de leur transformation mutuelle. En qualifiant le mot *force*, en parlant de forces physiques, on échappait à l'inexactitude que nous venons de critiquer ; mais on avait le désavantage de mettre dans la formule quelque chose comme une entité mystérieuse et mal définie. On a dit ensuite : rien ne se perd dans la nature ; le grand principe qui régit les phénomènes matériels, c'est la conservation de la force. Ici encore le mot *force* est abusif ; car si l'on donne à ce mot le sens précis qu'il exprime en mécanique, le prétendu principe de la conservation de la force ne serait plus qu'une erreur évidente. Aussi l'on a fini par dire avec plus de justesse : la conservation de l'*énergie*. Et ici, nous prions le lecteur de ne pas supposer que l'énergie ne représente qu'une abstraction un peu indécise, comme dans le langage ordinaire ; ce mot, consacré désormais, a un sens tout à fait précis que nous exposerons tout à l'heure, et représente une quantité exactement mesurable comme les distances, les poids, et les autres grandeurs matérielles. Quoique fort juste, ce dernier énoncé n'est pourtant pas encore la formule générale de la physique moderne. Car, s'il est vrai que la loi de la conservation de l'énergie domine tous les phénomènes purement matériels, il est aussi vrai, nous le montrerons bientôt, qu'elle n'est qu'une des lois qui les régissent et qu'elle ne contient pas les autres.

Il nous semble qu'on ne peut mieux résumer l'esprit et la substance des nouvelles théories que dans la formule suivante :

Tous les phénomènes matériels se réduisent en dernière analyse à des mouvements mécaniques dont les mobiles sont des atomes de deux classes seulement, appelés pondérables ou impondérables suivant la loi qui régit leurs actions.

On voit aisément ce que cette formule a de caractéristique.

L'ancienne physique, celle qui a rempli les traités pendant toute la première moitié de ce siècle, et qui, à vrai dire, s'enseigne encore assez généralement aujourd'hui, avait une tendance à multiplier les substances *sui generis*. Elle n'admettait pas, comme Épicure, les atomes du son ; mais outre la matière pondérable, elle a eu longtemps ses corpuscules lumineux du système de l'émission, elle avait son fluide calorifique qui rayonnait dans l'espace comme les corpuscules lumineux, et qui se logeant dans les interstices des corps, et les dilatant, finissait par se combiner chimiquement avec eux en deux proportions différentes, pour les faire passer successivement à l'état liquide et à l'état gazeux ; elle avait ses deux fluides électriques et même ses deux fluides magnétiques. De plus, si elle cherchait à expliquer bien des phénomènes par des translations de ces diverses substances, c'est-à-dire à les analyser en phénomènes élémentaires qui n'étaient au fond que des mouvements, elle ne s'interdisait pas le recours à des éléments d'une autre nature beaucoup plus mystérieuse, comme par exemple, en chimie, la *catalyse* ou *action de présence*, qui sans influencer mécaniquement les corps avait le don d'éveiller leurs affinités. Il est bien inutile de la suivre jusque dans l'analyse des phénomènes vitaux, de mentionner le rôle qu'elle attribuait au fluide nerveux, et surtout de lui demander comment elle expliquerait les rapports des phénomènes extérieurs avec la sensation. Opposons-lui tout de suite sa rivale, ou plutôt son héritière.

Ces nombreux fluides impondérables sont maintenant remplacés par un seul, dont tous les atomes sont parfaitement égaux entre eux. Le rôle qu'on lui attribue est tout différent; il y a encore des mouvements, mais plus de transports en masse. Quant aux atomes pondérables, la nouvelle théorie permet déjà de supposer qu'il n'y en a que peu d'espèces, peut-être même une seule espèce réellement élémentaire. C'est là déjà une grande simplification; mais le progrès le plus important, c'est l'affirmation claire, précise, et de jour en jour plus probable, que tous les phénomènes élémentaires dont les combinaisons forment le monde matériel, ne sont que de simples mouvements mécaniques. Essayons d'en apprécier la portée.

Les mouvements mécaniques sont pour nous des phénomènes de tous les instants, que nous observons et que nous produisons sans cesse, dont nous parlons chaque jour en nous faisant parfaitement comprendre, et qui par conséquent n'offrent, dans leur concept, à notre intelligence, aucune difficulté. Je ne veux pas dire que leur théorie se présente d'elle-même et qu'on puisse la connaître sans effort; car cette théorie, c'est la dynamique, et j'ai écrit plus haut qu'elle n'est ni aisée, ni attrayante pour tout le monde ; je veux dire que nous les concevons eux-mêmes nettement, clairement, que leur idée n'a pour nous rien de mystérieux ni d'indécis, même quand leur théorie nous est complètement inconnue, quand nous ignorons leurs mesures exactes, et les relations qui les coordonnent entre eux et les subordonnent à leurs causes. Dire donc qu'en dernière analyse tous les phénomènes matériels, sans exception, se réduisent à ces mouvements mécaniques que nous concevons si bien, n'est-ce pas déjà, si l'on dit vrai, jeter dans l'obscurité actuelle de l'univers comme une révélation soudaine, immense et lumineuse? Eh bien! nous avons les plus fortes raisons de croire qu'en parlant ainsi, on est dans le vrai. Mais il y a plus. La science même de ces mouvements, malgré toutes ses difficultés, quoiqu'on ne puisse l'acquérir et la faire avancer qu'au prix d'un grand travail intellectuel, a, sous le rapport de la certitude et de la puissance, une incroyable supériorité. Entre toutes les sciences basées sur l'observation et l'expérience, elle est à la fois la plus franchement posée et la plus rigoureusement construite. Elle n'a besoin que de deux lois expérimentales, dont l'exactitude, contrôlée et vérifiée par des expériences innombrables, est placée au-dessus de toute contestation; et grâce aux mathématiques, elle déduit les conséquences de ces lois avec une sûreté que l'on peut appeler infaillible, et une fécondité vraiment inépuisable. Quant aux mesures et aux observations qu'il faut faire ensuite pour appliquer ces conséquences aux phénomènes dont nous sommes témoins, elle les indique pour ainsi dire d'elle-même, et les réduit toujours au strict nécessaire.

Il est donc superflu d'insister sur l'importance de cette nouvelle physique, qui porte dans ses flancs l'explication de tous les phénomènes inorganiques et qui, nous le verrons, joue déjà un rôle considérable dans l'explication des phénomènes vitaux. Tout physicien, tout physiologiste, tout philosophe est désormais obligé de l'étudier ; et c'est pour cela que, malgré l'aridité du sujet, nous allons essayer de faciliter cette étude en vulgarisant d'abord autant que possible, en quelques pages, les principes les plus essentiels de la dynamique. Il sera facile ensuite de bien comprendre le sens de la formule que nous avons soulignée plus haut.

Commençons par indiquer les limites dans lesquelles nous renfermerons cette vulgarisation.

La dynamique se fonde tout entière sur deux lois expérimentales que nous devrons exposer d'abord. Ces deux lois lui sont indispensables, mais aussi elles lui suffisent pour écrire des équations qui contiennent, à leur manière, les détails de tous les phénomènes de mouvement. Les équations ainsi écrites expriment parfaitement le problème, elles posent fort exactement la question ; mais en dépit du proverbe, la question bien posée est loin d'être à moitié résolue. C'est que ces équations sont des *équations différentielles*, et pour en tirer pratiquement ce qu'elles contiennent, il est nécessaire de les transformer en *intégrales*. Or, dans les problèmes un peu compliqués, les mathématiques pures à qui revient cette transformation, sont encore trop peu avancées pour y réussir complètement. Rien de plus facile, par exemple, que d'écrire les équations différentielles des mouvements de tout le système solaire ; et cependant lors même qu'on simplifie énormément la difficulté en supposant un système composé seulement de trois astres, on ne sait pas encore trouver les douze intégrales qui devraient remplacer exactement les équations différentielles. Mais on aurait tort de conclure de cette impuissance que les promesses de la dynamique sont pour le moment illusoires, qu'il faut en remettre la réalisation à l'époque lointaine où les mathématiques pures auront accompli des progrès auprès desquels tout ce qu'elles ont fait jusqu'ici est insignifiant. Car là où les méthodes rigoureuses et générales font défaut, on trouve toujours des méthodes approximatives, particulières à chaque classe de problèmes et qui, au point de vue pratique, au point de vue de la connaissance de la nature, sont tout à fait équivalentes. Ainsi, pour les mouvements du système solaire, la question a depuis longtemps reçu sa solution complète. Si toutes les branches de la physique étaient aujourd'hui dans l'état où se trouve la mécanique céleste, la physique serait achevée; les physiciens n'auraient plus qu'à imiter nos astronomes, dont les études, moins théoriques de jour en jour, prennent de plus en plus les allures de l'histoire naturelle. Les théories du son, de la lumière, de la chaleur et plusieurs autres, nous fournissent également des exemples de la manière dont on peut tourner les difficultés analytiques dans les applications particulières de la dynamique : nous n'avons donc pas à craindre que de semblables difficultés arrêtent les progrès futurs de la nouvelle physique.

Mais ce que nous voulons ici faire ressortir, c'est que les équations différentielles dont nous parlions plus haut, sous leur forme la plus générale, sous la forme où elles s'appliquent à tous les problèmes de la physique sans exception, peuvent déjà par leurs combinaisons nous donner de nouveaux principes généraux, conclusions certaines et fécondes, quoique parfois très éloignées, des lois expérimentales qui ont servi de point de départ. La plus simple, la plus importante et la plus célèbre de ces combinaisons est celle qui nous mène au principe de *la conservation de l'énergie*. Dans les pages qui vont suivre, nous ne dirons que ce qui est indispensable pour l'intelligence de ce grand principe.

Que le lecteur ne recule pas devant ces quelques pages, malgré l'effort d'attention qu'elles lui demanderont peut-être; les notions et les principes qu'elles doivent mettre en lumière, nous rendront de grands services dans presque tous les chapitres suivants.

Nos deux lois expérimentales traitent, l'une de ce qu'on appelle l'*inertie de la matière*, l'autre de *la mesure des forces par les effets qu'elles produisent*. Si l'on considère qu'elles se rapportent au mouvement *absolu* d'un *point matériel*, on voit immédiatement combien il serait utile et intéressant d'expliquer le procédé rationnel qui nous les fait reconnaître avec certitude ; non à cause du *point matériel*, qui n'a d'autre objet que de simplifier les énoncés en supprimant les figures des corps et leurs rotations, mais parce que le mouvement *absolu* et le repos *absolu* sont des choses qui, conçues nettement et sans peine, ne peuvent être constatées et observées sciemment : c'est là une question de logique, qui intéresse la science, mais que, pour abréger, nous n'exposerons pas ici ; il suffit de dire que cette induction suppose des expériences répétées dans des circonstances variées ; et que, d'après le calcul, sa probabilité, qui peut être très faible lors de la première expérience, croît avec une grande rapidité à chaque répétition, de sorte qu'elle devient bientôt l'équivalent pratique de la certitude.

Inertie de la matière.— Pour qu'un corps passe du repos au mouvement, il faut qu'un autre fait se produise, et ce fait nécessaire pour le mouvement dont il est la cause, n'est pas du tout nécessaire pour l'existence du mobile. Considéré comme simple cause de mouvement, et dépouillé par l'abstraction de toutes ses autres propriétés, ce fait s'appelle une *force* et l'on dit que cette force est *extérieure* au mobile. C'est ainsi que, dans les mouvements relatifs que nous observons, la combustion de la poudre est la cause extérieure qui fait partir le boulet. Nous donnerons bientôt d'autres exemples ; ici, puisque l'idée de force se présente, appliquons-nous à la préciser. Le point matériel que cette force tend à mettre en mouvement s'appelle son *point d'application*. La direction de la ligne que suivrait le point d'application si la force produisait son effet, s'appelle la *direction* de la force. Dès le début de la statique, on apprend à comparer les forces sous le rapport de la grandeur, de l'*intensité*, et à les évaluer en nombres. Il est important toutefois de le constater, cela se fait sans considérer en aucune façon la grandeur des effets qu'elles produisent, mais au moyen seulement de leurs conditions d'équilibre. Une force quelconque est prise pour unité ; une autre force est dite égale à celle-là si, appliquée en même temps à un même point libre mais dans la direction diamétralement opposée, elle fait équilibre à la première ; c'est-à-dire, si le système de ces deux forces, agissant ensemble dans ces conditions, ne produit aucun mouvement. La force sera représentée par les nombres 2, 3, 4,... s'il faut, pour lui faire équilibre, lui opposer simultanément 2, 3, 4.... forces égales à l'unité.

Quand un corps se meut, si ce mouvement n'est pas rectiligne et uniforme, c'est qu'une cause extérieure en altère l'uniformité. — Ainsi, pour en appeler encore aux mouvements relatifs que nous observons, dès que le boulet est sorti du canon, son mouvement n'est ni rectiligne ni uniforme ; mais, bien que la force qui l'a fait naître ait cessé d'agir, deux autres forces interviennent, la gravité qui courbe la trajectoire, et la résistance de l'air qui fait varier la vitesse.

Ces deux propositions générales se résument dans la suivante : *Un point matériel qui n'est soumis à l'action d'aucune force extérieure ne peut avoir qu'un mouvement rectiligne et uniforme,* mouvement dont le repos absolu peut être considéré comme un cas limite. C'est, on le voit, une connaissance très générale sur la nature des corps.

Mais il y a une seconde partie également importante dans ce chapitre de l'inertie. Il est une loi que nous observons invariablement dans tous les cas, et ils sont nombreux, où la *présence d'un corps étranger,* soit au contact, soit même simplement dans le voisinage du mobile, doit être considérée comme le fait auquel nous avons donné le nom de force extérieure. Citons d'abord quelques-uns de ces cas. Un fardeau est soulevé au moyen d'une corde ; nous disons que la force réside dans cette corde et nous l'appelons tension. Une bille est poussée par une queue ; la force qui agit au moment du choc réside dans cette queue et s'appelle pression. Une bille côtoie en tournant une bande circulaire, ou enfilée par une verge métallique, elle en suit toutes les sinuosités, ou posée sur une surface courbe, elle en gravit et en descend les pentes ; dans chacun de ces cas, la force qui modifie le mouvement de la bille, réside dans la bande, ou dans la verge métallique ou dans la surface courbe, et s'appelle résistance. La résistance et la pression des milieux liquides ou gazeux fourniraient également des exemples où le contact d'un corps étranger est le fait qu'il faut appeler la force extérieure. Un aimant agissant sur un corps magnétique, un corps électrisé attirant ou repoussant un pendule électrique, les grosses sphères de plomb faisant osciller le pendule horizontal de Cavendish, sont autant d'exemples où le voisinage d'un corps étranger se présente comme le fait qui cause et modifie le mouvement du mobile. Dans tous ces cas encore, la force est extérieure, et c'est là ce que nous exprimons, sans préjuger aucune autre question, en disant que la force, appelée alors attraction ou répulsion, réside dans ce corps étranger.

Voici maintenant la loi que l'expérience parvient à constater dans la plupart de ces cas, et qu'elle ne contredit dans aucun. Tout point matériel où *réside* une force qui produit une certaine action sur un second point matériel, est lui-même le *point d'application* d'une autre force qui produit sur lui une action égale dont la direction est diamétralement opposée à celle de la première force. On dit alors que cette seconde force, qu'on appelle force de réaction, *réside* dans le second point auquel la première force est *appliquée ;* et l'on exprime brièvement cette loi en disant que *l'action est toujours accompagnée d'une réaction égale et contraire*. Mais il faut se garder de confondre entre eux, comme on le fait parfois, le *siège* et le *point d'application* de cette seconde force. Ainsi, pour ne donner en passant qu'un exemple, ce qu'on appelle *force centrifuge* dans un mouvement curviligne, n'est autre chose que la composante de la réaction, suivant la normale à la trajectoire du mobile ; et l'on éviterait les faux raisonnements que l'on fait souvent sur cette force, en se rappelant que son point d'application n'est pas le mobile où elle réside, mais le corps dont la présence gouverne les déplacements de ce mobile, par exemple, le fil tendu, ou la verge courbée qui le dirige, ou, dans le mouvement d'une planète, le soleil dont l'attraction modifie sans cesse ce mouvement. Les deux *forces* sont parfaitement réciproques. Il est des cas sans doute où le *mouvement* causé par la réaction est si faible que nous ne pouvons le constater; par exemple, un corps qui tombe à la surface de la terre détermine dans la terre un mouvement tellement insignifiant qu'il doit nous échapper; mais même alors d'autres cas semblables et accessibles à l'observation ne nous permettent pas de supposer que cette loi souffre une exception. Ainsi la réaction de la gravitation, imperceptible dans la chute des corps, s'observe dans les mouvements du système solaire, dont on ne pourrait sans elle expliquer toutes les perturbations. Nous sommes donc encore ici en présence d'une propriété très générale de la matière.

On comprend qu'on ait réuni ces deux propriétés sous le nom d'inertie. Car par l'une la matière est incapable de se mouvoir d'elle-même ou de modifier son propre mouvement, et par l'autre elle ne peut agir sur une autre matière qu'à la condition d'être soumise elle-même à une réaction égale et opposée. On voit cependant qu'inertie ne signifie nullement incapacité d'agir.

Mesure des forces par leurs effets. — Les rapports de grandeur des forces se définissent dès le début de la statique, indépendamment des mouvements que les forces tendent à produire. Partant de ces définitions, la statique en déduit ses théorèmes sur l'équilibre des forces ; comme la cinématique ajoute d'abord aux définitions purement géométriques celles qui déterminent les rapports de grandeur entre les intervalles de temps, et en déduit ensuite ses théorèmes sur les mouvements. Sans aucune proposition induite de l'expérience, l'une étudie les causes, l'autre les effets. Mais la dynamique ne peut agir de même. Pour découvrir le rapport d'équivalence entre l'effet et la cause, il faut recourir à l'observation, parce que ce rapport dépend des propriétés de la matière. Les expériences nécessaires se font très bien avec la machine d'Atwood, et voici ce qu'elles nous apprennent. Pour un même mobile se mouvant en ligne droite, sous l'action d'une force qui ne varie pas durant l'expérience, les deux nombres qui expriment, le premier la force, le second la variation que cette force produit dans la vitesse du mobile pendant l'unité de temps, sont dans un rapport constant. C'est-à-dire que, si on donne successivement au premier nombre différentes valeurs, le second varie proportionnellement ; ou encore que le quotient du premier par le second reste invariable. Pour rendre cette loi parfaitement précise, il ne nous reste qu'à définir le second nombre, celui qui exprime la variation de la vitesse pendant l'unité de temps.

On appelle vitesse moyenne d'un point matériel pendant un temps donné, le rapport du nombre qui exprime l'espace parcouru à celui qui exprime le temps correspondant. Si le mouvement n'est pas uniforme, la vitesse moyenne varie nécessairement avec la longueur du temps ; supposons qu'à partir d'un *instant* on calcule successivement les vitesses moyennes correspondantes à des temps de plus en plus courts, on aura ainsi une série de nombres différents qui convergent vers un certain nombre limite. C'est ce nombre limite qu'on appelle la vitesse du mobile à l'*instant* considéré. Qu'on calcule cette vitesse pour deux instants séparés par un intervalle de temps égal à l'unité, il suffira de retrancher le premier nombre du second pour avoir la variation de la vitesse pendant l'unité de temps.

Nous avons supposé, pour la simplicité de l'énoncé, que la force était constante pendant la durée de chaque expérience. On peut sans difficulté modifier la loi de manière à l'appliquer à une force variable. Nous passons pour un instant cette généralisation ; mais ce que nous ne pouvons passer, c'est une connaissance et une idée nouvelle qui se présentent dans ces expériences. Le quotient de la force par la variation de la vitesse reste invariable tant qu'on observe le même mobile, mais il change de mobile à mobile. C'est donc une sorte de propriété qui appartient à chacun d'eux. On l'appelle ordinairement la *masse* du mobile. Quelques auteurs l'appellent aussi sa *quantité de matière ;* mais il n'y a guère d'avantage à adopter ce nom. L'expérience montre que la masse d'un système de corps est exactement la somme de leurs masses. Elle montre aussi que les corps dont les volumes sont égaux n'ont pas nécessairement des masses égales, et l'on appelle *densité* d'un corps le rapport de sa masse à son volume. — Une simple transformation permet maintenant de généraliser l'énoncé de la loi, pour le cas de deux forces constantes agissant sur deux mobiles différents ; on peut dire que ces deux forces sont entre elles comme les deux produits des masses par les variations de leurs vitesses ; ou simplement et plus généralement encore, que la *mesure de la force constante est le produit de la masse du mobile par la variation de sa vitesse*. Or, cela revient à la variation du produit de la masse par la vitesse, et c'est ainsi que ce dernier produit se présente en mécanique. Comme il se présente souvent, on lui a donné un nom ; on l'appelle *quantité de mouvement.* L'énoncé de la loi précédente peut donc se transformer en celle-ci : *La mesure de la force constante est la quantité de mouvement qu'elle communique pendant l'unité de temps ;* et cette forme est préférable, parce qu'elle est indépendante de toute allusion à un mobile particulier.

Pour une force *variable*, on mesure la quantité de mouvement qu'elle communique à partir d'un *instant* en agissant pendant un certain intervalle de temps, et l'on divise cette quantité par la longueur de cet intervalle. Le quotient s'appelle la mesure moyenne de la force pendant le temps correspondant. Si ensuite on suppose que l'intervalle devienne successivement de plus en plus court, on obtient une série de quotients qui convergent vers un nombre limite. Ce nombre limite est la mesure de la force variable à l'*instant* considéré. Le lecteur sait que ce procédé de la limite, auquel nous avons déjà dû recourir pour la définition de la vitesse, est employé à chaque pas dans toutes les théories mathématiques où l'on ne peut avancer qu'à l'aide du calcul différentiel. Il est aussi simple que fécond ; mais il n'a absolument rien du sublime ou du mystérieux qu'on pense y découvrir parfois, quand on se laisse égarer par les noms d'infiniment petits et d'infiniment grands, qui servent parfois à le décrire.

La loi expérimentale qui donne la mesure de la force par ses effets, se trouve clairement supposée dans toutes les équations de la dynamique; de sorte que toute expérience faite pour vérifier un calcul basé sur cette science, peut être considérée comme une vérification plus ou moins directe de cette loi. On peut en dire autant de la loi d'inertie. Dès lors, en se rappelant l'influence rapide de la répétition des épreuves sur la probabilité, on voit aisément que ces lois peuvent être rangées parmi nos connaissances les mieux établies.

Nous avons maintenant à exposer le principe de la *conservation de l'énergie*. Ce n'est qu'un cas particulier du principe qui porte le nom de *théorème des forces vives*, et ce théorème n'est lui-même que la traduction d'une *intégrale* qui se présente dans tous les problèmes de dynamique. Commençons donc par donner l'énoncé et expliquer le sens du théorème des forces vives.

La variation de la somme des forces vives de tous les points d'un système pendant un temps quelconque est égale à la somme des travaux de toutes les forces, tant intérieures qu'extérieures, qui agissent sur les différents points du système pendant le même temps.

Pour bien faire comprendre cet énoncé, nous n'aurons guère, après ce que nous avons dit dans les paragraphes précédents, qu'à préciser ce qu'il faut entendre par les mots de *force vive* d'un point matériel, et de *travail d'une force*. Le premier de ces noms, créé à une époque où la dynamique était encore dans l'enfance, pourrait induire en erreur, et de fait l'emploi plus ou moins métaphorique qu'on en fait parfois dans le langage vulgaire semble fort peu en rapport avec son véritable sens. La force vive d'un point matériel n'est ni la force dont il est le siège, ni la force dont il est le point d'application. Ce n'est en aucune façon ce que nous avons appelé une force, c'est-à-dire une cause de mouvement considérée comme telle. C'est tout simplement la moitié du produit de la masse du point par le carré de sa vitesse. C'est une chose à ranger dans la même catégorie que la *quantité de mouvement*, un produit qui se présente souvent et qui reçoit un nom pour abréger le discours. Mais c'est le mot *travail* qui prête le plus à l'équivoque ; il est cependant indispensable d'en avoir une idée précise. Pour y parvenir, reprenons un exemple déjà employé, et considérons d'abord une force constante, la pesanteur, puis une force variable, la résistance de l'air, agissant sur un boulet de quatre kilogrammes. Au moment où le boulet sort du canon, il est soumis dans son mouvement à l'action de ces deux forces. La première a une valeur constante 4. Voyons ce qu'il faut appeler son travail.

Supposons qu'au bout de trois secondes le boulet soit déjà descendu de quinze mètres *au-dessous* de la bouche du canon. En multipliant 15 par le nombre 4 qui exprime le poids, c'est-à-dire la force, on aura le travail de cette force pendant les trois premières secondes ; car d'après la définition générale, *le travail d'une force constante est le produit de la force par le chemin parcouru estimé suivant la direction de la force.* Ici la direction de la force étant verticale, le chemin du boulet estimé suivant la verticale est la différence des hauteurs au moment du départ et à la fin des 3 secondes. Mais le travail d'une force se compte positivement ou négativement, suivant que le chemin ainsi estimé et la force sont de même sens ou de sens contraires ; en d'autres termes suivant que la tendance de la force est de faire passer le mobile de la première position à la seconde, ou de la seconde à la première. Ainsi, dans le cas que nous venons de citer, le travail est positif, puisque le poids tend à faire passer le mobile de sa première hauteur à la seconde. Mais supposons que, grâce à l'inclinaison de canon, le boulet commence d'abord par monter de cinq mètres pendant la première seconde, pour redescendre ensuite de cinq mètres pendant la deuxième et de quinze pendant la troisième. Le travail de la force sera — 20 pendant la première, + 20 pendant la deuxième, et + 60 pendant la troisième. La somme de ces trois travaux, *pris avec leurs signes*, ou + 60, représente le travail de la force pendant les trois secondes considérées. Nous pourrions diviser ces trois secondes en un nombre quelconque de portions, calculer les travaux positifs ou négatifs du poids pendant chacune de ces portions ; la somme algébrique de tous ces travaux serait toujours + 60.

Cette dernière façon de concevoir le calcul, inutile pour une force dont la direction et l'intensité restent constantes, devient indispensable quand on a affaire à des forces qui changent pendant le mouvement. Tel est, dans notre exemple, le cas de la résistance de l'air. Elle change à chaque instant de direction et d'intensité. Le calcul du travail qu'elle exécute pendant nos trois secondes devient beaucoup plus compliqué ; mais la notion de ce travail n'est pas trop difficile à former et, vu l'importance de semblables notions, je vais indiquer comment le lecteur peut y parvenir. Qu'il imagine les trois secondes divisées en un grand nombre de petits intervalles. Que pendant chacun de ces intervalles successivement il suppose que la force garde constamment la valeur et la direction qu'elle a réellement au commencement de ce même intervalle, et suppose calculé en grandeur et en signe le travail correspondant ; la somme de tous ces travaux élémentaires sera déjà une première approximation. Qu'il suppose ensuite qu'on recommence le calcul après avoir divisé les trois secondes en parties beaucoup plus petites. On obtiendra une seconde approximation. En continuant de la sorte, on aura une série de nombres convergeant vers une certaine valeur limite. Cette limite sera le travail exécuté par la force variable pendant le temps considéré. Nos lecteurs savent sans doute que dans bien des cas on détermine cette limite par des procédés de calcul très rapides qui font un des objets du calcul intégral. Nous n'avons pas à les signaler ici, il nous suffisait de comprendre la définition du travail d'une force variable.

Ces notions exactes diffèrent assez notablement des différentes idées exprimées par le mot travail dans le langage usuel. On le verra sans peine en songeant que, d'après le sens dynamique de ce mot, une force peut *agir* et produire de très grands effets, sans jamais *travailler* le moins du monde. Supposons, par exemple, une planète qui trace autour d'un soleil une orbite parfaitement circulaire. La force qui agit sans cesse pour l'écarter de la tangente et qui la maintient à une distance constante du soleil, c'est l'attraction de ce soleil central. Eh bien, il est évident, d'après ce qui précède, que le travail de cette force est constamment nul.

Il reste maintenant bien peu de choses à dire pour mettre en parfaite lumière le théorème des forces vives. — Il y est parlé d'un système de corps ; ce mot se comprend aisément. Une planète avec ses satellites, l'ensemble du système solaire peuvent servir d'exemples. Un seul corps peut aussi se considérer comme un système composé des différentes parties qu'il nous sera possible d'y distinguer. Il y est parlé de forces intérieures et de forces extérieures. On appelle forces intérieures celles qui ont à la fois leur siège et leur point d'application dans les corps du système. Celles qui n'ont dans ces corps que leur point d'application s'appellent forces extérieures. Il n'y a pas lieu évidemment d'en considérer d'autres, car les forces qui n'ont pas leur point d'application dans le système n'y produisent aucun effet. — Avec ces définitions il est facile de comprendre le théorème des forces vives, en relisant l'énoncé souligné plus haut.

Pour fixer les idées appliquons-le aux mouvements du système solaire dont les divers corps s'attirent les uns les autres proportionnellement à leurs masses et en raison inverse du carré des distances. On ne doit considérer dans ce cas que des forces intérieures, les attractions des étoiles étant négligeables. Nous supposerons qu'après avoir choisi des unités convenables de masse, de force, de longueur et de temps, nous puissions écrire les nombres constants qui représentent les masses de tous ces corps, et les nombres variables qui représentent leurs vitesses à chaque instant ainsi que les forces réciproques qui gouvernent leurs mouvements. Prenons pour le *temps quelconque* dont il est parlé dans le théorème, l'année 1881. Nous aurons à calculer d'abord pour l'instant qui commence cette année, la moitié du produit de chaque masse par le carré de sa vitesse ; nous aurons ainsi pour chaque corps un nombre positif; tous ces nombres additionnés ensemble donneront la somme des forces vives au commencement de 1881. Nous répéterons le même calcul avec les vitesses de ces corps telles qu'elles se trouveront au dernier instant de cette même année. En soustrayant la première somme de la seconde, nous aurons ce que le théorème appelle la variation de la somme des forces vives pendant le temps considéré. Cette variation sera positive ou négative, selon que la deuxième somme de forces vives sera supérieure ou inférieure à la première. — Si maintenant, pour calculer les travaux, nous prenons une planète en particulier, elle est le point d'application d'autant de forces qu'il y a d'autres corps dans le système. Supposons qu'on calcule successivement le travail de chacune de ces forces pendant tout le cours de l'année 1881 ; on trouvera ainsi un certain nombre de travaux les uns positifs, les autres négatifs. Après avoir répété ce long calcul pour tous les corps du système, on additionnera tous ces travaux ensemble ; la somme, qui pourra être un nombre positif ou négatif, se rencontrera rigoureusement égale en grandeur et en signe au nombre trouvé précédemment pour la variation de la somme des forces vives. Cette dernière somme, qui exprime à chaque instant une propriété du système en mouvement, varie sans cesse ; mais pendant qu'elle varie il se passe un autre phénomène, le travail des forces ; et le théorème nous apprend que ces deux phénomènes, variation et travail, sont toujours rigoureusement équivalents, puisqu'ils sont toujours mesurés par le même nombre.

Le mot d'*énergie* n'a pas encore figuré dans ces principes. Adopté depuis quelques années par les mathématiciens qui ont fondé la théorie dynamique de la chaleur, il peut considérablement perfectionner, pour le physicien, l'énoncé du théorème des forces vives.

Supposons un système quelconque, soumis exclusivement, comme le système solaire, à l'action de forces intérieures, proportionnelles aux masses et qui, bien que variables, ne varient chacune, comme celles dont parlait Boscovich dans le passage cité plus haut, qu'avec la distance de son siège à son point d'application. Dans un pareil système, la somme des travaux des forces pendant un temps quelconque s'exprime, d'une manière extrêmement simple, à l'aide de ce qu'on appelle, en langue mathématique, une *fonction des coordonnées* de tous les points du système. On nomme ainsi une expression algébrique où la position de chacun des points matériels est représentée par trois lettres x, y, z, appelées les coordonnées de ce point. A chaque phase du mouvement, chacune de ces trois lettres a, pour chacun des points matériels, une valeur déterminée, et par conséquent on peut calculer la valeur numérique correspondante de la fonction. Ainsi en nous reportant, pour fixer les idées, à l'exemple précédent, la *fonction* qui appartient au système solaire a une certaine valeur numérique au commencement de 1881 ; elle en a une autre à la fin de la même année. Or, et c'est ici le point important, il suffit de prendre la différence de ces deux valeurs pour avoir la somme des travaux des forces pendant toute l'année 1881, sans qu'il soit nécessaire, comme nous le supposions d'abord, de considérer, pour calculer ce travail, tous les déplacements des points du système pendant tout le cours de cette année. Ainsi, dans le cas déjà fort général qui nous occupe, le théorème des forces vives prend d'abord l'énoncé suivant : La *variation* de la somme des forces vives pendant un temps donné, est égale à la *variation* correspondante d'une certaine fonction des coordonnées. Énoncé qui se transforme fort aisément en celui-ci : *La somme des forces vives augmentée d'une certaine fonction des coordonnées est une quantité constante ;* c'est-à-dire une quantité qui ne varie pas, malgré les variations incessantes de toutes les parties dont elle se compose.

Pour comprendre l'importance de cet énoncé, il faut se rendre compte de la signification physique des nombres qui y figurent. Nous savons ce que c'est physiquement que la somme des forces vives ; mais cette fonction qui, en s'ajoutant à elle, donne une somme constante, de sorte que la variation de l'une compense sans cesse la variation de l'autre, que représente-t-elle? Avant de donner la réponse générale, posons la question pour un cas particulier très facile. Imaginons un système composé d'une planète immobile et d'un pendule simple qui oscille à sa surface. La vitesse de la planète étant nulle, la somme des forces vives du système est à tout moment égale à la force vive du pendule, laquelle est, comme on sait, minimum et même nulle chaque fois que le pendule arrive au point le plus élevé de sa course à partir duquel il commence à redescendre, et maximum chaque fois qu'il passe au point le plus bas. La fonction que nous cherchons à interpréter, donnant toujours une somme constante avec la force vive, atteint donc son maximum au premier point, et son minimum au dernier. Ce dernier point est remarquable; c'est pour le système une position *d'équilibre stable;* position *d'équilibre*, car si au moment où le système y arrive la vitesse était nulle, les forces qui sont en jeu (tension du fil et poids du pendule) ne produiraient aucun mouvement; équilibre *stable*, car ces mêmes forces tendraient d'elles-mêmes à ramener le système à cette position, si on l'en écartait d'un côté ou d'un autre. En cet endroit, disions-nous, la fonction atteint son minimum. Nous pouvons même ajouter qu'elle y devient nulle ; et le calcul montre que *dans toute position du système*, cette fonction est égale *au travail positif que les forces exécuteraient si le système passait de cette position à celle d'équilibre stable*. Elle est donc, dans chaque phase, égale au travail maximum que les forces *peuvent* exécuter à partir de cette phase. Elle est maximum, comme ce travail possible, quand le pendule est à sa position la plus élevée ; elle diminue, comme ce même travail, à mesure que le pendule descend, et devient nulle avec lui, quand le pendule est au point le plus bas ; au delà, elle recommence à croître. Pendant toutes ces variations, la force vive varie en sens inverse ; tout ce que la fonction perd pendant la descente, la force vive le gagne, ces deux nombres ayant toujours la même somme ; et la restitution s'opère symétriquement pendant que le pendule remonte. En généralisant cet exemple, en retournant à un système quelconque soumis à l'action des seules forces intérieures, le calcul montre encore que la fonction qui dans tous les états du système donne avec la force vive une somme invariable, représente à chaque instant le travail maximum que les forces intérieures *peuvent* exécuter en agissant sur le système à partir de la position correspondante.

Ce travail maximum possible s'appelle l'*énergie potentielle* du système. La somme des forces vives s'appelle l'*énergie actuelle*. La somme de ces deux quantités s'appelle l'*énergie totale*. L'énergie actuelle et l'énergie potentielle se transforment continuellement l'une dans l'autre, et le théorème des forces vives appliqué à l'espèce de systèmes que nous considérons, peut s'énoncer bien simplement en disant que l'*énergie totale d'un pareil système est constante*.

Avant d'aller plus loin donnons un second exemple d'une application plus générale. Si à un moment quelconque tous les corps du système solaire étaient subitement privés de leurs vitesses, ils se concentreraient tous dans le soleil. Dans cet état de concentration ils occuperaient une position d'équilibre stable ; car s'ils y étaient sans vitesse, les forces réciproques ne les en écarteraient pas ; et si une cause quelconque les en écartait quelque peu, ces mêmes forces tendraient d'elles-mêmes à les y ramener. Or, pendant la concentration, ces forces exécuteraient toutes ensemble un grand travail positif, le plus grand évidemment qu'elles puissent exécuter à partir de la position primitive. Ce travail maximum, qui ne s'exécute pas en réalité, mais qu'on peut calculer, est pour cette position primitive l'*énergie poten-*

tielle du système. Avec la somme des forces vives, c'est-à-dire avec l'*énergie actuelle* correspondante à cette même position, elle forme une certaine quantité, l'*énergie totale*. Dans une autre position primitive, l'énergie potentielle et l'énergie actuelle seraient ordinairement différentes ; mais leur somme, l'énergie totale, serait toujours la même. Ainsi le démontre d'avance la loi que nous venons d'exposer, et que pour cette raison on appelle la loi de la *conservation de l'énergie*.

Les forces réciproques que l'on observe dans la nature paraissent être toutes, comme celles que nous venons de supposer, proportionnelles aux masses, et entièrement déterminées par la distance des deux points entre lesquels elles s'exercent. Cette observation augmente l'importance de ce théorème, dont l'application devient, pour ainsi dire, universelle.

Mais on se rappelle que nous avons exclu les forces extérieures qui cependant entraient dans l'énoncé général du principe des forces vives. Un calcul fort simple permet d'introduire la notion de l'énergie dans cet énoncé qui devient alors : *La variation de l'énergie totale d'un système est égale à la somme des travaux des forces extérieures.* Il est bien entendu que l'énergie de ce système se calcule d'après la définition précédente, en ne tenant compte que des seules forces intérieures.

Il nous reste à faire une dernière remarque, importante pour l'application rigoureuse de ce théorème aux faits observés. On a supposé jusqu'ici les déplacements, qui entrent dans le calcul des vitesses, des travaux et des forces vives, mesurés relativement à des points fixes ; et l'on prend ordinairement pour ces points trois axes rectangulaires qui se coupent en un point appelé l'origine des coördonnées. Mais il existe un autre point très remarquable, qui participe au mouvement du système et jouit cependant à un certain degré des propriétés d'un point fixe. Ce point est le centre de gravité de l'ensemble des corps qui forment le système. Il peut très bien se déplacer pendant le mouvement ; mais si l'on suppose que trois axes s'y coupent, et se transportent avec lui de manière à rester toujours parallèles aux trois axes fixes, on conçoit qu'on puisse mesurer tous les déplacements relativement à ces nouveaux axes aussi bien que relativement aux anciens. On aura ainsi de nouvelles vitesses, de nouvelles forces vives, de nouveaux travaux. Et cependant, grâce aux propriétés du centre de gravité, le calcul démontre que, encore ici, *la variation de la somme de ces nouvelles forces vives pendant un temps quelconque est égale à la somme des nouveaux travaux de toutes les forces qui agissent sur le système*. Il faut remarquer du reste que les travaux des forces intérieures, ne dépendant en réalité que des masses et des distances mutuelles des points, restent exactement les mêmes dans cette nouvelle évaluation que dans la précédente ; ou en d'autres termes, que l'énergie potentielle du système est la même dans les deux calculs. Mais la somme des forces vives, l'énergie actuelle, prend une autre valeur, ainsi que les travaux des forces extérieures. Cette nouvelle énergie actuelle, ajoutée à l'énergie potentielle forme ce qu'on appelle l'*énergie intérieure* du système. S'il n'y a pas de force extérieure, cette énergie intérieure reste constante ; et dans le cas général, sa variation est égale à la somme des travaux des forces extérieures dans le mouvement relatif au centre de gravité.

L'introduction de l'énergie a été un véritable progrès en dynamique. Ce mot a sans doute l'inconvénient qu'ont dans les sciences les mots expressifs qui correspondent à une idée abstraite ; il peut induire en erreur les esprits imaginatifs et peu soucieux des définitions, qui aiment à deviner plutôt qu'à comprendre. Or, on en conviendra aisément après avoir parcouru les pages qui précèdent, il n'est pas admissible qu'un esprit de cette trempe puisse jamais, en devinant, tomber sur le vrai sens de ce mot. Et cependant dans toute la suite de ce travail nous aurons fréquemment à l'employer ; c'est donc se condamner à ne pas comprendre, ou même à comprendre tout de travers, que d'avancer dans cette étude sans avoir prêté à ces quelques notions de dynamique une attention suffisante. Aussi en les terminant, nous engageons de nouveau le lecteur à ne pas se contenter d'une connaissance superficielle.

Reprenons maintenant la formule donnée plus haut comme caractéristique de la physique moderne.

Quand elle affirme que tous les phénomènes matériels se réduisent, en dernière analyse, à des mouvements mécaniques, elle ne se borne pas à les considérer en eux-mêmes et, pour ainsi dire, loin de nous. Non, elle prétend hardiment les suivre jusqu'au seuil même de la sensation. Il importe de signaler dès l'abord cette prétention au lecteur.

Le son, par exemple, considéré dans les corps sonores, est bien certainement du mouvement. Ses diverses particularités, les conditions de sa production, la façon dont il se propage, sa hauteur, son intensité, son timbre même, s'interprètent et s'expliquent mécaniquement ; on dit à quelles affections dynamiques chacune de ces choses correspond en elle-même. Mais on prétend aller plus loin. Entre le moment où le son aborde notre oreille et celui où nous le percevons, il se passe des phénomènes organiques qui préparent la perception. Ces phénomènes aussi on les analyse en mouvements ; et de plus, on explique par les derniers caractères mécaniques qu'ils revêtent, pourquoi certaines propriétés objectives des sons peuvent être perçues par nous à l'aide des seuls appareils qui composent notre organisme ; tandis que d'autres propriétés nous échappent dans ces conditions, et exigent pour arriver à notre connaissance l'emploi d'appareils artificiels ajoutés aux premiers.

Ce que nous disons du son doit se dire de tous les phénomènes sensibles. Ainsi, pour donner un autre exemple, on recherche les dispositions mécaniques de l'organisme qui nous permettent de distinguer les couleurs les unes des autres ; on veut savoir pour quelles raisons mécaniques nous ne pouvons, avec nos seuls organes naturels, analyser une lumière composée, tandis que notre oreille suffit pour décomposer les sons en leurs éléments. On croit même qu'il est possible de faire pénétrer la formule encore plus profondément. Quelle est l'influence mécanique de l'attention ? Quels sont les premiers mouvements produits directement par la volonté? Qu'est-ce qui caractérise les derniers ébranlements correspondant à la peine et au plaisir sensibles? Quelle est la part de l'organisme dans l'imagination, dans la mémoire? Dans toutes ces choses il y a des phénomènes matériels ; la physique moderne est donc obligée de les analyser en mouvements mécaniques. Sans doute elle ne peut encore que l'essayer ; car les phénomènes du cerveau sont tous environnés de mystère et d'obscurité ; mais du moins on entrevoit déjà la possibilité de les analyser un jour mécaniquement. On peut déjà montrer que, suivant toutes les probabilités, la formule moderne ne s'y trouvera pas fausse ; et c'est ce que nous tenterons de faire dans un autre chapitre, en traitant des phénomènes vitaux.

Dans celui-ci, nous devons nous borner aux phénomènes inorganiques considérés en eux-mêmes, et nous allons à présent les passer en revue.

Il est bien inutile de nous arrêter à ceux que nos sens, et la vue en particulier, nous signalent de prime abord comme des mouvements : ce sont eux précisément qui nous servent à fonder sur l'expérience les lois de la dynamique. Quant aux autres, la nouvelle physique admet que les mouvements dont ils se composent sont invisibles, soit parce que les mobiles eux-mêmes échappent à notre vue, soit parce que les déplacements sont trop petits. Mais elle n'en doit pas moins établir la nature. Nous allons voir qu'on a déjà fait de sérieuses conquêtes dans cette direction.

De tous les mouvements invisibles, le plus anciennement reconnu est celui qui constitue le son. Il est aujourd'hui si parfaitement démontré, qu'il peut servir à étudier les autres et en renforcer la probabilité. Le microscope, les poudres et autres corps légers mis au contact des corps sonores, les flammes chantantes réfléchies par des miroirs tournants, les vibrations enregistrées automatiquement sur des papiers noircis, les diapasons employés pour ouvrir et fermer des circuits électriques, plusieurs même des appareils imaginés pour produire le son, nous obligent presque à le ranger, bien que notre oreille n'y découvre qu'un phénomène *sui generis*, parmi les mouvements visibles. Nous devons du moins le regarder comme la transition du visible à l'invisible.

Le théorème des forces vives, appliqué à une expérience très simple, va nous révéler une seconde catégorie de mouvements invisibles, la plus récemment découverte et certainement l'une des plus importantes. Voyons ce qui se passe dans le choc de deux sphères parfaitement égales, non élastiques, deux sphères de plomb par exemple. Si avant le choc elles marchent droit l'une vers l'autre avec la même vitesse, après le choc elles resteront immobiles. Si l'une d'elles était d'abord immobile, après le choc elles auront toutes deux la moitié de la vitesse de l'autre. Dans le premier cas par conséquent, la force vive du système disparaît toute entière; dans le second, on n'en trouve plus que la moitié. Ainsi quoique aucune force extérieure n'ait exécuté un travail quelconque, la somme des forces vives semble avoir varié. Comment se vérifie donc ici le théorème des forces vives?

Pour le trouver, remarquons d'abord que nous pouvons employer ce théorème sous la forme simple où il s'appelle le principe de la conservation de l'énergie. Car quelles que soient les lois précises des forces intérieures, c'est-à-dire des actions réciproques des diverses parties des deux sphères, on peut, comme nous le verrons plus loin à propos des lois générales de l'univers, admettre que ces forces sont proportionnelles aux masses et toutes déterminées par les distances. Si donc l'énergie actuelle du système des deux sphères était réellement réduite de moitié dans l'un des cas, et tout à fait anéantie dans l'autre, il faudrait admettre une augmentation correspondante de l'énergie potentielle. Rien cependant, dans l'observation des mouvements que peuvent prendre les sphères après le choc, ne trahit cette augmentation. Que devient donc l'énergie disparue ?

Il n'y a qu'une réponse possible. Cette énergie doit avoir passé dans des mouvements qui échappent à notre vue; elle est devenue ce qu'on pourrait appeler de l'énergie invisible. Or que peuvent être des mouvements qui, se passant sous nos yeux, sont cependant invisibles? Suivant toutes les probabilités ils doivent être vibratoires, comme ceux du son, de manière à détruire dans une phase l'effet du déplacement produit dans la phase précédente. Dans ces mouvements, l'énergie absorbée se trouve en partie à l'état actuel, en partie à l'état potentiel ; mais elle doit y être tout entière. Nous voici donc amenés d'abord par un principe de dynamique, à reconnaître dans le choc une cause de vibrations, et même de vibrations assez intenses puisqu'elles représentent, quoique invisibles, une très notable quantité d'énergie. Eh bien ! ce premier résultat va s'étendre considérablement.

En effet nous connaissons déjà par l'expérience quelque chose d'analogue. Quand un marteau frappe sur une cloche, le choc engendre les vibrations du son. Mais évidemment il y en a d'autres; car si le même marteau, tombant avec la même vitesse, vient frapper une masse de plomb, son mouvement visible sera éteint bien mieux que par la cloche, et cependant le son sera beaucoup plus faible. L'énergie disparue doit donc se retrouver dans d'autres mouvements vibratoires que ceux des corps sonores. Nous ne les voyons pas, nous ne les entendons pas; sont-ils entièrement soustraits à nos sensations? Non, avec le phénomène du choc, le sens du toucher nous révèle le concours d'un autre phénomène, l'échauffement, et une fois avertis de ce concours, l'expérience répétée dans des conditions diverses nous met bientôt en état de regarder le second phénomène comme dépendant du premier, et d'identifier l'échauffement avec les mouvements vibratoires que le choc a fait naître.

Ainsi l'échauffement, changement d'état calorifique des corps pondérables, correspond à l'absorption par ces corps d'une certaine quantité d'énergie invisible. Or déjà avant le choc, chacune de nos sphères de plomb avait un certain état calorifique, une température déterminée; elles avaient déjà par conséquent une certaine quantité d'énergie vibratoire, à laquelle le choc n'a fait qu'ajouter une variation. Donc en général nous devons regarder tous les corps pondérables, ou plutôt leurs particules, comme exécutant sans cesse des vibrations que nos yeux ne peuvent apercevoir, mais qui se trahissent au toucher par la sensation de chaleur, comme les vibrations musicales se révèlent à l'ouïe par la sensation du son. Le phénomène du choc n'est pas le seul qui nous conduise à cette importante découverte. Le frottement pourrait nous y mener à peu près de la même manière; et une foule d'autres faits, étudiés dans la science nouvelle qui s'appelle la thermodynamique, viennent tous aboutir à cette même conclusion. Il est permis de la regarder comme placée définitivement hors de contestation. On conviendra sans peine qu'elle étend énormément le domaine assigné jadis aux mouvements invisibles.

Bien plus, la découverte de cette grande catégorie de petits mouvements, en supprimant le fluide calorifique, est venue apporter une confirmation inespérée à l'existence d'une troisième catégorie plus étendue encore. Confirmation superflue, diront quelques-uns; mais dans ces recherches où les certitudes ne sont ordinairement que de très grandes probabilités, aucune confirmation n'est superflue. Nous voulons parler des vibrations éthérées qui constituent la lumière, et nous disons que la thermodynamique contribue à démontrer leur existence. En effet la chaleur abandonne sans cesse les corps pondérables pour rayonner au loin ; elle se transporte comme le son, avec une grande vitesse, elle traverse comme la lumière les espaces célestes. Dans cet état, on l'appelle chaleur rayonnante, et on a reconnu par des expériences extrêmement variées qu'elle est, non seulement fort semblable à la lumière, mais tout à fait identique. Réflexion, réfraction, dispersion, polarisation, double réfraction, etc., partout les mêmes phénomènes et les mêmes lois. Il n'y a pas, à proprement parler, deux rayons, l'un calorifique et l'autre lumineux ; il n'y a qu'un rayon qui produit, suivant les circonstances, sur les corps qu'il aborde, des effets calorifiques ou des effets lumineux. Le même rayon d'ailleurs peut encore produire d'autres effets dans des circonstances convenables, des effets chimiques par exemple. Or de ce que la chaleur, dans les corps pondérables, n'est après tout que de l'énergie vibratoire, on conclut qu'elle reste telle quand elle les abandonne, quand elle devient chaleur rayonnante et qu'elle s'identifie avec la lumière.

Du reste les magnifiques travaux de Fresnel, de Cauchy et de toute une pléiade d'habiles géomètres avaient déjà, dans la première moitié de ce siècle, fait accepter universellement la théorie des ondulations éthérées, et supprimé de fait celle de l'émission. L'expérience, ce bélier des théories, qui, grâce à la répétition et à la variation de ses épreuves, finit par démontrer l'inébranlable solidité de celles qu'elle ne parvient pas à renverser, l'expérience s'est diversifiée à l'infini pour la contrôler. Et cependant la théorie a toujours serré de près l'expérience, parfois même elle l'a glorieusement devancée. Plusieurs faits importants, comme par exemple le beau phénomène de la réfraction conique, ont été trouvés dans les formules avant d'être réalisés par les physiciens.

Eh bien ! cette théorie nous montre l'univers tout rempli de mouvements vibratoires, que nous devons bien ranger parmi les invisibles, quoique nous ne voyions que par eux. On peut essayer d'en apprécier les dimensions en songeant que les *ondes* lumineuses, rigoureusement mesurées par les physiciens, ont des longueurs d'environ un demi-millième de millimètre. Or les longueurs des ondes sont probablement énormes par rapport aux excursions de chaque particule vibrante. De plus, le vide des espaces célestes disparaît, il se comble d'une matière impondérable homogène que l'on a nommée l'éther, et dont les principales propriétés, révélées par le rayonnement, commencent à jouer un rôle dans plusieurs phénomènes d'une tout autre nature. Étrange matière, qui ne se manifeste pas directement à nos organes, et qui se présente dans les formules comme composée d'atomes isolés, séparés les uns des autres par des distances très petites sans doute, mais beaucoup plus grandes que leurs excursions vibratoires. Les actions réciproques de ces atomes sont des forces *répulsives* dont l'intensité décroît avec une rapidité incroyable, à mesure que la distance augmente. Ainsi, par exemple, pour une distance triple, la répulsion se réduit déjà à moins de $\frac{1}{700}$ de sa valeur primitive ; en décuplant la distance, on rend la force un million de fois plus faible. Du reste on n'a aucune raison de croire qu'il y ait, dans l'éther, des atomes de plusieurs espèces. Leur distribution sans doute n'est pas la même dans les espaces célestes et dans l'intérieur des corps pondérables où la théorie lumineuse les retrouve; mais en eux-mêmes ils paraissent avoir tous la la même nature, et se ressemblent parfaitement les uns aux autres.

On aurait tort peut-être de considérer cette constitution de la matière impondérable comme suffisamment établie ; mais c'est à coup sûr la seule qui, dans l'état actuel de la science, puisse être regardée comme probable. La théorie qui la suppose rend compte d'un nombre considérable de phénomènes ; aucun phénomène connu ne la met en défaut ; elle a non seulement écrasé son ancienne rivale ; mais il ne paraît pas probable qu'en la perfectionnant dans l'avenir, on doive jamais la modifier dans ses traits essentiels. Si donc on relit la formule générale de la physique moderne, on peut déjà voir dans les lignes qui précèdent une confirmation partielle de sa seconde partie.

En effet, d'après cette seconde partie, les mobiles des mouvemens élémentaires sont des atomes de deux classes seulement, appelés pondérables ou impondérables suivant la loi qui régit leurs actions. Nous venons d'indiquer sommairement la loi d'action des impondérables ; nous avons dit que la théorie de la lumière établit leur isolement, ou ce qui revient au même la discontinuité élémentaire de la matière impondérable. Voyons si l'on a des raisons d'admettre une discontinuité semblable dans cette matière beaucoup mieux étudiée, dont les parties, au lieu de se repousser, s'attirent toutes mutuellement, et qui pour cette raison s'appelle pondérable.

Il est certain que pour analyser et expliquer un phénomène donné, où intervient un corps pondérable, on ne peut ordinairement se contenter d'assigner à ce corps telle ou telle propriété que ses parties ne posséderaient, pour ainsi dire, que par indivis. S'agit-il, par exemple, de l'attraction qui explique les phénomènes célestes, il est bien vrai qu'on peut, dans la plupart des cas, la considérer comme une force unique, de grandeur déterminée, ayant son siège et son point d'application aux centres de gravité des astres; mais l'analyse détaillée des phénomènes exige que cette force unique soit tenue pour la résultante de forces élémentaires ayant leurs sièges et leurs points d'application dans toutes les parties dont les astres se composent. Les actions chimiques, les transformations calorifiques, et généralement tous les phénomènes dont l'étude n'est pas seulement superficielle, mènent à la même conclusion. Toujours ils nous révèlent des actions élémentaires, qui nous font substituer à la simple considération du tout, celle de ses parties. Mais cela ne suffit pas pour conclure immédiatement à la discontinuité du tout, à l'isolement de ses parties; car il n'y a rien d'absurde à attribuer des actions individuelles aux parties contiguës d'un tout continu. En veut-on une preuve péremptoire? On calcule en statique l'attraction d'un corps homogène, de figure donnée, sur tel ou tel point extérieur ou intérieur, en supposant que chaque portion de ce corps attire le point, suivant la loi de Newton, proportionnellement à sa propre masse et en raison inverse du carré de la distance. Or dans ce calcul, on suppose le corps aussi parfaitement continu qu'un solide de la géométrie. On peut sans doute alors y distinguer autant de parties que l'on veut, et chacune de ces parties est encore susceptible d'être arbitrairement et indéfiniment divisée; mais cet arbitraire n'a aucune influence sur le résultat, qui se trouve parfaitement déterminé. D'après ce que nous avons dit au chapitre précédent, Épicure et Lucrèce verraient là une absurdité ; nos mathématiciens dont le jugement est beaucoup plus ferme que celui des « chefs de la spéculation scientifique, » voient sans peine que le procédé est rigoureux et que l'hypothèse du point de départ est rationnellement admissible.

Ce n'est pas à la raison pure, ce n'est pas à la métaphysique, c'est à l'expérience qu'il appartient de se prononcer entre la continuité et la discontinuité des corps pondérables. Nous disons l'expérience et non l'observation; car il ne faut pas songer à résoudre cette question par le microscope; il faut analyser mécaniquement les phénomènes dans les deux hypothèses en leur appliquant les principes de la dynamique, et voir si elles peuvent également soutenir le contrôle de cette analyse. Or on trouve beaucoup de phénomènes qui s'expliquent des deux manières avec une égale facilité, et qui par suite laissent la question indécise. On conçoit par ce qui précède, que tel soit le cas des attractions et des répulsions que l'on étudie dans les traités de mécanique céleste, d'électricité et de magnétisme; joignons-y les phénomènes, si bien étudiés en mécanique, de l'équilibre et des mouvements visibles ou même vibratoires des fluides. D'autres heureusement sont moins indifférents, et ils concluent tous à la discontinuité. Tels sont entre autres la plupart des réactions chimiques, les effets du rayonnement dans les corps transparents, et surtout les transformations calorifiques et les changements d'état éclairés par la thermodynamique. Pour ne citer qu'un seul de ces derniers, rappelons qu'on doit à cette nouvelle science une théorie de la constitution des gaz, fort solidement établie sur les faits ; théorie qui nous oblige à regarder tous les gaz comme discontinus et composés de parties à peu près indépendantes les unes des autres.

Nous admettrons donc désormais la discontinuité des corps pondérables, en comprenant ce mot dans le sens que ses preuves expérimentales lui donnent, à savoir que les corps ne sont pas, comme les solides de la géométrie, indéfiniment divisibles en un nombre arbitraire de parties variables, mais qu'ils se composent chacun d'un nombre déterminé de parties naturelles, appelées *atomes*, ayant chacune sa masse déterminée. Nombre immense, du reste, et masse extrêmement petite ; car des calculs de limites, basés sur l'expérience, nous apprennent qu'une particule, assez petite pour que le microscope puisse à peine nous en rendre les dimensions sensibles, contient encore des atomes par millions.

Quant à la loi d'action des atomes pondérables, la physique moderne, ou du moins un grand nombre de ses représentants, font de chacun d'eux le siège d'une force centrale attractive qui s'applique à tous les autres atomes, pondérables ou impondérables. Cette force est toujours proportionnelle aux deux masses entre lesquelles elle s'exerce, et comme celle que Boscovich nous décrivait au commencement de ce chapitre, comme celles dont nous avons parlé pour introduire la notion de l'énergie dans le théorème des forces vives, elle est toujours déterminée par la distance de son siège à son point d'application. Quand elle s'exerce entre deux atomes pondérables elle se confond, à toute distance sensible, avec l'attraction universelle, inversement proportionnelle au carré de la distance ; pour des distances plus petites, les phénomènes d'attraction moléculaire compris sous le nom de capillarité, donnent lieu de croire que la loi est notablement différente. Quant aux attractions qu'on admet entre le pondérable et l'impondérable, nous ne pensons pas qu'on ait encore pu en découvrir la loi, même approximativement. Il est pourtant des phénomènes, comme ceux que l'on observe au moyen du spectroscope, qui dépendent de l'action mutuelle de ces deux classes d'éléments, et dont l'analyse permettra peut-être de dégager un jour cette loi importante.

Nous venons d'insinuer que certains physiciens n'admettraient peut-être pas ces forces centrales qui s'exercent à toute distance. Nous croyons cependant que sur le terrain strictement scientifique, dans l'analyse des phénomènes matériels réduits aux lois de la dynamique, le désaccord est beaucoup plus apparent que réel. Il est des esprits qui, dans un certain sens, se refusent à admettre les actions à distance ; mais qui n'hésitent pas à les reconnaître comme simple expression des faits. On sait que Newton lui-même, le père de l'attraction, était de leur avis. Au fond, ce qu'ils soutiennent, ce n'est pas que l'attraction n'existe pas comme force mécanique, mais qu'elle ne peut pas être considérée comme une force *primordiale*, qu'elle doit s'expliquer par autre chose. Ils supposent que les seules forces réellement primordiales résultent des contacts, des chocs des atomes ; et pour qu'il puisse y avoir des contacts, des chocs, ils dotent leurs atomes d'un certain petit volume impénétrable. Mais les seuls arguments qu'ils donnent en faveur de cette constitution de la matière sortent, en réalité, du domaine scientifique ; aussi nous en réservons l'examen pour le chapitre suivant. Nous ne pensons pas qu'ils puissent, dans l'analyse scientifique des phénomènes matériels, se montrer plus difficiles que Newton ne l'était en mécanique céleste ; et rejeter la conception, la plus généralement reçue chez les mathématiciens, de forces centrales, fonctions des distances, et dont le centre, point rigoureusement géométrique, représenterait l'atome. Newton n'hésitait pas, dans ses recherches purement scientifiques, à employer l'attraction et à réduire les planètes elles-mêmes à leur centre de gravité. D'ailleurs, nous l'avons dit en commençant, il y a des détails où l'accord n'est pas fait entre tous les savants. Nous signalons ici une de ces divergences et, forcé de choisir, nous adopterons dans le reste de ce chapitre, la manière de voir qui nous paraît la plus généralement reçue chez les mathématiciens. Dans le chapitre suivant où nous examinerons les questions philosophiques qui touchent aux points de science pure traités dans celui-ci, nous essaierons de justifier cette manière de voir.

Il nous reste à montrer comment cette conception de la matière pondérable et impondérable fait entrer les principaux phénomènes inorganiques dans le domaine de la dynamique.

L'atome pondérable placé au sein de l'éther condense, par attraction, un certain nombre d'atomes éthérés qui désormais forment autour de lui comme une atmosphère. Entre deux atomes ainsi entourés une force intervient composée, 1° de leur attraction mutuelle, 2° des attractions que chacun d'eux exerce sur l'atmosphère de l'autre, 3° de la répulsion mutuelle des deux atmosphères. Si la distance est telle que cette dernière force soit inférieure à la somme des deux autres, les deux systèmes se rapprocheront; mais il arrivera nécessairement un moment où les deux atmosphères seront suffisamment voisines pour faire prédominer la répulsion. A cette distance les deux systèmes forment une figure d'équilibre, dont le système composé pourra alternativement s'éloigner et se rapprocher par oscillations. Ce que nous disons de deux atomes pondérables peut se dire de trois, de quatre, d'un nombre quelconque. Les atmosphères impondérables les empêchent de se superposer exactement; mais on conçoit aisément que dans leurs rapprochements ils se réunissent en formant des groupes plus ou moins stables, et que les groupes les plus stables finissent par se substituer à tous les autres. Il est, de plus, naturel d'admettre que ceux qui seront les plus stables pour une classe d'atomes, ne le seront pas pour d'autres classes où les masses atomiques et les atmosphères seraient différentes. De là, un grand nombre de groupes qui diffèrent entre eux par la figure géométrique et le nombre des atomes.

On sait que de pareils groupes s'appellent *molécules*. Quand tous les atomes qui forment une molécule sont égaux entre eux, on a ce que la chimie appelle un corps simple; les corps composés ont une molécule formée d'atomes inégaux. Certains corps, tout en restant chimiquement les mêmes, peuvent prendre ce qu'on appelle divers états moléculaires et varier ainsi plusieurs de leurs propriétés; tels sont, par exemple, le soufre et le phosphore. C'est que, pour leurs groupes d'atomes, il existe plusieurs figures d'équilibre stable. On sait, du reste, que la constitution de la molécule, telle que nous venons de la décrire, rend compte de plusieurs lois générales de la chimie ; qu'elle se prête aisément à la représentation de toutes les réactions particulières, et qu'elle a même souvent suggéré la découverte de faits nouveaux. On sait aussi qu'elle explique les formes géométriques des cristaux, et les relations remarquables qui, pour les corps composés, existent entre leurs figures cristallines et leurs formules chimiques.

Nous n'exposerons pas ici ces détails qui sont assez connus ; mais nous pouvons bien signaler un fait qui donnerait à penser que beaucoup de nos corps simples, tous peut-être, devraient, à un certain point de vue, se considérer comme des corps composés. La chimie nous fournit les nombres qui expriment les rapports des masses atomiques. Or, si l'on représente par 2 la masse atomique de l'hydrogène, presque tous ces nombres deviennent des nombres entiers, et l'on ne trouve que rarement une masse identique pour deux corps simples différents. Il semble donc que la partie pondérable des atomes de ces corps pourrait bien n'être souvent qu'une véritable superposition d'atomes, opérée avant la condensation des atmosphères impondérables. La superposition une fois accomplie, si elle était parfaite et si elle n'était pas un simple rapprochement d'atomes pondérables oscillant indéfiniment dans le voisinage les uns des autres, ne pourrait plus être détruite par aucune autre force purement atomique ; et l'on conçoit qu'à un autre point de vue le corps puisse être rangé parmi les corps simples. Seulement il y aurait lieu de distinguer entre les atomes simples et les atomes composés. La masse de ceux-ci serait double, triple, quadruple,... uniquement parce que, deux, trois, quatre... atomes simples se seraient exactement superposés. Nous croyons que cette hypothèse, bien qu'elle ne soit pas à l'abri d'objections réellement scientifiques, ne manque pas de probabilité, et qu'elle pourra un jour être admise pour un grand nombre de cas.

La thermodynamique, qui a tant contribué à répandre la conviction que tous les phénomènes se réduisent à des mouvements mécaniques, a aussi développé et consolidé la théorie des atomes et des molécules. Il suffira pour le faire voir d'esquisser l'explication qu'elle donne de l'état solide, de l'état liquide et de l'état gazeux ; explication qui, pour certains points, pour l'état gazeux en particulier, a déjà conquis une probabilité voisine de la certitude. Indiquons-en les traits principaux.

Si nous avons pu réduire à une seule force les actions mutuelles de deux atomes pondérables environnés d'éther, nous ne pouvons pas en faire autant pour celles de deux molécules. Leur figure polyédrique s'y oppose ; car il n'est pas admissible que l'effet d'une pareille figure soit corrigé par la grandeur de la distance. Il faudrait pour cela, d'après la statique, que cette distance fût très grande relativement aux dimensions des deux corps, et l'on a tout lieu de croire, au contraire, qu'elle est, du moins dans les solides, à peu près du même ordre. L'action d'une molécule sur une autre doit alors se représenter par une force appliquée au centre de gravité et un *couple*. Ce couple, variable avec la figure du système, tend à faire tourner la seconde molécule autour de son centre, et, s'il n'est pas suffisant pour opérer des rotations complètes, il aura pour effet de l'orienter par rapport à la première, ou plutôt de la faire osciller autour d'une certaine orientation relative. Il y a donc là une cause qui, en orientant régulièrement les parties, tend à donner au corps entier une des formes cristallines qui peuvent être engendrées par la juxtaposition et le parallélisme d'un grand nombre de petites figures géométriques comme celle de la molécule. Telle est l'explication mécanique de la structure cristalline qu'affectent ordinairement les corps inorganiques à l'état solide.

La chaleur,c'est-à-dire l'énergie vibratoire calorifique, en pénétrant dans un pareil corps, peut se distribuer à trois classes de mouvements différents. Il y a d'abord le mouvement par lequel les centres de gravité des molécules se rapprochent et s'éloignent alternativement les uns des autres. Il y a ensuite les mouvements vibratoires par lesquels les atomes d'une même molécule la déforment sans cesse dans de certaines limites ; mouvements, qui, s'ils viennent à être exagérés par la chaleur absorbée, compromettent la stabilité du groupe moléculaire, brisent la molécule, et *dissocient* les atomes. Enfin il y a le mouvement oscillatoire autour de l'orientation que les molécules s'imposent les unes aux autres. Si ce troisième mouvement s'exagère, il devient rotatoire, et il s'ensuit qne l'influence de la figure polyédrique disparaît en grande partie. L'énergie calorifique, employée à cette dernière transformation, s'appelait dans l'ancienne physique la *chaleur latente de fusion*. Le corps passe à l'état liquide. Les actions mutuelles des molécules peuvent désormais se réduire à une seule force appliquée au centre de gravité. Les petits corps en vibrant, s'approchent et s'éloignent, mais les distances restent encore trop petites pour qu'ils puissent échapper aux attractions de leurs voisins, ou du moins la plupart des molécules qu'un écart vibratoire soustrait à l'empire de groupes voisins, tombent sous l'empire d'autres groupes. Telle est l'idée que la nouvelle science nous donne de l'état liquide ; elle a pu supporter le contrôle du calcul et des mesures exactes.

Enfin supposons que la chaleur absorbée par le corps aille toujours croissant. Les vibrations des molécules seront plus étendues. Quelques-unes d'entre elles échapperont aux attractions de toutes les autres ; c'est l'évaporation, qui commence longtemps avant l'ébullition, parce que dans la masse il se trouve toujours quelques molécules dont les écarts sont beaucoup plus grands que la moyenne. Mais par l'élévation progressive de la température, il arrive un moment où la vaporisation se produit, c'est-à-dire où, grâce aux grandes vitesses qui sont devenues fort communes, de très nombreuses molécules se dégagent de leurs liens, et n'agissent plus désormais les unes sur les autres que dans les courts instants où les hasards de la rencontre les rapprochent suffisamment deux à deux. Dans ces chocs, elles infléchissent leurs courses, mais la plus grande partie de leur trajectoire s'accomplit en ligne droite. Il faut pourtant bien comprendre cette proposition. Le calcul montre que ces portions rectilignes, comprises entre deux chocs, quoique beaucoup plus longues que les portions infléchies, ont encore des longueurs tellement petites qu'il nous est difficile de les imaginer. Cela tient au nombre immense de molécules que les gaz eux-mêmes renferment dans le plus petit volume, et qui multiplie les chances de rencontre. Ainsi, si l'on se représente un tout petit cube de gaz à la pression ordinaire, et qu'on veuille suivre par l'imagination les zigzags qu'y trace une molécule partie du centre, il faudra, bien que la vitesse moyenne du mobile soit de plusieurs centaines de mètres par seconde, lui accorder un temps très long avant de le voir traverser une des parois du cube. C'est ce qui explique comment dans certaines théories, dans celle du son par exemple, on peut sans inconvénient traiter le fluide comme un tout continu, et supposer que son immobilité n'est troublée que par les vibrations sonores.

Bien que nous ne citions aucune preuve, nous répétons que cette théorie des trois états des corps, surtout celle des gaz, est très fortement appuyée par les faits. Depuis qu'on l'a fondée, de nouveaux phénomènes ont été découverts, où l'on n'aurait pas d'abord soupçonné une telle portée, et qui cependant ne paraissent pouvoir s'expliquer que par elle; mais ce n'est pas ici que nous pouvons nous en occuper [1].

Donnons plutôt, pour terminer, un coup d'œil à d'autres faits très importants qui pourront éclairer la dynamique sur l'influence réciproque des atomes pondérables et impondérables.

Les rayons lumineux, en tombant sur les corps qui nous environnent, y produisent des modifications, et en subissent eux-mêmes. Ils modifient les corps en les échauffant, et parfois en altérant leur constitution chimique. Ces deux premiers faits prouvent que l'éther intérieur des corps, mis directement en mouvement par le rayon, finit par communiquer son ébranlement aux atomes pondérables dont il forme les atmosphères. S'il n'y a qu'un simple échauffement, c'est que l'ébranlement communiqué porte principalement sur l'ensemble de chaque molécule ; au contraire, la modification chimique résulte de ce que, dans une même molécule, les atomes entrent individuellement en vibration, et finissent par s'écarter

[1] Voir dans la *Revue des questions scientifiques*, janvier 1880, l'article du R. P. Thirion, intitulé *Les mouvements moléculaires*.

assez les uns des autres, pour n'être plus retenus ensemble par leurs attractions mutuelles; alors les anciennes molécules se brisent, et il peut se faire que les atomes libérés se réunissent pour former de nouveaux groupes plus stables devant le rayonnement. C'est ce que nous voyons tous les jours dans les substances qu'emploie la photographie; c'est ce qui se passe dans l'expérience si connue où un simple rayon de soleil transforme bruyamment un mélange d'hydrogène et de chlore en acide chlorhydrique; c'est enfin ce qui se produit en grand dans tout l'hémisphère éclairé, quand la chlorophylle des feuilles décompose l'acide carbonique de l'air, pour en extraire le carbone que nous trouvons dans les végétaux.

A son tour la lumière sort profondément modifiée de son commerce avec la matière pondérable. La lumière blanche, par exemple, qui, comme on le sait, se compose de rayons très divers de couleur et de longueur d'onde, y prend ordinairement une teinte, parce que certains rayons sont absorbés de préférence par les ébranlements que le corps en reçoit, tandis que d'autres rayons échappent à cette destruction. De là les couleurs des corps par réflexion ou par transparence. Mais c'est surtout dans les gaz que cette absorption élective est remarquable. Un gaz n'absorbe ordinairement qu'un très petit nombre de rayons ; comme on peut s'en assurer en analysant ensuite la lumière avec le spectroscope. Chaque gaz a certaines longueurs d'onde qu'il arrête toujours au passage, tandis qu'il se laisse traverser sans difficulté par toutes les autres ; et si ce gaz devient lui-même incandescent, il émet exclusivement, comme corps lumineux, les mêmes rayons qu'il détruisait comme corps absorbant. Ces faits sont assez connus aujourd'hui pour qu'il nous suffise de les indiquer. On sait comment on les explique : vu la constitution de la molécule, les atomes qui la forment ne sont susceptibles que de certaines vibrations déterminées ; comme chacune des cordes tendues d'un instrument de musique. Ce sont donc uniquement ces vibrations qu'ils rendront et qu'ils communiqueront à l'éther qui les environne, si on leur donne assez de chaleur pour les porter à l'incandescence ; et ce seront seulement les mêmes vibrations qu'ils sont capables d'absorber à leur profit dans la lumière qui vient les rencontrer. Si ces phénomènes ne se produisent pas dans les liquides et les solides, il faut l'attribuer à ce que le rapprochement et l'influence réciproque des molécules neutralise l'influence des liaisons intra-moléculaires de leurs atomes. Il suffit même de soumettre les gaz à de fortes compressions pour leur enlever leur faculté élective, et les assimiler sous ce rapport aux autres corps.

On voit que les faits ne feront pas défaut aux théoriciens qui voudront étendre les découvertes de la mécanique moléculaire ; et si l'on réfléchit que la théorie des ondes lumineuses nous a déjà fourni un grand nombre de mesures précises dans le monde des atomes éthérés, on a le droit d'espérer que ces influences réciproques des deux grandes classes d'atomes serviront de transition, et permettront de mesurer aussi exactement les figures et les mouvements moléculaires.

Dans cette rapide revue des phénomènes inorganiques, nous n'avons rien dit de l'électricité et du magnétisme. C'est que, malgré de nombreux essais et de sérieux travaux, on n'a pas encore rencontré, ou du moins on n'a pas encore établi la conception fondamentale qui doit expliquer les phénomènes électriques et magnétiques par les mouvements mécaniques des atomes pondérables et des atomes éthérés. Il est pourtant possible qu'on y parvienne bientôt ; car ces phénomènes sont liés par des lois connues avec les actions chimiques et thermiques dont nous avons esquissé l'interprétation dynamique. Les succès déjà obtenus par la nouvelle physique nous défendent de regarder cette dernière difficulté comme insurmontable.

Le chapitre que nous terminons ici n'a eu d'autre objet que d'expliquer ce que signifie, dans le règne inorganique, la formule donnée par nous comme caractéristique de la physique moderne. Plus tard nous la suivrons dans le domaine de la physiologie. Mais nous croyons utile de rappeler que nous sommes resté jusqu'ici sur le terrain purement scientifique des phénomènes. Les questions philosophiques qui se rattachent naturellement à la formule ainsi limitée, ont été soigneusement réservées ; et nous les aborderons au chapitre suivant.

CHAPITRE III.

LA THÉORIE ATOMIQUE.

Sommaire. — Les théories scientifiques et leurs limites. — Écueils à éviter dans la théorie philosophique du monde matériel. — Données du problème que cette théorie doit résoudre. — Deux hypothèses sur ces données. M. Berthelot et M. de Saint-Venant. — Notion de la cause substantielle. — L'action à distance. — Comparaison des deux hypothèses. — Activité des substances atomiques. — Elles n'ont aucune faculté de connaître. — Absurdité du matérialisme.

La théorie du monde purement matériel se compose de deux parties distinctes, qui sont aujourd'hui rapprochées jusqu'au contact ; la première appartient au savant, la seconde au philosophe. Il faut bien se garder de les confondre.

La théorie scientifique s'occupe exclusivement des phénomènes ; mais elle ne se contente pas de les observer, d'expérimenter pour en trouver les lois par l'induction, et de développer par le calcul les conséquences de ces lois. Elle fait ce que doit faire toute théorie, elle *explique* ce qui est compliqué, en y mettant de l'ordre. Au lieu de laisser pêle-mêle dans notre intelligence l'immense amas de faits que l'observation et l'expérience nous ont révélés, elle les coordonne, elle les subordonne entre eux, en montrant que tels phénomènes sont des effets dont tels autres phénomènes sont les causes. C'est ainsi qu'elle doit finir par arriver aux phénomènes élémentaires dont les combinaisons produisent tous les autres et qui, par conséquent, jouent dans le monde purement matériel le rôle de causes universelles.

Un exemple ne sera pas inutile pour bien préciser le caractère général des théories scientifiques. La théorie du système solaire, qui ne s'occupe que de phénomènes de transport, va nous le fournir.

On sait que nous avons aujourd'hui des formules qui permettent de fixer, avec une grande exactitude, dans quelle place du ciel il faut, à chaque instant, chercher chacun des corps de ce système ; et que, pour en faciliter le calcul, ces formules ont été réduites en tables. Eh bien, la possession de ces tables, avec la manière de s'en servir, ne nous donnerait pas à elle seule une théorie scientifique du système solaire. Sans doute, nous pourrions successivement braquer une lunette sur différents points du ciel, et prédire à coup sûr que tel ou tel astre se trouve dans le champ de cette lunette ; mais le sytème solaire n'en resterait pas moins une énigme pleine d'obscurité ; nos connaissances seraient nombreuses, mais non coordonnées ; tout le détail de ces grands mouvements de transport nous serait immédiatement accessible, mais l'ensemble serait une chose fort compliquée dont nous exigerions l'explication.

La géométrie ou, plus exactement peut-être, la cinématique vient alors à notre secours. Comme nous ne pouvons pas constater le mouvement absolu, nous cherchons à nous représenter les déplacements des corps célestes relativement à un point arbitraire considéré comme fixe. Si nous prenons ce point à la place même que nous occupons, leur représentation géométrique reste fort embrouillée. Elle devient un peu plus simple, si nous transportons le point fixe au centre de la terre, en supposant que cette terre tourne autour d'un axe qui passe par ce point. Mais cette simplicité n'est pas encore bien grande, et le centre de chacune des autres planètes nous en donnerait tout autant. Au contraire, si nous essayons de tout rapporter au centre du soleil, aussitôt tout s'éclaircit et s'harmonise. Les formules si compliquées qui se trouvent dans nos tables, reçoivent une interprétation géométrique, d'une simplicité admirable. Indiquons brièvement quelques-uns de ces résultats. Autour du soleil considéré comme fixe, les planètes principales tracent des ellipses dont le centre du grand astre est toujours un foyer ; leur vitesse sur cette orbite est tellement réglée que, pour chacune d'elles, la ligne droite qui la joint au soleil décrit des aires proportionnelles au temps ; et, de l'une à l'autre, on trouve un rapport bien simple entre les grands axes des ellipses qu'elles parcourent et les temps qu'elles mettent à les parcourir. Les satellites tournent autour de leurs planètes en suivant des lois toutes semblables. Passons les comètes pour abréger, mais remarquons que leurs mouvements ne sont pas plus désordonnés que les autres. Il est vrai que pour faire concorder très longtemps des lois si simples avec l'observation, il faut supposer que les ellipses sont variables ; cela enlève bien quelque chose à la simplicité ; mais d'abord, ces variations sont extrêmement lentes, et ensuite on peut démontrer que cette difficulté est inhérente au sujet et qu'il n'y a pas moyen de représenter plus simplement l'ensemble des phénomènes.

Si c'était là le résumé de tout ce que nous savons sur les mouvements du système solaire, nous aurions déjà réellement une théorie ; car il y aurait de l'ordre dans nos connaissances de détails, la multiplicité serait déjà réduite de beaucoup, et l'ensemble n'échapperait plus à notre vue. Mais cette théorie serait imparfaite, et l'explication pourrait être poussée plus loin; car les mouvements sont des phénomènes qui ne dépendent pas seulement de la géométrie. Ils dépendent aussi de la mécanique, et dans ce qui précède nous n'avons encore invoqué aucun principe de cette science. Or, si nous appliquons aux mouvements célestes les lois générales du mouvement, les principes de la dynamique, la simplicité de l'ensemble devient tout à coup incroyable. Nous trouvons même plus que nous ne cherchions; car dans la loi simple qui résume pour ainsi dire en une phrase toute la théorie mécanique du système solaire, nous découvrons une propriété très générale de la matière pondérable que les phénomènes observés ne nous indiquaient pas d'abord. Voici cette propriété. La moindre particule de cette matière est le siège d'une force attractive proportionnelle à sa masse, et qui s'exerce à toute distance sensible sur toutes les autres particules de matière pondérable, proportionnellement à leur masse et à l'inverse du carré de leur distance. Remarquons toutefois en passant que la démonstration qui nous mène à cette conclusion ne nous dit pas le moins du monde si cette propriété est primordiale et essentielle à la matière ou si elle n'est elle-même qu'un résultat accidentel d'autres phénomènes connus ou inconnus. Mais, primordiale ou non, cette propriété si simple renferme l'explication de toutes celles que la théorie géométrique nous avait fournies précédemment, et l'on peut dire qu'elle en est la cause.

Comprenons bien pourtant cette dernière proposition. Les lois géométriques, telles que nous les avons énoncées plus haut, sont certainement des conséquences nécessaires de la loi mécanique de l'attraction. Elles s'appliquent au système solaire, mais elles renferment une certaine indétermination qui leur permet de s'appliquer également à tout système de planètes groupé autour d'une étoile quelconque à peu près comme le nôtre l'est autour du soleil. Elles ne peuvent donc, à elles seules, nous fournir comme conséquences tous les résultats numériques que nous trouvions dans les tables ; la loi newtonienne de l'attraction ne le peut pas davantage. Il faut, pour lever l'indétermination, demander à l'observation un certain nombre de *constantes*, propres à chaque système. Avec ces constantes, la loi de l'attraction suffit à tout ; mais si l'on réfléchit qu'il y a plusieurs constantes pour chaque planète, on voit qu'elles sont bien nombreuses, trop nombreuses pour que l'esprit humain se résigne aisément à les accepter comme point de départ. On a donc essayé de les réduire; et c'est pour y parvenir que l'on a imaginé l'hypothèse cosmogonique d'une nébuleuse primitive tournant autour d'un axe. C'est la dernière tentative de la théorie; tentative, hélas! bien imparfaite, puisque d'une part elle n'est encore qu'une hypothèse, et que de l'autre elle ne peut, dans son état actuel, établir entre les nombreuses constantes qu'elle devrait coordonner qu'une liaison fort lâche et sans précision. Espérons que les théoriciens de l'avenir corrigeront cette imperfection.

Quoi qu'il en soit, cet exemple montre bien que, dans les sciences, l'esprit caractéristique des théories est l'esprit de simplification. C'est pour simplifier l'ensemble qu'elles coordonnent les détails, c'est pour coordonner qu'elles recherchent entre les phénomènes les liaisons de causalité, et c'est en suivant de proche en proche la série des causes qu'elles arrivent à des phénomènes de plus en plus simples et élémentaires. Cet exemple montre aussi qu'une théorie scientifique peut s'avancer par degrés successifs. Elle peut s'arrêter en chemin, mais elle a une tendance à aller jusqu'au bout. Quand arrive-t-elle à la perfection ? Le même exemple nous le dira.

Supposons, ce qui n'est pas du tout invraisemblable, que la force centrale, appelée plus haut attraction, soit une propriété réellement essentielle à la matière. Elle n'aurait plus besoin d'explication scientifique, elle n'en serait plus susceptible, parce que le phénomène de l'attraction n'aurait plus pour cause un autre phénomène, mais comme toute *action* il aurait pour cause son *agent,* c'est-à-dire une substance. Arrivée là, la science se trouverait à la frontière de la philosophie ; elle aurait, sur ce point du moins, accompli sa besogne ; et si la théorie des mouvements célestes était partout aussi avancée, elle serait réellement parfaite. Elle aurait remonté toute la chaîne des phénomènes, elle aurait rattaché cette chaîne à ses causes substantielles les plus immédiates ; c'est tout ce qu'on peut lui demander ; le reste appartient aux théories philosophiques.

La philosophie, nous l'avons dit plus haut, se réserve les phénomènes intellectuels et les causes substantielles de tous les phénomènes. Or, nous n'étudions ici que le monde purement matériel ; la partie philosophique de notre étude sera donc forcément restreinte aux causes substantielles. La connaissance des phénomènes est requise sans doute comme base indispensable ; mais c'est à la théorie scientifique qu'il faut la demander. Ajoutons qu'on apprécierait fort mal l'importance relative de la science et de la philosophie, si l'on se contentait de les comparer sur le terrain que nous choisissons aujourd'hui. Ici la science a tous les avantages, elle peut déployer toutes ses ressources. Pour la philosophie, au contraire, le monde matériel, dont elle ne doit envisager que les substances, n'est pas l'objet favori de ses spéculations ; ce n'est pas, tant s'en faut, la partie la plus riche de son domaine. Aussi le philosophe n'est pas, comme le savant, obligé de n'avancer qu'en dressant pour ainsi dire à chaque étape la carte de ses progrès, il ne doit pas s'occuper de simplifier toujours, de tout coordonner pour que l'ensemble ne disparaisse pas sous les détails ; mais il a d'autres dangers à éviter.

Un premier danger c'est l'insuffisance des connaissances scientifiques. On comprend qu'il ait pu, aux jours de l'ancienne physique, se passer du savant ; on comprend le dédain traditionnel que les anciennes recherches lui inspiraient. Que tirer, par exemple, de la théorie des tuyaux sonores, des mesures de conductibilité, de chaleurs spécifiques, ou de calorique latent ; quelles lumières emprunter aux lois de la réflexion, de la réfraction, de la dispersion ? La plupart des théories physiques en étaient encore à leurs premières étapes. L'analyse des phénomènes n'était que commencée, et les résultats de cette analyse ne pouvaient en aucune façon passer pour ces actions réellement primordiales et élémentaires, terme final des théories scientifiques. La science n'avait encore inspecté que certaines provinces intérieures de son propre domaine ; elle s'était arrêtée, presque partout, fort en deçà de sa frontière philosophique. Aussi la physique du XVIIIe siècle, malgré ses importantes conquêtes, ne rendait guère au philosophe plus de services que la vieille physique d'Aristote. Il n'en est plus de même aujourd'hui. En beaucoup d'endroits, grâce au secours de la mécanique, la physique a poussé des pointes aussi heureuses que hardies, et bien qu'elle ait laissé, à droite et à gauche, beaucoup de terres inexplorées, elle regarde déjà devant elle dans le domaine de sa voisine. Il n'est plus permis d'ignorer ce qu'elle fait dans un pareil voisinage, car c'est à cette frontière que les deux classes de théories doivent se souder l'une à l'autre, et se continuer.

Un autre danger, et celui-là reste le même dans tous les temps, résulte de la nature même des questions comparée à nos habitudes de pensée et de langage. Le monde matériel forme, il est vrai, le sujet le plus ordinaire de nos réflexions et de nos conversations ; mais c'est par ses phénomènes surtout qu'il nous occupe, parce qu'ils sont en rapport direct et continu avec nos sensations ; les substances correspondantes ne viennent qu'indirectement et au second rang ; ce n'est guère qu'en philosophie que nous cherchons à les considérer en elles-mêmes. Or dans le concept des phénomènes l'imagination joue un rôle indispensable et prépondérant, tandis qu'elle ne peut le plus souvent que nous égarer dans le concept beaucoup plus abstrait des substances. L'habitude pourtant la fait alors intervenir hors de propos. Les mots eux-mêmes, ces utiles auxiliaires de la pensée, viennent ici faciliter les erreurs ; car, empruntés forcément au langage usuel, ils apportent avec eux dans l'esprit du philosophe les sens divers et souvent presque opposés que, suivant les circonstances, ils expriment dans ce même langage. Nous en verrons des exemples. Enfin, les idées simples qu'il faut ici manier, comme celles de temps et d'espace, comme celle même de substances et de causes substantielles, sont de ces choses que tout le monde conçoit aisément dans le concret, dans les idées complexes où elles entrent comme éléments, mais que l'esprit ne parvient pas toujours à isoler nettement. L'intelligence humaine se fatigue vite au milieu de ces abstractions, elle leur substitue bientôt des fantômes, et la recherche commencée par la métaphysique se termine par l'hallucination. Aussi la théorie qui en résulte, loin d'être l'expression de la vérité, n'est parfois pas même une erreur ; elle est un pur non-sens.

Tels sont les dangers dont nous avons maintenant à nous garer ; car nous abordons dans ce chapitre la théorie philosophique, la théorie des substances auxquelles sont dus tous les phénomènes purement matériels. Le chapitre précédent, en résumant pour le philosophe les conquêtes les plus importantes de la physique moderne, avait précisément pour objet d'écarter le premier. Il nous a montré combien était aujourd'hui probable cette importante formule : Tous les phénomènes matériels se réduisent en dernière analyse à des mouvements mécaniques dont les mobiles sont des atomes de deux classes seulement, appelés pondérables ou impondérables suivant la loi qui régit leurs actions.

C'est sur cette formule que nous devons fonder notre théorie, et, laissant au savant le soin de la développer et de montrer comment ces actions élémentaires se combinent entre elles pour produire les phénomènes que nous observons, nous avons, comme philosophes, à la continuer et à nous demander ce que peuvent être des agents dont les actions sont ainsi définies. Ce n'est donc pas des corps dans leur ensemble qu'il faut nous occuper. Ce qu'ordinairement nous appelons un corps n'est qu'un amas fort compliqué de phénomènes de toute espèce. La science, à qui il appartient d'analyser cet amas, nous enseigne avec une très grande probabilité qu'il se décompose en un nombre immense, mais fini et déterminé, de *molécules;* que chacune de ces molécules n'est que la réunion d'un certain nombre d'*atomes*, appelés les uns *pondérables* les autres *impondérables;* que chacun des atomes pondérables a pour unique propriété d'être le *siège* de ce qu'on appelle en mécanique une *force* centrale attractive, dont les *points d'application* sont tous les autres atomes pondérables et impondérables ; que chacun des atomes impondérables a pour unique propriété d'être le siège d'une force centrale qui est répulsive pour les autres impondérables, et attractive pour les pondérables ; que, grâce aux lois imposées à ces forces, chaque atome pondérable s'entoure d'une sorte d'atmosphère dans laquelle les atomes impondérables se trouvent condensés et qu'il emporte avec lui dans les molécules ; enfin qu'une quantité considérable d'atomes impondérables est répandue dans l'univers entier, en dehors de ce que nous appelons ordinairement des corps, remplissant de sa matière discontinue, mais homogène, tout cet immense espace que franchit la lumière des astres, et qu'on appelle parfois le vide des espaces célestes. Ces atomes, pondérables et impondérables, sont donc les seuls *corps* dont nous ayons maintenant à nous occuper, puisque en réalité leurs répulsions mutuelles sont les seuls phénomènes qui se passent dans le monde purement matériel.

Ces thèses si simples et si claires, qui ne sont plus guère contestées aujourd'hui parmi les savants, forment vraiment une base scientifique que la théorie philosophique doit, non discuter, mais recevoir. Sans doute, en pareille matière, il ne faudrait rien recevoir de confiance, il conviendrait d'examiner par soi-même. Mais cela veut dire seulement que pour s'en occuper le philosophe est obligé d'être un savant. Car il faut bien se le rappeler, ces thèses ne portent encore que sur les phénomènes matériels ; leur discussion, leur contrôle, l'appréciation même de leur probabilité, appartiennent en propre au savant et non au philosophe. Vous n'avez pas le droit de les éconduire, au nom d'un système quelconque de philosophie, par une simple fin de non-recevoir. Renversez scientifiquement les assertions de la physique moderne, ou résignez-vous philosophiquement aux conséquences qu'elles entraînent. Et pour les ébranler scientifiquement, il ne suffit pas de montrer qu'elles ne sont pas établies avec la certitude absolue des mathématiques pures et des doctrines *à priori* ; ce serait oublier la nature même de l'induction ; il faut montrer qu'elles ne s'imposent pas à notre assentiment par une très grande probabilité, au même titre que tant d'autres faits chaque jour déclarés certains.

Mais ces mêmes thèses peuvent-elles immédiatement servir de point de départ pour notre théorie ? Arrivent-elles réellement jusqu'au terme final où la science attache le dernier anneau de sa chaîne de causes à celles que l'on considère en philosophie ? Ici le doute est permis au philosophe, car, il faut bien le reconnaître, l'accord n'est pas fait entre les savants. C'est même, au fond, à ce point unique que l'on peut ramener toutes les divergences de leurs théories ; les autres en découlent, ou sont, à notre point de vue, insignifiantes. Expliquons-nous et examinons les deux hypothèses.

La discontinuité des corps et leur divisibilité

en un nombre immense, mais fini, de parties intégrantes dont les actions mutuelles composent tous les phénomènes, sont universellement reconnues. Les forces attractives et répulsives autour des centres atomiques sont également admises par tous comme forces mécaniques, au même titre par exemple que les résistances exercées par les surfaces des corps, que la pression dans les gaz, etc. Mais, nous l'avons dit plus haut, il est encore des savants qui supposent que les forces centrales atomiques, tout comme l'attraction newtonienne qui n'en est qu'un cas particulier, sont de pures résultantes de phénomènes qui nous sont encore inconnus, que ces forces par conséquent ne sont pas essentielles aux atomes, ou, en d'autres termes, que les attractions et les répulsions atomiques ne sont pas des phénomènes réellement élémentaires et primordiaux, mais des phénomènes composés exigeant eux-mêmes une explication scientifique. Cette opinion peut invoquer en sa faveur la grande autorité de Newton. Nous ne voudrions pourtant pas affirmer que, s'il vivait de nos jours, le grand géomètre consentirait, devant les progrès de la physique moderne, à généraliser ainsi les idées qu'il a parfois émises sur la nature de l'attraction. D'autres savants, au contraire, n'hésitent pas à regarder ces mêmes forces centrales comme naturellement inséparables des atomes, comme constituant à elles seules toutes leurs facultés actives et définissant parfaitement leur nature. Les premiers donnent généralement pour unique raison de leur opinion la contradiction impliquée, suivant eux, dans ce qu'ils appellent l'*action à distance*. C'est un argument dont la critique n'appartient pas au savant, et nous l'examinerons tout à l'heure ; mais, avant tout examen, on conçoit qu'ils s'obligent à ne considérer comme primordiales que des *actions au contact*, et que, comme les épicuriens de l'antiquité, ils doivent donner à leurs atomes un certain petit volume impénétrable. L'hypothèse des atomes *étendus* est ainsi une conséquence de la première opinion sur les forces centrales. Les partisans de la seconde opinion déclarent le plus souvent, avec Boscovich, qu'il n'y a aucune raison de renfermer dans un volume quelconque le siège des forces atomiques, et ils le placent ordinairement en un simple point géométrique. Si pourtant il se trouvait encore parmi eux quelques tenants des atomes étendus, nous pensons que cette divergence n'a aucune importance au point de vue de la théorie philosophique, et qu'elle n'est au fond qu'une satisfaction platonique accordée à leur imagination.

C'est donc à deux opinions seulement que nous réduisons ici toutes les hypothèses scientifiques qui s'offrent à notre choix. D'autres l'ont fait avant nous. Seulement nous croyons qu'il vaut mieux les caractériser par le rôle qu'elles attribuent aux forces centrales atomiques, qui sont primordiales pour l'une, et ne le sont pas pour l'autre, plutôt que par les figures qu'elles donnent aux atomes. Ces deux opinions se partageant le monde de la science, nous sommes obligés de les comparer. Et d'abord, s'il nous était permis d'exprimer notre avis sur un point de cette nature, nous oserions soutenir que la plus grande somme d'autorité est aujourd'hui du côté des atomes inétendus doués par la nature de forces centrales qui leur sont essentielles. C'est de ce côté, en particulier, que se trouvent à peu près tous les mathématiciens qui ont travaillé une branche quelconque de la mécanique moléculaire ou de la physique mathématique. Du reste, il est intéressant de le remarquer, quoique la science officielle contemporaine ait une tendance évidente à reléguer la philosophie dans la vie privée, il arrive encore parfois que ces questions se débattent dans les académies. L'on nous permettra d'en profiter pour montrer au lecteur par quelques citations que, dans la comparaison qui précède, nous avons fidèlement présenté l'état de l'opinion scientifique.

M. Berthelot comparant les deux théories disait, le 15 mai 1876, à la séance de l'Académie des sciences de Paris : « La notion même d'un atome indivisible, et cependant étendu et continu, aussi bien que celle d'un atome doué de masse, et cependant réduit à un point matériel, semble contradictoire en soi. » M. de Saint-Venant releva cette dernière asssertion dans la séance du 29 mai ; et certes s'il est de nos jours un savant à qui ses études de mécanique moléculaire donnent le droit d'émettre publiquement son avis sur ces matières, c'est bien M. de Saint-Venant. Citons donc une partie de cette réponse ; elle pourra contribuer à nous fixer personnellement sur une question que l'unanimité des hommes compétents n'a pas encore tranchée.

« Je partage depuis longtemps, comme ont fait Cauchy, Ampère, etc., la première partie de l'avis de M. Berthelot; car, pour beaucoup de raisons, les unes métaphysiques, *les autres physico-mathématiques,* que j'ai développées ailleurs, je ne puis admettre une étendue *continue* dans les corps, ni dans leurs atomes composants.

» Mais je crois devoir réclamer contre la seconde partie de l'observation finale de notre confrère. Il n'y a, en effet, rien de contradictoire à supposer qu'un atome inétendu se meuve avec différentes vitesses sous l'action de forces attractives et répulsives, émanant d'autres atomes également sans dimensions ; qu'il exerce, sur ceux-ci, des réactions, et que ces forces égales et contraires, d'intensités variables avec les distances, communiquent à chaque instant, aux deux atomes de chaque paire, des composantes d'accélération, ou égales pour tous deux, ou constamment plus grandes pour l'un des deux que pour l'autre ; en un mot, à douer ces points matériels de mobilité, de masses propres, d'inertie et d'actions, tout comme on les attribue aux atomes crus étendus, figurés et insécables, que nous ont légués les philosophes grecs.

» Il n'y a aucun lien logique nécessaire entre l'idée d'existence, même matérielle, et l'idée d'étendue. Un être inétendu ne sera pas, par cela seul, un esprit ; ce sera un élément corporel si, obéissant insciemment à des lois dynamiques, il occupe à chaque instant une position déterminée dans l'espace, soit absolu, soit relatif à d'autres éléments, également localisés dans des points ; c'est-à-dire s'il s'en trouve à de certaines distances, et si, ces distances changeant, il se transporte d'un lieu à un autre avec toutes ses propriétés, au nombre desquelles peut se trouver celle d'agir sur nos sens. »

Le travail, déjà ancien, auquel la première phrase fait allusion a pour titre : *Mémoire sur la question de savoir s'il existe des masses continues, et sur la nature probable des dernières particules des corps*. Publié dans un recueil fort peu répandu [1], il est aujourd'hui presque introuvable, et si nous avons pu le lire nous le devons à l'obligeance de l'auteur, qui est un des membres les plus distingués de la Société scientifique de Bruxelles.

Nous voudrions pouvoir le citer en entier, car il jette une grande clarté sur le sujet que nous traitons ; nous en extrairons du moins les passages suivants :

« Je pense donc qu'il faut renoncer à tout amas de matière continue, et qu'il convient de regarder plutôt les dernières particules des corps comme *des points sans étendue*, non contigus, centres d'actions des forces répulsives et attractives par lesquelles seules, après tout, les corps jouent un rôle et manifestent leur existence.

» C'est le système proposé il y a bientôt un siècle par un mathématicien distingué, le P. Bos-

[1] *Bulletin de la Société philomathique de Paris*, 20 janvier 1844. M. de Saint-Venant a publié depuis lors un travail plus étendu sur ce sujet, dans les *Annales de la Société scientifique de Bruxelles*, 2e année.

covich, homme positif et plein de bon sens, et le *newtonien* le plus conséquent qu'il y ait eu peut-être.

» Ce système prévient les difficultés offertes par celui des atomes étendus, qui n'est qu'une sorte de prolongement de la physique des Grecs dans la physique moderne. Il assure à chaque élément une unité et des propriétés immuables, tout en permettant d'attribuer des propriétés différentes à des éléments différents, car les répulsions ou attractions qui en émanent peuvent avoir diverses intensités, et les poids peuvent, par conséquent, varier d'un élément à l'autre.

» Avec des atomes inétendus, retenus à distance par des forces, on peut constituer, comme nous avons vu, des corps aussi résistants que l'on veut. On peut aussi, en plaçant ces atomes de diverses manières les uns par rapport aux autres, composer toutes les figures polyédriques qu'offre la cristallographie..., etc.

» Aucune difficulté mathématique ou physique ne m'a été opposée par les personnes à qui j'ai communiqué jusqu'à présent ce qui précède, mais elles m'ont fait un certain nombre d'objections d'une nature *purement métaphysique*. Je dois les rapporter et y répondre.

» J'observe d'abord que le système proposé ne

répugne point aux métaphysiciens. MM. Cousin (Fragments phil., première préface) et Maine de Biran (Biog. univ., article *Leibnitz*) observent que les physiciens eux-mêmes ne cherchent plus dans la nature que des forces et des lois. C'est ce qu'on peut voir, en effet, par la définition qui est donnée de la matière dans tous les traités modernes de mécanique et de physique : appeler corps *tout ce qui affecte nos sens*, n'est-ce pas attribuer aux corps la force pour propriété essentielle ? M. de Tracy caractérise leur *existence* par la seule résistance qu'ils nous opposent. Le sage Dugald Stewart (Essais phil.) préconise le système du « philosophe ingénieux et profond » (Boscovich) qu'il appelle ailleurs « un homme extraordinaire, » et, quoique la réserve habituelle à l'école écossaise l'empêche de se prononcer, il déclare, comme James Makintosh (Mél. phil.), que ce système est admissible, qu'il est préférable aux autres du même genre, qu'il se fonde sur des faits incontestables, *qu'il n'a pas le moindre rapport avec l'idéalisme de Berkeley, qu'il n'attaque en rien l'existence du monde extérieur*, etc.

» On m'a dit qu'on ne peut concevoir l'existence d'un élément matériel sans étendue. Boscovich répond que c'est parce qu'on ne s'en rapporte qu'à ses sens, tandis que ce qui est imperceptible se trouve hors de leur compétence et ne peut être atteint que par la réflexion. A la question (qui m'a été faite aussi) « si ces points ne sont pas des *esprits,* » il répond qu'un esprit a la pensée et la volonté et qu'il n'affecte point nos organes ; il n'a pas non plus la propriété toute physique d'occuper un lieu déterminé à un instant déterminé.

» On m'a dit encore qu'il y avait contradiction à supposer le déplacement, dans l'espace, d'un point de cet espace : mais on pourrait en dire tout autant du déplacement de toute portion finie du même espace. D'où vient pourtant que ceux qui font l'objection admettent le déplacement de l'étendue finie ? De ce que, pour en faire de la matière, ils lui donnent une autre réalité que celle de la place qu'elle occupe, et des *propriétés,* par exemple l'impénétrabilité qui n'est qu'une sorte de résistance ou de réaction répulsive : eh bien, de même, le mouvement du point sera concevable en lui accordant des attractions, des répulsions, ou les propriétés qui caractérisent la matière. Il n'y a aucune connexion nécessaire entre l'idée d'existence, même matérielle, et l'idée d'étendue, et l'on n'est point logiquement obligé d'accorder des dimensions à un être pour qu'il puisse servir de support à des propriétés ou se trouver sous l'empire de *lois* quelconques. L'imagination peut bien réclamer, au premier instant, contre l'inétendue des atomes comme elle a réclamé naguère contre les antipodes, le mouvement de la terre, la pesanteur de l'air; mais, sous l'empire de la raison, qui doit au total être la maîtresse, elle s'apprivoise bientôt avec ce qui l'avait choquée d'abord. »

Ces derniers mots nous expliquent peut-être comment il se fait que l'opinion soutenue par M. de Saint-Venant est si générale aujourd'hui parmi les mathématiciens. Habitués à considérer dans leurs calculs ce que la mécanique appelle des *points matériels,* à leur attribuer des masses diverses, à en faire le siège de forces qui sont fonctions des distances, ils ont eu le temps, non seulement de reconnaître qu'il n'y a rien de contradictoire dans de pareilles idées, mais encore d'*apprivoiser* leur imagination. Il n'en est pas moins vrai qu'il faut quelque hardiesse pour se représenter l'univers entier comme composé de véritables points isolés ; il semble parfois qu'avec de pareils matériaux on ne puisse bâtir que des corps invisibles, intangibles, de pures abstractions figurées, moins réelles même, moins consistantes que les lignes, les surfaces, les solides abstraits de la géométrie. Les mathématiciens, en prenant leurs symboles familiers pour des réalités, ne sont-ils pas eux-mêmes les jouets d'une illusion? Voici, par exemple, le système solaire. Dans la plupart de leurs formules, ils le réduisent à un système de quelques points matériels ; le soleil n'est qu'un point, chaque planète n'est qu'un point. Ces points ont d'énormes masses, il est vrai, et ils agissent puissamment les uns sur les autres ; les formules enregistrent leurs actions et en concluent des positions successives qui s'accordent parfaitement avec l'observation. Mais si ces corps célestes étaient réellement réduits à n'être tous que des points isolés, comment les observerions-nous ? Que verrions-nous de leurs déplacements ? Évidemment le système solaire échapperait à nos sens et à notre connaissance. Il en faudrait dire autant de chaque système stellaire, et toute cette immense nébuleuse qu'on appelle la voie lactée, malgré ses millions de soleils et toutes les planètes qui tournent probablement autour d'eux, serait pour nous comme si elle n'était pas. Sans doute la réduction des corps célestes à de simples points n'est qu'une fiction de calcul. Mais, dans les idées de Boscovich, c'est bien réellement, et non fictivement, que les atomes sont des points. Or s'il en est ainsi, chaque molécule n'est qu'un système analogue à celui de nos planètes invisibles ; chaque corps n'est, par suite, qu'une nébuleuse composée d'un grand nombre de pareils systèmes. Il restera peut-être le théâtre de mouvements multiples et, si l'on veut, de *phénomènes* très compliqués. Mais ce seront des mouvements essentiellement invisibles, des phénomènes nécessairement ignorés de nous.

Une remarque bien simple, indépendante de toute théorie, fait évanouir cette difficulté. Il faut, au point de vue subjectif, partager tous les phénomènes matériels en deux classes. Les premiers, les moins nombreux mais les plus importants pour chacun de nous, se passent dans notre organisme. Les autres, quelque puissants qu'ils soient en eux-mêmes, ne peuvent arriver à notre connaissance que par l'intermédiaire des premiers. Ils nous resteraient complètement et nécessairement inconnus, s'ils n'aboutissaient pas d'une manière quelconque, directe ou indirecte, à produire une altération dans quelque partie de notre organisme ; et nous ne parvenons jamais à les connaître que dans la mesure où les altérations qu'ils produisent sont capables de les représenter. Or, en réduisant même à de simples points matériels le siège des forces atomiques, on admet que ces points se déplacent suivant les lois de la dynamique et que ceux de notre organisme sont continuellement affectés par les actions des atomes extérieurs. Que faut-il donc pour que nous puissions rendre raison de toutes nos connaissances sensibles ? Évidemment il faut et il suffit que l'on précise et que l'on explique les rapports naturellement établis entre notre intelligence et nos phénomènes organiques. C'est là une question que nous traiterons plus tard en parlant de la perception et de l'attention, et que nous n'avons pas à traiter aujourd'hui. Mais il est clair, à la première inspection, qu'elle est indépendante du choix que nous pourrions faire ici entre la théorie scientifique de Boscovich et la théorie opposée.

Au fond, nous l'avons déjà dit, si, après avoir marché si longtemps de conserve, les savants se partagent en deux groupes au moment d'atteindre le but, si les uns veulent allonger la chaîne au delà de ce que les autres considèrent comme le dernier anneau, c'est uniquement parce qu'il paraît absurde à certains esprits de regarder comme primordiales des forces dont le siège et le point d'application ne sont pas en contact immédiat. Ils regardent cette question comme tranchée *à priori* par la métaphysique, et leur argument est si simple qu'il ne leur semble pas pouvoir être sujet à l'erreur. Les corps, disent-ils, ne peuvent agir que là où ils sont ; qu'on traite d'un corps ordinaire ou d'un atome, peu importe; comment agirait-il sans être, et, dès lors, comment agirait-il quelque part sans y être ?

Il est clair qu'il suffit de regarder cet argument comme péremptoire pour rejeter aussitôt l'opinion de Boscovich, et ne plus reconnaître de forces primordiales qu'au contact. La réciproque n'est pas vraie sans doute ; mais nous pensons que, pratiquement, tout esprit réellement scientifique, qui serait bien convaincu qu'il n'y a là qu'une métaphysique illusoire, renoncerait immédiatement à allonger sans raison la chaîne des causes phénoménales, et abandonnerait l'idée d'expliquer par les forces au contact les forces fonctions des distances qui peuvent tout expliquer. Nous devons donc examiner sérieusement cet argument ; mais pour le faire avec toute la clarté désirable, il faut avoir dans l'esprit, bien précise et bien nette, la notion de ce que nous appelons une *cause substantielle*. Commençons donc par préciser cette notion. C'est par là d'ailleurs que doit naturellement débuter toute théorie philosophique du monde matériel.

On y parvient aisément par la comparaison des effets avec leurs causes.

Tout phénomène, comme tout mouvement, se compose d'une série continue de phases successives. Il peut arriver que plusieurs de ces phases se ressemblent parfaitement entre elles ; elles n'en seront pas moins distinctes les unes des autres, et l'ordre de succession, le rang qu'elles occupent dans la série, suffit pour les distinguer. Cette succession continue de phases distinctes est absolument essentielle au phénomène ; sans ce caractère, il est impossible de le concevoir ; en d'autres termes, *son existence est essentiellement étendue dans le temps.*

C'est sur cette notion fort simple et familière qu'est fondé le curieux sophisme par lequel on semble établir qu'une pareille existence n'en est pas une. Voilà, dit-on, une action qui a commencé il y a une heure, elle se terminera dans une heure. Mais toute la portion déjà passée de cette action, par cela même qu'elle est passée, *n'existe plus;* la portion future *n'existe pas encore.* Or, ces deux portions font le tout; car le tout ne dure que deux heures, et le présent qui se trouve entre elles n'a aucune durée. Donc il faut dire que ce tout, cette action n'a aucune existence.

Malgré son évidente futilité, ce sophisme a une importance réelle. Il est futile, car il n'empêche pas l'intelligence de voir clairement la vérité, de voir que cette action a bien une réalité objective, indépendante de l'esprit qui la conçoit ; qu'elle a telles et telles qualités, telles et telles circonstances qui, loin de dépendre de cet esprit, s'imposent à lui comme conditions d'une connaissance exacte, sans lesquelles il tomberait évidemment dans l'erreur, bien qu'elles ne soient pas impliquées *à priori* dans l'idée même de l'action. Cette réalité objective constitue bien ce que nous appelons l'existence. Tout ce qu'il faut conclure de l'argument sérieux dont le sophisme abuse, c'est que cette existence est, comme nous venons de le dire, essentiellement étendue dans le temps.

Quelle est donc l'importance réelle de ce jeu d'esprit ? C'est qu'il montre que nous avons l'idée d'un autre ordre d'existence, d'une existence qui ne se compose pas de phases successives et distinctes, mais qui est permanente, essentiellement permanente, et appartient à des choses dont le cours du temps n'altère pas l'identité. C'est elle que nous cherchons toujours, que nous voyons toujours à travers l'existence fugitive qui se distribue dans le temps, c'est elle surtout qui nous semble mériter le nom d'existence, et voilà pourquoi dans le sophisme qui précède, nous prenons aisément le change. Si au lieu de conclure que le phénomène n'a aucune existence, on avait simplement conclu qu'il ne possède pas cet ordre d'existence permanente, on n'aurait pas fait un sophisme, on serait resté dans la vérité.

Il suffit du reste de sonder notre conscience individuelle pour y trouver profondément empreinte l'idée de cette existence permanente. Car chacun de nous a de lui-même, de ce qu'il appelle *moi* ,une connaissance directe, parfaitement distincte et même indépendante de la connaissance qu'il a aussi de ses propres actions. C'est cette connaissance directe qui seule lui permet de reconnaître sa simplicité à travers la multiplicité de ses actions; son identité à travers leur succession. C'est elle qui proprement constitue sa conscience, forme la base de sa responsabilité, et fait qu'il est un être moral. Mais qu'est-ce que cette identité que le temps n'altère pas, qui fait que je suis absolument le *même* homme aujourd'hui qu'hier, bien que mes actions d'aujourd'hui soient tout au plus semblables à celles d'hier? Qu'est-ce, sinon l'existence permanente dont nous parlons? C'est elle qui appartient aux *agents*, tandis que les actions n'ont qu'une existence fugitive. L'action est essentiellement dans le temps ; l'agent, au contraire, n'y est pas par son essence, toujours identique avec elle-même, il n'y est que par ses actions.

De plus, pour que j'existe, il n'est pas nécessaire que telle ou telle de mes actions existe, mais aucune de mes actions ne pourrait exister, si je n'existais pas. Nous concevons donc l'existence permanente de l'agent comme condition indispensable de l'existence fugitive de l'action, et, par une métaphore très naturelle, nous plaçons la première pour ainsi dire au-dessous de la seconde pour soutenir celle-ci. De là le nom de cause *substantielle*. La cause substantielle d'un phénomène est donc l'agent permanent dont le phénomène est l'action passagère ; elle est au phénomène ce que, d'après le témoignage de ma conscience, je suis à mes actions ; elle reste identiquement la même, pendant que son action s'écoule en phases distinctes.

On le voit, c'est à notre conscience, c'est à la connaissance de nous-mêmes que nous devons recourir pour nous former d'une manière parfaitement claire, ou plutôt pour isoler nettement dans notre esprit l'idée de cause substantielle. Il y a pourtant une différence radicale entre la manière dont chacun de nous se connaît lui-même, et celle dont il connaît les autres substances. Moi, je me connais *directement*, tandis que je ne connais les autres qu'indirectement, par leurs actions, comme causes de ces actions. Cette distinction est très importante, non seulement pour l'objet de ce chapitre mais pour d'autres encore. Je me connais directement ; car si je ne me connaissais que par mes actions je ne pourrais pas savoir avec une certitude absolue que plusieurs de mes actions, simultanées mais différentes, ont bien réellement un seul et même auteur, ni que l'auteur de mes actions d'hier est bien le même que l'auteur de mes actions d'aujourd'hui ; et cependant ces connaissances sont claires, précises, obstinées même au fond de ma conscience. Je les possède si bien qu'il m'est ordinairement impossible de m'en dépouiller et de les contredire, même pour un moment, tant la vue de moi-même et de mon existence est directe et immédiate. Au contraire, pour les autres agents, s'ils n'agissaient pas, si je ne connaissais d'abord tels et tels de leurs effets, que saurais-je de leur existence ? Ici encore la conscience répond sans hésiter : je n'en saurais rien ; je n'ai ni organe ni facultés pour me mettre directement en rapport avec leur substance. Si je ne savais qu'ils agissent, je ne saurais pas qu'ils sont. Il peut exister, il existe sans doute des myriades d'agents dont je ne sais absolument rien, qui n'existent pas pour moi, uniquement parce que leurs actions n'arrivent pas jusqu'à moi. Il n'en est aucun dont je puisse me dire qu'il existe certainement et dont cependant je ne connaisse aucune action. Pour moi donc, un agent distinct de moi est exclusivement défini par son activité ; il est la substance capable de produire telles et telles actions. Je connais directement ses actions, j'en conclus son activité, et l'agent n'est pour moi que le support substantiel de cette activité.

Tel est le concept de la cause substantielle qu'il nous faudra conserver dans l'esprit, nettement isolé et sans mélange de fantômes étrangers, pour faire la théorie philosophique du monde matériel. Nous nous en servirons d'abord pour discuter la difficulté métaphysique de l'action à distance.

Des phénomènes qui, en dernière analyse, se réduisent tous à des mouvements, sont essentiellement dans l'espace ; ils ne peuvent être sans être quelque part. En est-il de même des substances qui les produisent? La question peut-être ne s'est jamais présentée à ceux qui regardent comme indubitable le principe que les corps sont là où ils agissent. Il suffit pourtant de l'examiner sérieusement pour faire évanouir cette célèbre difficulté.

Il est certain qu'il existe, dans mon esprit, un rapport nécessaire entre l'espace et ces substances ; car je ne les connais que comme causes, et je ne puis concevoir leur effet qu'en le supposant dans un lieu déterminé. C'est pour la même raison que, comme nous le disions plus haut, elles ont un rapport nécessaire avec le temps. Elles sont nécessairement dans le temps par leurs actions, c'est-à-dire, il est impossible qu'elles agissent autrement que dans le temps, leur activité ne peut se dépenser que dans ces séries continues de phases successives qui constituent les phénomènes. Mais si j'essaie, par l'abstraction, de les considérer en elles-mêmes, en dehors et pour ainsi dire en opposition avec leurs actions, les mettre alors dans le temps, y étendre leur existence proprement dite, ce serait uniquement nier leur identité permanente, la réduire à une similitude de choses distinctes, et exclure précisément ce qui pour moi les caractérise. Il faut dire de l'espace ce que nous disons du temps, et on le voit peut-être encore plus aisément. La substance matérielle agit ici ou là, et dans telle étendue ; mais si je veux absolument l'isoler de son action, c'est-à-dire, de tout ce qui pour moi la rattache à l'espace, je ne puis plus, dans cet état, dire qu'elle est ici ou là, ni lui accorder aucune dimension. Je ne vois plus ce que signifient ces mots, quand ils ne s'appliquent plus à son action ? Ainsi isolée de son effet, la cause peut être ou ne pas être, être libre ou nécessitée, cela se comprend ; mais dans cet isolement, continuer à entourer son essence des attributs géométriques qui caractérisent son effet, c'est réunir dans notre imagination les divers éléments d'une chimère. Elle est dans l'espace par ses actions, elle n'y est pas par son essence. Il faudrait pourtant qu'elle y fût dans les deux sens, pour qu'on pût employer le principe qui prononce l'absurdité métaphysique de l'action à distance. Car que signifie la distance entre deux choses dont l'une est conçue dans l'espace et dont l'autre en est exclue? Autant vaudrait parler de la distance entre le centre d'un cercle et un théorème de géométrie.

Ces raisonnements paraîtront peut-être bien subtils, bien exposés à ce danger de l'hallucination dont nous parlions tout à l'heure ; mais il est possible d'en présenter la partie essentielle sous une forme plus familière. On comprend sans peine, par la manière même dont nous arrivons à connaître la substance matérielle, qu'en affirmant qu'elle existe, nous affirmons simplement qu'elle *peut agir*. Quand donc nous disons qu'elle est ici ou là, cela veut dire qu'elle *peut agir ici ou là*. Or, qu'on veuille bien nous pardonner cet exercice d'analyse grammaticale, nous comprenons cette dernière locution si les adverbes de lieu n'y déterminent directement que le seul verbe *agir*, et ne portent qu'indirectement sur le verbe *pouvoir*. Mais si, outre cette influence indirecte, nous essayons de leur donner sur ce dernier verbe une influence directe, cela n'a plus aucun sens. Cette remarque équivaut à l'énoncé plus abstrait que la substance matérielle n'est dans l'espace que par ses actions, et n'y est pas par son essence. Elle entraîne donc les mêmes conséquences. Elle se comprend d'ailleurs aisément ; et quiconque la comprend doit supprimer radicalement dans son esprit, comme un non-sens, l'objection de l'action à distance.

D'un autre côté, il semble que le sens commun élève une réclamation. Quand on dit d'un corps ordinaire qu'il est dans tel endroit, cette assertion a une signification déterminée que tout le monde comprend et qui, transportée dans le principe opposé à l'action à distance, ne paraît pas le réduire à néant. Voyons quelle est cette signification, et répondons à cette instance ; car il ne faut jamais heurter ni mépriser le sens commun.

Comme nous le disions plus haut en d'autres termes, nous ne connaissons le monde matériel que par ses impressions sur nos organes sensibles. Or, parmi nos cinq sens, il en et un, le *toucher*, qui sert de contrôle à tous les autres ; c'est lui qui nous révèle le plus sûrement et en dernier ressort l'existence des agents matériels. A cause de cela, nous accordons une sorte de prééminence aux phénomènes d'*impénétrabilité* qui l'impressionnent, et le langage vulgaire les confond souvent avec ces agents eux-mêmes. Nous disons que les corps sont là où ils peuvent être touchés. C'est, pour le dire en passant, un de ces cas, déjà signalés comme exposant à l'erreur, où les mots du langage usuel apportent avec eux dans l'esprit du philosophe des amphibologies; le mot corps, qui paraît désigner les substances, ne représente ici que les phénomènes d'impénétrabilité. Or, avec cette acception des mots, que devient le principe? Il se réduit clairement à ceci : Les corps ne peuvent agir en dehors du lieu où ils peuvent être touchés. Ce n'est plus un non-sens, ni une tautologie, mais ce n'est pas non plus une vérité évidente ou susceptible d'être démontrée *à priori*. Si l'on s'en servait pour trancher la question de fait relative aux forces primordiales, on ferait un cercle vicieux.

Nous croyons n'avoir rien déguisé, rien affaibli dans les objections soulevées par l'hypothèse de Boscovich ; et nous croyons avoir opposé à ces objections des réponses péremptoires. Ceux qui pensent que les forces centrales atomiques, ces forces capables d'expliquer tous les phénomènes connus, ont elles-mêmes besoin d'une explication scientifique, sont tous convaincus que l'action à distance est une absurdité métaphysique. Nous ne connaissons d'ailleurs aucune autre raison pour exiger une pareille explication. C'est assez dire que nous n'en admettons pas la nécessité. Mais est-il démontré que, de fait, ces forces ne résultent pas de phénomènes encore inconnus ? Non, ce n'est pas démontré ; c'est seulement fort probable ; c'est même de beaucoup, croyons-nous, le plus probable. En effet, il est certain d'abord qu'elles sont aujourd'hui le produit le plus avancé de l'analyse des phénomènes. Elles représentent ce que nous connaissons actuellement de plus élémentaire dans le monde matériel ; elles nous donnent donc, tout au moins, des éléments provisoires. Il est certain ensuite que rien ne nous fait soupçonner la nécessité de pousser l'analyse plus loin. Il est certain enfin que ces éléments ont un caractère de simplicité tout à fait élémentaire ; il semble très difficile d'admettre qu'on arrive jamais à les analyser ultérieurement pour les expliquer par quelque chose de plus simple. Nous pourrions même apporter, en preuve de cette dernière assertion, les essais informes qui ont été faits pour expliquer l'attraction newtonienne ; essais dont toutes les bases sont entièrement hypothétiques, et qui de plus sont radicalement incapables de s'étendre aux actions centrales atomiques.

Ces raisons nous semblent suffisantes pour regarder comme très probable que l'hypothèse de forces primordiales, attractives ou répulsives, ayant pour sièges et pour points d'application des points inétendus et doués de masses, est bien réellement le dernier anneau de la chaîne des causes scientifiques ; et nous devons essayer par conséquent de souder cet anneau aux causes substantielles de la philosophie. Toutefois avant de terminer par là le chapitre actuel, nous croyons utile, pour mieux justifier notre choix, d'indiquer au lecteur quelques-unes des difficultés à peu près inextricables qui s'attachent à l'hypothèse opposée.

Dans cette hypothèse, l'atome, lorsqu'il n'est en contact avec aucune autre portion de la création, n'exerce absolument aucune influence sur le reste de l'univers ; il ne contribue en rien aux phénomènes qui s'y passent. Il faut donc le supposer capable de contact, et par conséquent lui donner d'abord un certain volume. Ce volume doit être excessivement petit, l'expérience l'exige, mais il ne peut être nul ; car, à proprement parler, il n'y a pas de contact entre des points géométriques. Des points se placent en nombre quelconque dans le même lieu sans s'exclure mutuellement ni se gêner. Il est également évident qu'il faut accorder à ces atomes une certaine impénétrabilité, sans quoi ils ne pourraient agir les uns sur les autres. Leur petit volume doit être circonscrit par une surface fermée, mais rien n'oblige à supposer que cette surface doive être une sphère. On pourrait donc admettre, comme les épicuriens, des atomes de figures diverses, et il semble, à première vue, que l'indétermination de ces figures sera une facilité pour l'explication des phénomènes. Le lecteur se rappelle le beau parti qu'en tiraient Épicure et Lucrèce. Mais les faits observés en chimie et ailleurs nous apprennent que les atomes se groupent en molécules de figures très variées, et ce fait anéantit ou diminue considérablement les avantages de l'indétermination précédente; car l'influence de la figure moléculaire devra le plus souvent masquer complètement l'influence de la figure atomique.

Les atomes étendus doivent être animés de mouvements primordiaux, sinon il n'y aurait aucun phénomène. En effet, un atome immobile ne pourra sortir de l'immobilité aussi longtemps que tous les atomes en contact avec lui seront eux-mêmes immobiles; sinon il faudrait admettre, ou bien que le premier atome peut être influencé autrement qu'au contact, ce qui est contraire à l'hypothèse, ou que le mouvement naît spontanément et sans cause, ce qui est contraire à la loi d'inertie, ou enfin qu'il est directement causé par un agent qui ne fait pas partie de l'univers. Or, cette dernière manière de voir revient à dire que ce mouvement est primordial.

Il faut de plus admettre que les atomes en mouvement doivent se rencontrer ; sinon il n'arriverait aucune de ces variations qui constituent les phénomènes à expliquer. Dans ces rencontres se produiraient les effets au contact qui donneraient naissance aux premières forces. Toutes ces forces se réduiraient donc à des chocs ; et pour que le lecteur ne soit pas tenté de croire immédiatement qu'il y a une trop grande disproportion entre une pareille cause et l'immense variété des effets qu'on la destine à produire, rappelons que la pression dans les gaz et les transformations calorifiques qu'ils subissent s'expliquent aujourd'hui par de simples chocs de molécules indépendantes, c'est-à-dire par une cause tout à fait semblable à celle dont l'hypothèse actuelle prétend tirer l'explication de l'univers. Mais quelles lois président à ces chocs? La mécanique serait fort embarrassée de répondre. Car ce qu'il y a de primordial dans cette hypothèse, ce ne sont pas les forces, ce sont les mouvements. Dès lors, on conçoit que les principes d'une science, qui regarde les forces comme des causes et les mouvements comme des effets, ne peuvent être d'une grande utilité au point de départ. Ce serait une erreur de tirer les lois du choc atomique de celles que la dynamique démontre pour les chocs des corps élastiques. Dans le choc des corps élastiques, des forces dont l'existence est constatée expérimentalement rendent raison du phénomène ; dans le choc atomique, toute force semblable est exclue par l'hypothèse, et il faut au contraire trouver dans le choc lui-même la raison de l'existence de la force.

Tandis que l'hypothèse rivale met à son point de départ des forces centrales, c'est-à-dire ce qui a été le mieux étudié jusqu'ici par la mécanique, et trouve ainsi à sa portée de vastes moyens de développement, l'hypothèse que nous critiquons se voit obligée de partir de mouvements et de chocs dont les lois sont enveloppées dans l'obscurité la plus complète. Cette obscurité, il est vrai, ouvre carrière à l'imagination ; mais l'imagination abandonnée à elle-même est une pauvre ressource pour fonder une théorie. Chaque inventeur s'attache naturellement à la sienne ; et nul ne parvient à se faire accepter par les autres. Les géomètres en particulier ont horreur de cet arbitraire; or, sans le secours des mathématiques, on ne peut guère avancer en pareille matière.

Enfin, nouvelle raison d'infériorité, elle ne nie pas l'existence des attractions et des répulsions d'où part sa rivale. Elle est donc obligée de les expliquer. Supposez que malgré tout elle y réussisse; elle se trouvera alors aussi avancée, ni plus ni moins, que cette rivale l'est à son point de départ. Celle-ci est donc bien sûre de ne pas perdre son temps puisque, en tout état de cause, ses recherches doivent fonder en totalité ou en partie la théorie véritable. On ne peut avoir la même certitude dans le camp opposé.

Telles sont les difficultés inhérentes à l'hypothèse que M. de Saint-Venant appelait si justement « une sorte de prolongement de la physique des Grecs dans la physique moderne ». Elles ne sont pas, comme les arguments opposés à Boscovich, « d'une nature purement métaphysique ». Elles sont, au contraire, exclusivement scientifiques. Nous convenons qu'elles ne renversent pas le système: mais elles le rendent fort peu attrayant, et même fort peu probable, pour les esprits accoutumés à l'étude de la nature; et nous pensons que, sans l'influence d'une métaphysique illusoire, le système serait bientôt abandonné par tous les savants. Reprenons maintenant l'hypothèse opposée et essayons, comme nous l'avons promis, de rattacher ses phénomènes primordiaux aux causes substantielles de la philosophie.

La nature des substances atomiques est facile à définir d'après cette théorie. Elles sont *les agents qui transforment les points isolés de l'espace en atomes*, c'est-à-dire en sièges de forces centrales dont les lois sont, en elles-mêmes, rigoureusement déterminées.

Nous avons déjà indiqué suffisamment ce que la physique moderne nous a fait connaître de ces lois ; mais nous devons ici le formuler de nouveau.

D'abord, ces forces s'exercent toujours entre deux atomes quelconques suivant la ligne droite qui les joint.

Elles sont *réciproques :* si l'atome *a* est le siège d'une certaine force appliquée à l'atome *b*, il est à son tour le point d'application d'une force égale et de sens contraire dont le siège est en *b*. De là, dans tous les phénomènes, la loi universelle de l'égalité entre l'action et la réaction.

Ces deux atomes *a* et *b* tendent donc, en vertu de leurs seules actions mutuelles, à prendre des vitesses opposées ; mais il ne s'ensuit pas que ces vitesses seront égales en valeur absolue. Elles sont, pour chaque atome, inversement proportionnelles à un certain nombre qui le caractérise dans tous les phénomènes et qu'on appelle sa *masse*.

Toutes les forces dont un atome est le siège sont proportionnelles à sa masse et, en vertu de la réciprocité, à la masse de l'atome extérieur auquel chacune d'elles est appliquée.

Il est extrêmement probable que la force qui s'exerce entre deux atomes ne varie qu'avec leur distance. Non seulement elle ne dépend pas de la direction absolue de la droite qui les joint ni des vitesses absolues dont ils sont animés ; mais elle serait encore indépendante des actions qu'exercent sur eux d'autres atomes.

Un atome quelconque *peut* agir à une distance quelconque, et *agit* de fait sur tous les autres atomes sans exception. Seulement son action décroît rapidement en intensité quand la distance augmente.

Il y a deux classes d'atomes : les pondérables et les impondérables.

Il est fort probable que les pondérables agissent exclusivement par attraction. Leur force attractive sur d'autres atomes de la même classe est, du moins à toute distance sensible, en raison inverse du carré des distances. Il se peut qu'à des distances plus petites la loi soit différente, et aussi qu'elle ne soit pas la même pour tous les atomes pondérables ; de sorte que, dans cette classe, il pourrait y avoir entre les espèces des différences autres que celle de leurs masses.

Quant aux impondérables, ils se repoussent entre eux avec une intensité que la distance modifie beaucoup plus rapidement. Il est, jusqu'à présent, admissible que cette force répulsive est toute déterminée par les deux masses et par la distance.

Entre pondérable et impondérable la force est très probablement attractive ; mais les lois de cette action nous sont encore inconnues.

Toutes ces forces d'ailleurs sont de celles que l'on considère en dynamique. Leurs effets sont donc tous susceptibles d'être calculés et prévus par les méthodes rigoureuses de cette science.

Les atomes sont en nombre fini [1], mais immense. Le plus petit volume sensible au plus fort microscope en renferme des millions. Dans tous les corps pondérables les deux classes se rencontrent ; les impondérables se trouvent à l'état libre dans le vide des espaces célestes.

[1] Nous établirons clairement cette proposition dans le chapitre suivant.

Telles sont les lois, encore bien imparfaitement connues, qui caractérisent l'activité des substances atomiques.

Ces substances ont-elles, à un degré quelconque, un pouvoir de connaître analogue à celui de l'homme ?

Certains esprits pourraient bien être tentés de le croire ; car, bien que leur action soit toujours nécessitée, elles règlent cette action, avec une précision absolue, non seulement d'après la position et la masse du point qui en est le siège, mais aussi, semble-t-il, d'après les positions et les masses de tous les autres atomes. Si ces actions n'étaient pas primordiales, on pourrait supposer à cette précision une cause nécessaire que révélerait l'explication scientifique possible. Comment donc concevoir que la cause substantielle qui produit l'action, puisse varier et régler cette action d'après l'état du monde entier, à moins d'admettre qu'elle connaît cet état ?

Cette difficulté provient sans doute de ce que, pour concevoir les rapports d'un agent avec son action, nous recourons naturellement à la conscience de nos propres rapports avec nos propres actions. Nous nous disons que, si l'on nous chargeait de produire tous les effets qui se produisent autour d'un atome, nous ne pourrions l'entreprendre sans connaître l'état de tout l'univers matériel. Notre imagination va souvent plus loin. Partout où nous constatons le fait d'une grande régularité dont nous n'apercevons pas l'explication, nous sommes tentés d'en attribuer la cause à une volonté intelligente. Cela nous arrive même dans les choses métaphysiquement nécessaires où aucune volonté ne peut intervenir. Un calculateur, par exemple, rencontre empiriquement une proposition nouvelle de la théorie des nombres. Il n'en a pas, il n'en soupçonne pas encore la démonstration, c'est-à-dire l'explication : mais il fait des essais numériques répétés pour la mettre à l'épreuve, et toujours elle se vérifie. Chaque nouvelle vérification est un plaisir qui pour lui n'a aucune raison d'être, et il lui semble que ses nombres conspirent pour le satisfaire. Un autre perd son temps et sa peine dans un problème insoluble, comme par exemple la trisection de l'angle par la règle et le compas ; mais il ignore la démonstration et, par suite, l'explication de cette insolubilité. Vingt fois, cent fois peut-être, au moment de réussir il a vu s'évanouir l'espoir que lui donnait une nouvelle construction. L'inflexible régularité de ses échecs lui fait enfin regarder ses droites et ses triangles comme autant de mauvais plaisants qui se donnent le mot pour lui infliger le supplice de Tantale. Il est évident que les sciences naturelles doivent, beaucoup plus que les sciences exactes, ouvrir la porte à ces fantaisies. Avant Newton, l'imagination avait résolu le problème de la mécanique céleste, en chargeant des génies de conduire infailliblement les planètes dans leurs orbites. L'attraction universelle déposséda les génies de ces fonctions, mais elle ne leur enleva pas tout ; car l'explication scientifique d'une régularité ne supprime pas l'étonnement, elle ne fait que le déplacer. Il ne faut plus de génies pour guider les planètes, l'attraction s'en charge ; mais n'en faut-il pas maintenant pour exécuter la loi de l'attraction ? Il est bien évident qu'il n'y a dans tout cela que des fantômes sans consistance.

Du reste, dans le cas actuel, la plus grande partie de la difficulté vient de ce que, sans aucune raison, nous localisons une substance atomique dans chaque atome. Distribuons autrement les rôles, et l'imagination n'aura plus aussi beau jeu. Considérons, par exemple, trois atomes *a*, *b*, *c*. Entre *a* et *b*, il s'exerce une double force réciproque, déterminée par leurs masses invariables et par leur distance. Chargeons une substance atomique, qui ne réside ni au point *a* ni au point *b*, de produire entre eux cette action réciproque ; on conçoit sans peine qu'il ne lui faut pour cela aucune intelligence; et qu'il ne lui en faut pas davantage pour suivre nécessairement une loi quelconque de variation quand la distance *a b* varie. Chargeons également une substance atomique de la double force entre *a* et *c*, et faisons de même pour la double force entre *b* et *c*. Tous les phénomènes possibles dans le système *a b c* s'accompliront alors sans que les substances atomiques aient besoin de rien connaître. Étendons la même distribution dans l'univers entier; il s'ensuivra pour les substances autant de besognes distinctes qu'il y a de combinaisons deux à deux pour les atomes. Au lieu d'attribuer aux substances les atomes individuels, nous leur donnons les accouplements, de sorte qu'un grand nombre de substances peuvent concourir aux actions qui ont pour centre un seul et même atome, tandis qu'une seule et même substance serait toujours chargée de l'action réciproque entre deux atomes différents. La définition générale donnée plus haut subsisterait, les substances seraient toujours les agents qui transforment des points de l'espace en atomes; mais on concevrait qu'elles le font en produisant directement, dans chaque accouplement, la double action réciproque qui, de fait, associe les atomes deux à deux. Cette manière de voir n'a absolument rien qui répugne soit à la science, soit à la philosophie, et elle soustrait à l'imagination tout prétexte pour expliquer des phénomènes nécessaires par des actions intelligentes.

Rien, absolument rien, ni dans les phénomènes connus qui résultent de leur activité, ni dans les idées théoriques auxquelles l'analyse scientifique de ces phénomènes nous conduit, ne porte à attribuer aux substances atomiques la moindre parcelle de connaissance sensible ou intellectuelle. Bien plus, la nécessité, l'enchaînement rigoureux de tous ces phénomènes, qui nous permet de prévoir avec certitude l'état qui suit au moyen de l'état qui précède, nous interdit une pareille attribution. Dans un agent dont les actes ne sont pas complètement déterminés par les circonstances extérieures, il faut bien voir un principe déterminateur interne qui n'agit qu'en connaissance de cause ; mais dans un agent toujours forcé de poser des actes sûrement prévus, placer un pouvoir intellectuel quelconque, c'est pis qu'une superfluité, c'est presque une insulte à notre propre raison.

Les agents purement matériels ne connaissent donc ni eux-mêmes, ni les autres ; ni les phénomènes, ni les substances. Ils n'ont à aucun degré aucune espèce de liberté; ils n'ont ni personnalité, ni moralité. Nous avons parlé plus haut de leurs rapports avec l'espace et le temps. Que dire de leur nombre et de leur individualité?

Il semble clair que leur nombre ne doit pas dépasser celui des actions primordiales que nous leur attribuons à chaque instant; c'est-à-dire d'après ce qui précède, le nombre inimaginable des combinaisons deux à deux entre tous les atomes de l'univers [1]. Ce serait une limite supérieure. Mais il est permis aussi d'attribuer un grand nombre, un très grand nombre, de pareilles actions binaires à une seule et même substance. Peut-être, par conséquent, n'y en a-t-il que quelques-unes. Quel milieu choisir entre ces extrêmes? Nous ne pensons pas que, dans notre état actuel, il y ait pour nous un moyen quelconque de trancher cette question.

Il en faut dire autant de l'individualité. Voici, par exemple, deux atomes que je considère actuel-

[1] Quelques savants soupçonnent que, du moins dans certains cas, la force qui s'exerce entre deux atomes dépend non seulement de leur distance, mais encore des distances des atomes voisins. Il faudrait, dans cette hypothèse, admettre que les substances atomiques gouvernent des groupes composés de plus de deux atomes, en produisant directement les forces qui s'exercent dans chaque groupe.

lement comme identiques avec les deux qui tout à l'heure se trouvaient en tel endroit, parce que le nouveau couple est relié à l'ancien par une succession continue. Faut-il considérer la substance qui actuellement produit leur force réciproque, comme identique avec celle qui la produisait tout à l'heure? Cette question qui, du reste, semble n'avoir aucun intérêt pour nous, paraît également soustraite à tous nos moyens de connaissance. Les expériences du savant et les méditations du philosophe seront probablement toujours incapables de la résoudre.

On conviendra cependant, en jetant un coup d'œil sur le terrain que nous venons de parcourir, que la physique moderne n'est pas complètement inutile à la philosophie. Peut-être trouvera-t-on que ses découvertes sont mille fois plus fécondes pour elle-même que pour sa voisine, et que les sujets qu'elle éclaire en dehors de son propre domaine ne sont pas encore bien nombreux; mais il faut se rappeler d'abord que le monde purement matériel n'est pas la région la plus riche du domaine philosophique; et il convient ensuite d'attendre, pour apprécier la valeur de ces premières conquêtes, qu'on ait pu en suivre les conséquences dans l'étude de la vie végétative, animale et intellectuelle.

Dès aujourd'hui nous pouvons donner un corollaire important à cette théorie atomique. Le monde moral et intellectuel présente à notre observation des phénomènes bien autrement intéressants, bien autrement compliqués que ceux de la physique et même de la physiologie. La pensée, l'abstraction, le raisonnement, le génie dans les arts et dans les sciences, l'enthousiasme du vrai, du beau, du bon, la certitude et le doute, la vertu et le vice, l'amour et la haine sous toutes les formes passionnées qu'ils revêtent, la conscience et l'amour de soi-même, l'élévation de l'intelligence jusqu'à la cause première, l'amour du bien suprême et, disons le mot puisque la chose existe, la haine de Dieu. Trouver la théorie de tous ces phénomènes, c'est une partie de l'œuvre du philosophe, et à toutes les époques de l'humanité les esprits d'élite ont fait de cette recherche leur occupation la plus chère. Mais à toutes les époques également, comme nous le disions dans le premier chapitre, il s'est trouvé des hommes que la vue de ces phénomènes a troublés, blessés, irrités. Ces hommes se sont aveuglés pour se les peindre autrement qu'ils ne sont, ils ont cherché des formules pour les anéantir en les expliquant. Pauvres explications, formules absurdes, peintures d'aveugles. On disait il y a deux mille ans :

La pensée n'est qu'une étincelle qui émeut notre cœur[1]; aujourd'hui on parle de *molécule idéogène,* sans paraître savoir ce que c'est qu'une molécule; on dit : « Le cerveau est organisé pour penser comme l'estomac pour digérer. » Il y a sans doute chez plusieurs matérialistes contemporains beaucoup plus de science que chez leurs prédécesseurs d'il y a deux mille ans; mais cette science ne se montre guère qu'à la surface de leurs arguments, le fond est aujourd'hui aussi médiocre qu'alors. A peine rencontre-t-on dans leurs écrits un énoncé clairement scientifique de leur thèse; mais cela se comprend, un pareil énoncé suffit à lui seul pour en faire voir la fausseté.

Nous l'avons déjà dit en passant, et nous aurons à le développer dans un autre chapitre, un fait de sens intime, invinciblement connu de tout le monde, renverse avec une impitoyable clarté la doctrine matérialiste ; ce fait, c'est le libre arbitre. Mais nous ne voulons pas nous en servir ici. Nous nous contenterons d'examiner, à la lumière de la physique moderne et de la théorie atomique, ce que cette doctrine enseigne à propos des phénomènes moraux et intellectuels que nous venons

[1] Sermo scintilla ad commovendum cor nostrum. *Sap. II.*

d'énumérer ; car il suffit de rapprocher des faits la seule explication qu'elle en puisse donner, pour en faire éclater à tous les yeux la puérile absurdité.

Elle prétend que les phénomènes matériels sont les seuls qui existent ; ceux qu'on appelle moraux et intellectuels sont donc, au fond, purement matériels. Appliquons à cette assertion la formule caractéristique de la physique moderne ; il s'ensuivra que tous les actes attribués à l'intelligence et à la volonté se réduisent exactement, en dernière analyse, à de simples mouvements d'atomes, et, dans ce cas il n'y a pas de doute, tous ces mouvements appartiendront à la classe des mouvements invisibles, comme les vibrations calorifiques et lumineuses. Il serait certes difficile de trouver une thèse qui répugne plus évidemment au sens commun.

Voici, par exemple, un Cauchy, un Gauss, un Abel, un Jacobi qui, en maniant les idées les plus abstraites et les raisonnements les plus subtils, produisent une théorie analytique d'une merveilleuse puissance, mais tellement ardue que désormais il ne se trouvera dans chaque génération qu'une cinquantaine d'hommes capables de la bien comprendre. — Qu'importe ! nous ne comprenons pas peut-être, mais nous savons que cette puissante fermeté d'abstraction, que cette sûreté de logique, que la connaissance de cette belle théorie et l'admiration qu'elle inspire à ceux qui la comprennent sont exclusivement composées de petits déplacements vibratoires de points géométriques. La science ne peut pas encore le faire voir clairement, mais elle le montrera plus tard.

Newton, avec la persévérance acharnée qui caractérise et constitue peut-être le génie, à force de calculer et de se critiquer lui-même, a fini par se convaincre : il tient sa découverte, il a enfin trouvé le secret des cieux. Nous figurons-nous son enthousiasme? Lui, habitant d'une petite planète, il vient de conquérir tout le système solaire, il vient d'écrire une loi à laquelle tous les astres obéissent. Oh ! comme le vrai lui paraît beau ! Il songe aux autres hommes, car il se sent la main pleine de vérités, et il va l'ouvrir pour son siècle et pour tous les siècles. Alors, dans un élan de reconnaissance et d'adoration, il s'élève au-dessus des siècles et des mondes, jusqu'au Dieu créateur et providentiel qui éclaire son intelligence, et il s'écrie : Cette magnifique construction qui relie le soleil, les planètes et les comètes, n'a pu naître que par la pensée et le commandement d'un être intelligent et puissant. Et si les étoiles fixes sont des centres de semblables systèmes, ils seront tous construits dans un pareil dessein et soumis à l'empire d'un seul Maître..... Il est éternel et infini, tout-puissant et sachant tout ; il dure d'éternité en éternité, il est présent depuis l'infini jusqu'à l'infini ; il gouverne tout et connaît tout, ce qui arrive et ce qui peut arriver [1]. — Eh bien, nous dit le matérialiste, tous ces phénomènes de recherche, de doute, de persévérance, de certitude, de joie, d'enthousiasme, de reconnaissance et d'adoration, tout cela ne se compose que de petits mouvements moléculaires et atomiques. La plus grande partie peut-être n'est que l'équivalent de l'énergie potentielle dégagée par la chute d'une pomme.

Quelle difficulté pourrait arrêter un théoricien qui se contente d'une pareille explication ? L'Iliade, l'Énéide, la Divine Comédie, le Cid, Atha-

[1] Ces paroles se trouvent dans la conclusion générale de son grand ouvrage : *Philosophiæ naturalis principia mathematica.* En voici le texte original : « Elegantissima hæcce Solis, planetarum et cometarum compages nonnisi consilio et dominio entis intelligentis et potentis oriri potuit. Et si stellæ fixæ sint centra similium systematum, hæc omnia simili consilio constructa suberunt Unius dominio ... Æternus est et infinitus, omnipotens et omnisciens, id est, durat ab æterno in æternum, et adest ab infinito in infinitum : omnia regit, et omnia cognoscit, quæ fiunt et fieri possunt. »

lie ; les dialogues de Platon, les Confessions de saint Augustin, la Somme de saint Thomas, les discours de Bossuet ; les conceptions idéales de Raphaël et de Michel-Ange ; bien plus, les merveilles de zèle et de charité accomplies par les Apôtres, par saint François Xavier, par saint Vincent de Paul ; les actes héroïques de courage et de dévouement dont se compose la vie des saints et des grands hommes ; et d'un autre côté tous les crimes, toutes les lâchetés et les infamies dont l'histoire a conservé le souvenir ; tout cela s'est fait uniquement avec des vibrations atomiques, grâce à des transformations d'énergie ; tout cela se trouve, équivalemment et en principe, dans l'affinité du carbone des aliments pour l'oxygène de l'air.

Les atomes de l'oxygène tombent sur les atomes du carbone, l'énergie potentielle diminue, mais elle se retrouve à l'état vibratoire dans la chaleur, dans les contractions musculaires, dans les ébranlements nerveux, dans la cérébration, dans la pensée, dans la volition ; et il en résulte sans cesse cet effet étrange, qu'un certain *moi* qui n'existe pas, se voit, se connaît, croit au devoir et à l'honneur, s'attribue le libre arbitre et la responsabilité de certains phénomènes qu'il prend pour ses actions, et, suivant leurs rapports avec une loi morale qui n'est qu'une absurdité, est bourrelé par le remords, tremble devant un Dieu qui n'existe pas plus que lui, arrive même à le détester ; ou au contraire jouit de sa paisible conscience, prie devant cette chimère qui le pénètre tout entier, et met en elle son inébranlable espérance.

Voilà les dogmes que le matérialisme est maintenant obligé de croire ; c'est à cet excès inouï d'absurdité que l'acculent la physique moderne et la théorie atomique. On peut bien se demander comment des hommes soumis à une pareille défaite osent encore prononcer le nom de la science.

CHAPITRE IV.

L'INFINI DANS LE TEMPS ET DANS L'ESPACE. — LA CRÉATION.

SOMMAIRE. — Le sujet comporte une démonstration scientifique, claire et rigoureuse. — L'espace, le temps, le nombre. — Critique d'une première formule. — Critique d'une autre formule. — Nécessité d'une formule irréprochable. — Le calcul infinitésimal ne peut ici rendre aucun service. — Formule fondamentale. — Critique de la démonstration. — Vérifications de la formule. — Application au nombre des étoiles, des atomes. — Application au temps et à l'espace abstraits. — Le monde matériel a commencé dans le temps. — Il est complètement limité dans l'espace. — Procédé général d'application. — Examen de la première antinomie de Kant. — La création.

Nous avons promis « une démonstration scientifique, à la fois claire et rigoureuse, » de cette proposition que le monde matériel a eu un commencement. Nous tiendrons cette promesse dans le présent chapitre, et nous la tiendrons surabondamment ; car la démonstration s'étendra d'elle-même, avec la même clarté et la même rigueur, à cette autre proposition que le monde matériel est entièrement limité dans l'espace ; et, grâce à cette extension, nous pourrons de nouveau démontrer au chapitre suivant que le monde a commencé, en nous fondant sur une grande loi physique, découverte dans notre siècle et relative à l'état final de l'univers matériel. Cette première démonstration pourra servir en outre à résoudre plusieurs questions, parfois fort embarrassantes pour les esprits qui aiment à creuser certains problèmes des sciences abstraites et des sciences expérimentales.

Nous ne craignons pas de bien préciser, sans essayer de le restreindre, l'engagement que nous avons pris.

Notre démonstration doit être scientifique, c'est-à-dire qu'elle doit se faire tout entière par la comparaison des idées que l'on considère ordinairement dans les sciences, qu'elle ne doit emprunter ni son point de départ, ni aucune de ses parties essentielles, à une autre branche des connaissances humaines. Tout esprit accoutumé au langage scientifique doit pouvoir la comprendre, la critiquer et la juger. Nous croyons qu'elle satisfera parfaitement à cette condition ; nous croyons même que tout esprit droit et lucide peut se l'assimiler aisément sans avoir jamais étudié aucune branche des sciences ; tant elle est simple et élémentaire.

Elle doit être claire, pour que l'esprit voie nettement, par un acte simple d'attention, tout ce qui la compose. Il faut qu'après l'avoir suivie d'un bout à l'autre on puisse aisément la pénétrer tout entière et la résumer, pour ainsi dire, en une formule courte et précise, sans aucune obscurité métaphysique, sans ambiguïté, sans exception ; il faut que, devenue franchement évidente dans sa généralité, elle se prête facilement, sans violence, à toutes les applications particulières ; il faut qu'elle suggère d'elle-même la solution des difficultés, et dans cette matière les difficultés sont nombreuses et ont souvent paru insolubles aux meilleurs esprits ; il faut enfin qu'elle apporte dans l'intelligence la satisfaction de la vérité reconnue et sentie, de la vérité définitivement acquise et paisiblement possédée.

Elle doit être rigoureuse, c'est-à-dire entraîner forcément l'adhésion de quiconque peut en saisir et en rapprocher les éléments ; et même, vu la nature du sujet, il ne lui suffit pas de se faire admettre par une de ces grandes probabilités que tout le monde appelle certitude ; il faut qu'elle s'impose avec l'intolérante rigueur des mathématiques pures.

Nous croyons réellement que notre démonstration satisfait à toutes ces conditions ; car nous l'avons depuis longtemps soumise à de nombreuses épreuves, et elle ne nous a jamais paru en défaut. Elle a souvent subi le contrôle de discussions amicales, avec des hommes d'un esprit ferme et pénétrant, qui en ont pleinement reconnu la solidité. Cette approbation nous autorise à lui donner une publicité plus étendue ; cependant, pour que nos promesses ne laissent pas à nos lecteurs la mauvaise impression d'une confiance trop présomptueuse, nous déclarons en toute simplicité que nous soumettons ce travail à leur jugement, prêt à accueillir avec sincérité les critiques qu'ils voudront bien nous adresser.

Il est bien juste d'ailleurs de le remarquer ; dans cette question, comme dans beaucoup d'autres, le chrétien a sur l'incrédule un immense avantage. Le dogme de la création, qu'il connaît clairement par la révélation divine, lui montre d'avance le but qu'il doit atteindre. Il est sous ce rapport dans la position de l'astronome qui cherche à reconnaître et à mesurer directement une petite inégalité révélée d'avance par la mécanique céleste. Combien de faits astronomiques seraient encore aujourd'hui inconnus des observateurs, si les formules des géomètres ne les avaient d'abord révélés ? C'est un astronome de Berlin qui a vu le premier la planète Neptune, mais ce sont des formules calculées à Paris qui ont dirigé sa lunette. C'est ainsi que souvent la foi tourne la raison du côté où elle verra la vérité. La raison du chrétien, guidée dans son propre domaine par les sommets lointains qu'illumine la foi, est moins exposée aux détours de l'erreur, marche avec plus de fermeté, et peut parcourir sans danger les régions abstraites de la métaphysique infestées par les illusions. La foi lui donne des certitudes, et toute certitude est un puissant soutien qui préserve du vertige, et maintient dans le droit chemin. Un enfant peut parcourir plusieurs kilomètres, sans jamais broncher, en marchant sur le rail étroit d'un chemin de fer ; quand même ce chemin de fer monterait au Rigi, bordé à gauche par un mur de rocher, à droite par le précipice qui descend vers le lac des Quatre-Cantons. C'est que ce rail est tout près du sol, et qu'un faux pas n'expose à aucune conséquence désastreuse. Mais supposez-le tendu et isolé, à la même hauteur, au-dessus du lac lui-même ; il faudra pour le parcourir sans naufrage l'organisation exceptionnelle d'un Blondin. Telle est bien souvent, en philosophie, la différence entre le chrétien et l'incrédule. Suivre la droite ligne de la vérité ne sera pour l'un qu'un jeu d'enfant, tandis que, malgré l'effort le plus énergique, l'autre a toutes les chances de s'en écarter et d'être englouti.

La première question posée en tête de ce chapitre, se rapporte au *temps* et à l'*espace;* mais au fond elle n'est pas double ; la difficulté qu'elle renferme se retrouve tout entière dans une troisième espèce abstraite, le *nombre;* et, résolue dans celle-ci, elle l'est par cela même dans les deux autres. Ces trois choses, le nombre, le temps, l'espace, bien qu'elles entrent comme éléments simples dans presque tous les concepts composés que nous formons si facilement tous les jours, ne laissent pas que d'être parfois difficiles à abstraire, c'est-à-dire à isoler et à considérer dans leur isolement. La difficulté peut cependant être diminuée par des rapprochements ; car, si elles sont parfaitement distinctes, elles n'en ont pas moins leurs analogies. Souvent ce que l'on a peine à reconnaître dans l'espace, à cause de ses trois dimensions, se découvre avec moins d'effort dans le temps, qui est plus simple ; et ce qui nous embarrasse dans l'un et dans l'autre se résout beaucoup plus aisément dans le nombre.

C'est précisément le cas de la question actuelle, relative à l'infini. Le nombre infini contient à lui seul toute la difficulté ; et, pour la résoudre, il n'est pas même nécessaire de considérer le nombre continu des mathématiciens, avec son nombre fractionnaire, et ce nombre incommensurable qui, aujourd'hui encore, paraît si mystérieux à bien des esprits. Il suffit du nombre entier, c'est-à-dire d'une chose que les enfants eux-mêmes parviennent à abstraire, et sur laquelle ils apprennent à raisonner clairement dans les éléments d'arithmétique. C'est du nombre entier qu'il s'agira uniquement dans ce qui suit, c'est à lui seul que nous penserons en recherchant dans quel sens l'adjectif *infini* peut ou ne peut pas lui être appliqué.

Commençons par examiner deux formules bien souvent répétées par des philosophes qui, comme nous, défendent le dogme de la création.

La première, la plus ancienne, croyons-nous, déclare carrément que le nombre infini est une absurdité, *numerus infinitus repugnat.* Nous n'hésitons pas à la condamner parce que, comme nous le verrons plus loin, elle est ambiguë, vraie dans un sens, fausse dans un autre. On a pu sans doute ne l'employer que dans le sens où elle est vraie ; mais quelle force peut avoir une démonstration qui repose sur une pareille amphibologie?

quelle satisfaction peut-elle apporter à la raison? quelle résistance peut-elle offrir aux attaques de l'incrédulité?

Il est remarquable que saint Thomas d'Aquin, dans la deuxième question de la *Summa theologica*, où il prouve par cinq arguments l'existence de Dieu, a évidemment refusé de s'en servir. Qu'à la fin du XIXe siècle, nous soyons mis en garde contre l'apparence de simplicité et d'évidence que présente cette formule, vue d'un certain côté, il n'y a rien d'étonnant. Les mathématiciens nous ont enseigné la défiance. Ils nous ont, pour ainsi dire, fait toucher et palper des conceptions paradoxales que tout d'abord on déclarait également fantastiques et absurdes, le nombre incommensurable, les fonctions continues qui n'ont pas de dérivées, les problèmes de mécanique rationnelle où le mouvement reste indéterminé, tandis que l'état initial et les forces sont complètement déterminés [1]. Ils nous ont démontré qu'aujourd'hui encore la géométrie, si bien construite par les anciens, si bien développée par les modernes, ne s'appuie, quoi qu'on en ait dit depuis deux mille ans, que sur une base scientifiquement incertaine. Ils nous ont tout spécialement disposés à croire plutôt le

[1] Voir plus loin, chap. VI.

contraire de la formule suspecte, en calculant à chaque pas avec exactitude les limites vers lesquelles certains nombres convergent quand certains autres nombres croissent indéfiniment. La défiance est donc chez nous toute naturelle, notre prudence dans l'espèce n'a rien de méritoire. Mais au XIIIe siècle toutes ces subtiles découvertes étaient inconnues ; saint Thomas les ignorait comme tous ses contemporains; et cependant, ce profond philosophe, qui fut certainement l'un des plus vigoureux génies que la terre ait portés, n'a pas voulu adopter, dans sa généralité, la formule que nous critiquons. Trois fois dans ses cinq arguments elle eût abrégé sa démonstration; il l'a chaque fois réduite au cas particulier où il l'appliquait, et ainsi réduite elle se trouve parfaitement vraie. Voici par exemple son second argument; on y verra qu'au lieu de rejeter en général le nombre infini comme absurde, il ne rejette que l'infinité des causes efficientes.

« Nous trouvons dans les choses sensibles une série ordonnée de causes efficientes ; et cependant on ne trouve pas, et il n'est pas possible, qu'une chose soit sa propre cause efficiente ; car alors elle serait antérieure à elle-même, ce qui est impossible. Or *il n'est pas possible, dans les causes efficientes, de procéder à l'infini ;* parce que dans toutes les causes efficientes coordonnées, le premier est cause du moyen, et le moyen du dernier, soit qu'il y ait plusieurs moyens, soit qu'il n'y en ait qu'un. Or, la cause enlevée, l'effet disparaît. Donc s'il n'y a pas de premier dans les causes efficientes, il n'y aura ni dernier, ni moyen. Mais si l'on procède à l'infini *dans les causes efficientes*, il n'y aura pas de première cause efficiente, et ainsi il n'y aura ni dernier effet, ni causes efficientes intermédiaires : ce qui évidemment est faux. Donc il faut admettre une cause efficiente première, que tout le monde appelle Dieu [1]. »

Cette première formule a d'ailleurs le défaut naturel des formules ambiguës. Si, vue d'un côté,

[1] « Invenimus in istis sensibilibus esse ordinem causarum efficientium ; nec tamen invenitur, nec est possibile, quod aliquid sit causa efficiens sui ipsius, quia sic esset prius se ipso, quod est impossibile. *Non autem est possibile quod in causis efficientibus procedatur in infinitum*, quia in omnibus causis efficientibus ordinatis primum est causa medii, et medium est causa ultimi, sive media sint plura, sive unum tantum. Remota autem causa removetur effectus. Ergo si non fuerit primum in causis efficientibus, non erit ultimum, nec medium. Sed si procedatur in infinitum in causis efficientibus, non erit prima causa efficiens, et sic non erit nec effectus ultimus, nec causæ efficientes mediæ ; quod patet esse falsum. Ergo est necesse ponere aliquam causam efficientem primam, quam omnes Deum nominant. »

elle paraît évidente, on peut en dire autant de sa contradictoire. Sans citer en preuve les antinomies de Kant qui se fait un jeu de prouver à peu près l'une et l'autre, voici un esprit plus lucide et plus sérieux qui se prononce franchement pour cette contradictoire, malgré les perplexités insolubles où elle le jette. « Nous savons, dit Pascal, qu'il est faux que les nombres soient finis ; donc il est vrai qu'il y a un infini en nombre; mais nous ne savons ce qu'il est. Il est faux qu'il soit pair, il est faux qu'il soit impair; car en ajoutant l'unité, il ne change pas de nature; cependant c'est un nombre, et tout nombre est pair ou impair : il est vrai que cela s'entend de tout nombre fini. » Pour nous, nous dirons que la formule : *il y a un infini en nombre* est, comme sa contradictoire, une formule ambiguë, et nous montrerons plus loin dans quel sens elle est vraie, dans quel sens elle est fausse.

La seconde formule qu'il nous reste à examiner a essayé de corriger l'ambiguïté par une distinction. Elle distingue entre l'infini *actuel* et l'infini *en puissance*, et elle ne rejette comme absurde que le *nombre actuellement infini*. Cette formule est incontestablement fort ancienne, et il serait difficile de dire qui l'a imaginée le premier. Il est certain qu'une telle distinction se présente assez naturellement comme moyen d'échapper à bien des difficultés particulières. On peut voir, par exemple, l'usage qu'en a fait Gerdil dans deux grandes dissertations intitulées, la première : *Essai d'une démonstration mathématique contre l'existence éternelle de la matière et du mouvement, déduite de l'impossibilité démontrée d'une suite actuellement infinie de termes, soit permanents, soit successifs* [1]; la seconde : *Mémoire de l'infini absolu considéré dans la grandeur* [2]. Mais nous la croyons à la fois inexacte et insuffisante.

Elle est inexacte. Qu'est-ce en effet que *le nombre* en général ? Qu'est-ce que les nombres dont on étudie les propriétés et les relations en arithmétique? Ce ne sont certainement ni des substances, ni des phénomènes. On les appelle *abstraits*, parce que, pour les considérer en eux-mêmes, nous devons les abstraire des concepts composés que nous formons dans nos jugements ordinaires. Qu'on les appelle, si l'on veut, des abstractions, qu'on les mette, si l'on veut, fort au-dessous des substances et même des phénomènes; mais qu'on ne dise pas qu'ils ne sont

[1] *Opere edite ed inedite del cardinale Giacinto Sigismondo Gerdil*, t. IV, p. 261. Rome 1806.

[2] Ibid., t. V, p. 1. Rome 1807.

rien ; car les belles théories dont ils sont le sujet prouvent assez clairement qu'ils ont des propriétés. A un certain point de vue, ces êtres abstraits ont sur les substances finies et sur les phénomènes une véritable supériorité. Ce qu'ils sont, ils le sont *nécessairement*, leur existence et toutes leurs propriétés intrinsèques sont *nécessaires* , elles ne peuvent pas ne pas être. Que peut dès lors signifier, quand on la leur applique, cette distinction de l'actuel et du potentiel? Appliqués à une substance contingente, à ses phénomènes, ces mots se comprennent parfaitement ; car tout cela se conçoit clairement comme étant *en acte* ou *en puissance*, comme réellement existant, ou comme simplement possible. Mais on ne peut transporter cette distinction aux choses nécessaires. S'il arrive que, en le faisant, l'esprit ne croie pas faire un non-sens, c'est ou bien qu'en réalité, sous ces mots trompeurs, il suppose quelque autre distinction confusément entrevue, ou qu'au lieu de songer aux nombres abstraits il pense à ce qu'on appelle parfois des nombres concrets, aux choses contingentes que les nombres contribuent à déterminer. Dans l'un et l'autre cas, il fait une opération inexacte, qui le tire peut-être d'un embarras présent, mais qui ne peut lui donner la claire vue de la vérité.

Je dis en outre que cette distinction est insuffisante. Elle élude sans doute la difficulté fondée sur le nombre infini des choses possibles ; mais, pour ne citer qu'une seule autre catégorie de difficultés, comment explique-t-elle le nombre infini des unités qui composent des séries continues, par exemple, le nombre infini des points dans une ligne, des instants dans un intervalle de temps, des positions successives d'un corps qui se transporte d'un lieu à un autre? Dira-t-on que ces unités, positions, instants, points, sont simplement en puissance? Ne sont-elles pas en acte, et parfaitement réelles? Ou bien dira-t-on qu'elles sont en nombre fini? Il est certainement impossible à un partisan sincère de cette formule de nier que, dans les séries continues, il y a un nombre actuellement infini d'unités. La distinction de l'actuel et du potentiel, prise dans la rigueur des termes, est ici évidemment impuissante ; la formule est en défaut. L'esprit entrevoit confusément une autre distinction qui doit lever cette difficulté ; mais il faut la préciser, il faut lui donner une formule plus correcte.

Il le faut d'abord pour la légitime satisfaction de la raison. Il est arrivé plus d'une fois, dans l'histoire des sciences, que, pressé de tirer des principes les conséquences fécondes et utiles que l'on a surtout en vue, on a négligé de donner d'abord aux principes eux-mêmes une solidité inébranlable, et de les dégager d'un brouillard d'inexactitudes qui ne les empêchait pas d'éclairer les recherches et de guider le progrès. Cela s'est vu jusque dans la science la plus rigoureuse et la plus exacte, dans les mathématiques. Le calcul infinitésimal, par exemple, a donné des fruits magnifiques, longtemps avant d'avoir assuré ses racines. La géométrie qui, depuis tant de siècles, sert de base aux théories scientifiques, n'a pas encore de nos jours parfaitement assis ses propres fondements; on a encore, au seuil des éléments, des propositions non démontrées qui ne sont pas rigoureusement évidentes. L'esprit humain s'est contenté, faute de mieux, d'en entrevoir la vérité; mais on reconnaît qu'il faut quelque chose de plus, que la géométrie est obligée de faire pour ses principes ce que le calcul infinitésimal a fait pour les siens, et que jusque-là notre raison ne peut se déclarer satisfaite. Ainsi en est-il de la question qui nous occupe. Les formules inexactes imaginées pour la résoudre font sur nous le même effet que les premières définitions et les premières propositions de la géométrie, relatives au plan, à la ligne droite, aux parallèles. Nous sentons tout d'abord que, malgré leur imperfection, elles recouvrent la vérité. Dire pourquoi, nous ne le saurions ; car au fond cela reviendrait à les corriger. Mais, sans pouvoir rendre parfaitement raison de notre certitude, nous avançons libres de scrupules et de craintes à travers les recherches ultérieures dont elles sont le point de départ. Ce n'est peut-être pas philosophique, ce n'est pas très scientifique ; mais c'est tout à fait humain et, au point de vue pratique, c'est bien le plus raisonnable. Les anciens géomètres n'auraient probablement jamais rien écrit sur les sections coniques, s'ils s'étaient acharnés à démontrer d'abord le postulatum d'Euclide; et, pour n'être pas théoriquement irréprochable, la géométrie moderne n'en impose pas moins ses belles découvertes à ceux qui l'étudient. De même, parmi les démonstrations de la création et de l'existence de Dieu, celles qui ont à leur point de départ la question du nombre infini, s'imposent et se sont toujours imposées à tout esprit libre de préjugés, malgré le nuage qui obscurcit encore leur origine. Nous apercevons si bien la vérité sous ces formules défectueuses, qu'il n'y a pour nous que deux moyens de la perdre de vue: le premier, c'est d'essayer longtemps en vain de la dégager complètement ; le second, c'est d'être intéressé à la contredire.

Le premier a été fort employé de nos jours à l'égard de la géométrie ; et, s'il a ébranlé quelques convictions, il a du moins fait naître une nouvelle branche des mathématiques, très curieuse et fort habilement développée, la géométrie imaginaire ou non euclidienne. Dans la question du nombre infini, on n'a guère employé que le second, lequel est fort stérile et peu scientifique ; mais on l'a appliqué avec entrain et avec un certain ensemble. Rien n'est plus commun aujourd'hui dans une certaine école que d'affirmer l'éternité de la matière. C'est une doctrine essentielle au matérialisme ; et, si elle tranche ou plutôt si elle supprime la question du nombre infini, ses partisans révèlent du moins sans détour les vues intéressées qui lui ont donné naissance : Une durée infinie ne nous effraie pas, parce que nous ne pouvons admettre ni création, ni Créateur. Il est rare qu'un savant positiviste manque une occasion d'affirmer cette doctrine ; mais, règle générale, suivie d'ailleurs dans cette école pour beaucoup d'autres thèses, on se contente d'affirmer l'axiome, on n'essaie pas même de le démontrer. Nous devons pourtant citer ici un curieux passage de M. Littré, où l'on trouve autre chose qu'une affirmation. Nous ne sommes pas sûr de le bien comprendre ; mais il nous semble que cet écrivain, qui a quelque autorité chez les siens, déclare que l'homme ne peut connaître avec certitude l'éternité de la matière, et que cependant il peut en être certain.

« L'axiome essentiel du matérialisme, dit M. Littré, est l'éternité de la matière, à savoir qu'elle n'a point eu d'origine et qu'elle n'aura point de fin. On sait que telle n'a point toujours été l'opinion des hommes, et qu'on a cru jadis aux créations et aux destructions de substances. Et en effet, comment sommes-nous arrivés à cet axiome qui a maintenant un ascendant irrésistible sur notre esprit? Par l'expérience, *à posteriori*. Nos observations les plus délicates et les plus précises ne nous montrent que transformations. Rien ne se crée ; tout naît de quelque chose qui préexiste. Rien ne s'anéantit ; tout, après dissolution, retourne en d'autres combinaisons Tant que nous nous tenons dans le contingent, dans le relatif, dans l'expérimental, notre certitude est complète, et aucun doute ne peut l'ébranler. Mais si l'on prétend aller au delà de cette expérience même et transformer un axiome relatif en un axiome absolu, alors on dépasse la portée de l'esprit humain. et on lui attribue une vue de l'éternité et de la substance qu'il ne possède en aucune façon.

» Quoi donc, me dira-t-on, admettez-vous la création, la production hors du néant ? En aucune façon, et même il n'est pas possible de traiter semblablement les deux hypothèses, l'éternité de la matière et sa création. Avant toute expérience, elles avaient un égal droit sur notre intelligence ; mais l'expérience a mis entre elles une différence considérable. Jamais nous n'avons expérimenté qu'aucune substance se produisît du néant, et constamment nous avons expérimenté que toutes les substances persistent, ne faisant que se transformer. Nous n'avons donc aucune raison valable de penser qu'il y ait eu création ; et, au contraire, nous avons toute raison de penser que la matière est permanente. C'est même une certitude pour nous ; mais, comme je l'ai dit, certitude seconde, certitude contingente, certitude expérimentale. Nous connaissons la matière comme un phénomène, et non comme une substance. Dès lors comment serions-nous autorisés à parler de l'éternité passée ou de l'éternité future d'une chose dont nous ne saisissons que le côté phénoménal ?

» On me pressera de nouveau et l'on me dira : il faut pourtant que la matière soit éternelle ou qu'elle soit créée ; il n'y a pas d'autre alternative. Je sais, en effet, que pour l'esprit moderne, en son état actuel, il n'y a pas d'autre alternative ; mais je n'en récuse pas moins la fourche caudine de cette dichotomie. Sans rappeler que, dans le cours de son éducation, l'intelligence a successivement admis des choses qui lui parurent longtemps inconcevables, et rejeté des choses qui lui parurent longtemps seules concevables, je me fonderai sur l'incapacité psychique. Ajouter l'un à l'autre indéfiniment des bouts de temps, restera toujours une chétive image de l'éternité ; et notre faculté de concevoir est une pauvre garantie pour assurer que ces bouts de temps ne pourront jamais faillir.

» Je ne saurais trop le répéter, car c'est un des résultats les plus essentiels de la physiologie psychique, ce qui est concevable ou inconcevable n'a d'application que dans nos propres limites. Là, ces termes ont vérité, certitude, sûreté ; mais quand nous essayons de les porter au delà, nous n'avons plus d'assurance qu'ils aient une signification quelconque, et ils retombent sur nous comme une arme vainement lancée dans l'espace. On le sait bien, l'esprit humain ne devine pas le monde, il le découvre par l'expérience ; et l'expérience, on le sait aussi, n'a prise aucune sur les questions d'essence et d'origine[1]. »

[1] *La science au point de vue philosophique*, par É. Littré, 3e édition, Paris, 1873, p. 322.

La déclaration qu'il nous est impossible de prouver l'éternité de la matière peut bien, venant d'un tel maître, être utilement opposée aux assertions quotidiennes de ses disciples. Mais le reste du passage cité, l'argumentation qui tend à rejeter la création, doit à bon droit nous faire sourire, quand nous songeons qu'elle représente en réalité ce que le positivisme a produit de plus fort sur ce sujet. Inutile de s'arrêter ici à la réfuter. Quand nous aurons clairement montré que « l'éternité de la matière » est, non une simple fausseté, mais une parfaite absurdité, nous ne craignons pas que « l'incapacité psychique » empêche nos lecteurs de la rejeter ; car, pour leur « esprit moderne dans son état actuel », comme pour les esprits de tous les temps à l'état de santé, « il n'y a pas d'autre alternative ». Dans cette question qui, sans être plus expérimentale, n'est pas moins scientifique que les autres questions de mathématiques, « les résultats les plus essentiels de la physiologie psychique » ne les empêcheront pas de voir que le contradictoire de l'absurde est nécessairement une vérité.

Notre unique objet en citant ce passage, et en parlant des axiomes positivistes, était d'indiquer un second motif, plus impérieux ou du moins plus pressant que les légitimes exigences de notre raison dont nous parlions tout à l'heure, de donner aujourd'hui aux formules qui résolvent la question du nombre infini, plus d'exactitude et plus de rigueur que par le passé. Ce motif est celui qui nous dirige dans tout le cours de cette longue étude, c'est l'existence de l'aveuglement scientifique, maladie contagieuse dont les germes, développés dans certains foyers par l'orgueil et l'esprit de révolte, tendent à infecter tous les grands courants que la science fait aujourd'hui circuler dans la société. Portons dans cet air vicié le rayon de soleil qui en révèle toutes les impuretés, et qui nous aide à l'assainir. La pure lumière du ciel peut seule désorganiser ces germes malfaisants, et découvrir à des yeux trop longtemps fermés les splendeurs divines de la vérité. Contre ces ténèbres épidémiques, nous n'aurons jamais trop de clarté.

Il ne nous reste, avant d'aborder la démonstration promise, qu'à prévenir ceux de nos lecteurs qui n'ont pas étudié le calcul infinitésimal que, malgré le nom qu'il porte et la rigueur bien reconnue de sa théorie, ce calcul ne peut ici nous rendre aucun service. On y parle souvent d'infiniment grands, d'infinis et même d'infinis de divers ordres ; mais ces mots impropres, désormais consacrés par l'usage, ne désignent pas en réalité des nombres infinis. Ils ne désignent que des nombres finis variables dont la loi de variation satisfait à une certaine condition. Nous tenons à faire cette déclaration parce que plusieurs philosophes, qui n'ont guère compris les éléments de ce calcul, ont cru y trouver de puissants arguments pour démontrer la création de l'univers, ou l'existence de Dieu. Il est vrai que le véritable nombre infini se présente souvent dans diverses branches des mathématiques ; mais si la considération attentive de ces cas peut être fort utile à qui veut se familiariser parfaitement avec notre question, si la théorie que nous allons établir peut à son tour servir à les mieux éclairer, il n'en est pas moins vrai qu'aucune branche de nos mathématiques actuelles ne compte cette théorie parmi ses parties constituantes, et n'est tenue de l'exposer. Aussi, dans la question du nombre infini, les mathématiciens n'ont d'autre avantage que d'être plus accoutumés que les profanes à la considération des nombres abstraits. Il leur faudra probablement moins d'attention pour suivre nos raisonnements, ils verront plus vite la portée de quelques réflexions et saisiront mieux quelques exemples; mais, nous le répétons, tout esprit droit et lucide peut parfaitement comprendre notre démonstration.

Commençons par la proposition essentielle qui peut se formuler ainsi :

Le nombre infini n'est pas absurde, mais il est essentiellement indéterminé.

1° Il n'est pas absurde. — La meilleure manière de s'en convaincre est de constater que, dans bien des cas, il se présente comme l'unique réponse à des questions qui ne sont pas du tout absurdes et que nous comprenons parfaitement. Donnons quelques exemples appartenant à diverses catégories.

Voici, pour fixer les idées, une de ces petites boules blanches que l'on considère si souvent dans les raisonnements du calcul des probabilités. Nous concevons que d'autres boules exactement semblables peuvent être réalisées, et sont par conséquent, considérées en elles-mêmes, intrinsèquement possibles. Si l'on vous demandait combien il y en a d'intrinsèquement possibles, vous ne pourriez trouver qu'une seule réponse, et vous diriez : il y en a un nombre infini. Car, quel que soit le nombre de boules réalisées, le fait extrinsèque de la réalisation n'a absolument aucune influence sur la possibilité intrinsèque des autres ; toujours il serait permis d'en concevoir au delà ; il n'y a donc aucune limite au nombre de celles qui sont simplement possibles ; et puisque l'on demande quel est ce nombre, il faut répondre que c'est un nombre illimité, c'est-à-dire, infini. Inutile de s'arrêter à ce premier exemple; il est, pensons-nous, compris et admis de tout le monde; témoin la vieille distinction, à laquelle il a donné naissance, entre l'infini en acte et l'infini en puissance. Remarquons seulement que, si le nombre concret des boules possibles, ou plutôt si ces boules elles-mêmes ne sont qu'en puissance, le nombre abstrait correspondant n'est pas du tout une chose en puissance, mais qu'il est, comme tout nombre abstrait, une chose nécessaire.

Les objets dont le concept renferme l'idée de continuité peuvent nous fournir une seconde catégorie d'exemples; nous y avons déjà fait allusion. Considérons une ligne quelconque ou, pour être plus précis, un segment de ligne ayant une longueur déterminée. On sait qu'on peut indéfiniment diviser et subdiviser ce segment en d'autres plus petits, dont toutes les longueurs additionnées ensemble représenteront la longueur du segment primitif. Ce n'est ni de cette division, ni de ces segments partiels que nous parlons, quand nous disons qu'une ligne peut être considérée comme une série continue renfermant un nombre actuellement infini d'unités. En effet, quelque loin que l'on pousse cette division, on n'aura jamais qu'un nombre fini de parties, chacune de même nature que le tout ; et quoiqu'il n'y ait aucune limite nécessaire à la subdivision, comme ces parties ne sont telles que par un acte de notre esprit, on n'arriverait ici tout au plus, comme dans l'exemple précédent, qu'à un nombre infini de choses possibles. Encore pourrait-on faire remarquer qu'on n'obtient ce nombre infini qu'en réduisant à zéro, c'est-à-dire, en anéantissant la longueur des parties. Non, ce n'est pas de petits segments de ligne, c'est bien de véritables points géométriques que nous voulons parler. Nous pouvons arbitrairement déterminer sur notre ligne autant de points que nous voulons, par exemple, ses deux extrémités, son milieu, les extrémités des segments dans lesquels nous la divisions tout à l'heure. Considéré en lui-même, chacun de ces points est donc intrinsèquement déterminable. Or si l'on demande combien il y a sur cette ligne de points intrinsèquement déterminables, la question n'est pas absurde, et elle n'admet pas deux réponses : il faut dire qu'il y en a un nombre infini. Et comme ces points existent, au même titre que la ligne elle-même, on ne pourra pas dire qu'il s'agit ici d'un infini en puissance. Leur détermination subjective est seule en puissance, leur existence est actuelle.

Quant à la raison qui nous autorise à appeler la ligne une série continue de points, nous préférons ne pas l'exposer ici, parce que ce serait une véritable digression. Il est bien évident que notre raisonnement ne dépend pas de cette appellation.

Au lieu des points d'une ligne, nous pourrions également considérer les instants dont la série continue forme un intervalle de temps, ou les positions successives dont la série continue forme le déplacement d'un corps. Dans ces exemples et dans une foule d'autres, plus ou moins simples, que pourrait nous fournir la catégorie des séries continues, le raisonnement reste toujours le même. Mais dans quelques-uns, dans le déplacement d'un corps en particulier, certains esprits verront peut-être plus aisément combien serait en défaut la distinction de l'actuel et du potentiel dans le nombre infini.

En dehors des séries continues, on peut également poser de nombreuses questions qui n'ont d'autre réponse que le nombre infini. Si l'on demande, par exemple, combien il y a de nombres commensurables compris entre 1 et 2, l'arithmétique élémentaire répondra qu'il y en a un nombre infini. Nous voudrions, dans la même catégorie, citer quelques cas fournis par ces curieuses fonctions continues qui ont récemment attiré l'attention des géomètres, et dont la dérivée devient infinie ou indéterminée pour une infinité de valeurs de la variable, toutes comprises entre deux limites arbitrairement choisies. Mais cela nous obligerait à des développements que nous devons nous interdire dans ce travail. Pourquoi d'ailleurs ne pas citer avant tout un exemple qui se présente, pour ainsi dire, de lui-même, celui que nous offre la série discontinue des nombres entiers ? Nous savons bien qu'il est possible d'y soulever certaines difficultés dont la solution, étrangère à la question actuelle, serait peu attrayante pour ceux qui ne sont pas mathématiciens : mais nous croyons qu'on peut le présenter équivalemment sous une autre forme qui échappe à cet inconvénient, et plutôt que de le passer entièrement, nous lui donnerons cette forme.

On sait que les équations *algébriques* ont un nombre fini de racines *réelles* [1], qui n'est jamais

[1] Les équations du premier et du second *degré*, avec lesquelles tous nos lecteurs ont fait connaissance au collège, sont des équations *algébriques*. Il y a de même des équations du troisième degré, du quatrième, etc. On appelle *racine* d'une équation tout nombre ou expression qui, substitué à la place de la lettre qui représente l'inconnue,

supérieur à leur degré. Une équation algébrique du dixième degré, par exemple, ne peut être vérifiée par plus de dix nombres réels différents. On conçoit que, une pareille équation étant donnée, on puisse se poser tout d'abord la question de savoir combien elle a de racines réelles, ou même, de racines réelles positives. A plus forte raison on est en droit de se demander la même chose, quand il s'agit d'une équation *non algébrique* ou, pour employer le mot consacré, d'une équation *transcendante*. C'est donc là une question parfaitement raisonnable, ayant un sens réel, et qui, dans les cas où la seule réponse possible est le nombre infini, démontre, comme les autres questions examinées plus haut, l'existence, c'est-à-dire, la non-absurdité de ce nombre. Eh bien! rien n'est plus facile que d'écrire des équations ayant un nombre infini de racines réelles. En voici une

vérifie, quand on exécute les calculs indiqués, l'égalité des deux membres de l'équation ; c'est, en d'autres termes, une réponse à la question. Parmi les racines, il y en a parfois qui ne sont pas des valeurs *réelles*. Ce cas se présente déjà dans les équations du second degré, et on le rencontre souvent dans les degrés supérieurs. On appelle ces racines *imaginaires*. Le nombre des racines différentes, tant réelles qu'imaginaires, d'une équation algébrique est, en général, égal au degré même de cette équation, et ne lui est jamais supérieur.

des plus simples, $\sin \pi x = 0$, qui a pour racines réelles tous les nombres entiers. A la question parfaitement raisonnable : combien a-t-elle de racines réelles positives ? il n'y a qu'une réponse possible : elle en a un nombre infini. Il n'est donc pas absurde de dire qu'il y a un nombre infini de nombres entiers. C'est ce que Pascal voulait dire au commencement du passage que nous avons cité plus haut.

Ces divers exemples, pris dans plusieurs catégories différentes, établissent surabondamment la première partie de notre formule fondamentale. Il n'est pas exact de dire simplement et absolument que le nombre infini implique contradiction, qu'il est une absurdité. Il peut être tel accidentellement dans tous les cas où vous le déclarez ; mais ces cas ne sont pas les seuls ; et c'est vous jeter dans d'inextricables difficultés, c'est vous exposer à vous contredire forcément, que de généraliser une pareille proposition. Dans beaucoup d'autres cas, le nombre infini se présente comme l'unique réponse, réponse presque toujours évidente, à des questions que vous comprenez parfaitement. Dans ces cas donc il a un sens ; et par conséquent il est faux qu'il soit essentiellement absurde. On vous accorde qu'il faut une distinction ; cherchons donc à la formuler le plus nettement et le plus exactement qu'il sera possible. Nous avons déjà rejeté celle de l'acte et de la puissance, et la plupart des exemples que nous venons de parcourir peuvent servir à justifier ce rejet ; mais nous croyons que la seconde partie de notre formule nous fournira une autre distinction parfaitement claire, levant toutes les difficultés. C'est cette seconde partie qui doit maintenant arrêter notre attention.

2° Le nombre infini est essentiellement indéterminé. — Deux nombres finis peuvent se comparer entre eux sous le rapport de la grandeur ; cette comparaison devient absurde, contradictoire, s'il s'agit de nombres infinis ; et cela tient non à notre ignorance, mais à leur essence même. Ainsi, nous allons le voir, il serait absurde de dire que le nombre de boules possibles d'un certain diamètre est égal, ou supérieur, ou inférieur à celui des boules possibles d'un autre diamètre ; il serait absurde de dire que le nombre des points dont la série continue compose une certaine ligne, est égal, supérieur, ou inférieur à celui des points d'une autre ligne, soit que les deux lignes soient égales entre elles, soient qu'elles aient un autre rapport quelconque. En effet il suffit de supposer que la comparaison est légitime, pour arriver logiquement à des conclusions contradictoires. Nous allons le montrer.

Considérons deux nombres infinis de boules possibles, A et B, et supposons que, dans chaque collection, les boules portent les numéros d'ordre 1, 2, 3... etc.; chose nécessairement admissible dans l'hypothèse dont nous voulons montrer l'absurdité; on peut d'ailleurs, au lieu de ce numérotage, aligner les deux séries de boules sur deux lignes droites infinies. Eh bien, nous pourrions d'abord affirmer que les deux nombres A et B sont égaux. Concevons en effet que l'on accouple chaque boule de A avec celle qui dans B porte le même numéro, ou occupe le même rang, la première avec la première, la seconde avec la seconde, et ainsi de suite. Impossible d'admettre que l'une des deux collections manque d'unités pour ces associations; car ce serait déclarer qu'elle pourrait avoir plus d'unités qu'elle n'en a réellement, ce qui est inadmissible dans un nombre infini. On devrait donc dire que les deux nombres A et B sont rigoureusement égaux, puisqu'à chaque unité de l'un correspond une unité de l'autre. Mais ensuite on pourrait, de la même comparaison, conclure avec la même rigueur que l'un quelconque des deux est dix fois, vingt fois, cent fois plus grand que l'autre. Il suffirait d'accoupler, par exemple, la première de A avec la dixième de B, la seconde avec la vingtième, et ainsi de suite. Ici encore, et pour la même raison essentielle, la possibilité de l'association binaire ne peut être en défaut, par cela seul que les deux nombres sont infinis. A serait donc rigoureusement égal au dixième de B, ce qui implique contradiction avec la conclusion précédente. Et l'on voit que l'on pourrait multiplier indéfiniment ces contradictions. Or elles résultent de l'hypothèse que les deux nombres A et B sont comparables sous le rapport de la grandeur ; il faut donc rejeter cette hypothèse.

Voici un second exemple, choisi dans la catégorie des séries continues. Dans un triangle ABC traçons une droite DE parallèle à la base BC, et terminée aux deux côtés AB, AC. Cette ligne DE est plus petite que la base BC ; mais s'il était permis de comparer entre eux les deux nombres de points que renferment ces deux lignes, on pourrait démontrer par l'association binaire des unités de l'un avec les unités de l'autre, d'abord qu'ils sont égaux, et ensuite qu'ils sont entre eux dans un rapport quelconque arbitrairement choisi. Pour conclure, par exemple, à l'égalité, il suffirait d'accoupler avec un point quelconque F de la base le point où DE est coupée par la droite AF qui va de la base au sommet du triangle ; car par ce procédé on trouve, pour chaque unité de l'un, une unité de l'autre. Rien n'est plus aisé que d'imaginer ensuite d'autres systèmes de correspondance binaire qui, en établissant l'égalité d'une fraction quelconque de l'un avec le tout de l'autre, permettraient de conclure à l'inégalité dans un rapport quelconque.

Donnons enfin, dans la catégorie des séries discontinues, un exemple que l'on a souvent cité. Chaque nombre entier a son carré. Ainsi aux nombres entiers

1 2 3 4 5 6 7 8 9 10...

correspondent les carrés

1 4 9 16 25 36 49 64 81 100...

En vertu de cette correspondance binaire, s'il était permis de comparer les nombres infinis sous le rapport de la grandeur, on devrait donc dire que la série complète des carrés contient autant d'individus que la série complète des nombres entiers. Mais d'un autre côté, tous les carrés, étant aussi des nombres entiers, sont eux-mêmes dans cette dernière série, et l'on peut voir qu'ils s'y espacent de plus en plus. Il faudrait donc dire que l'un des deux nombres est beaucoup plus grand que l'autre. Il n'y a qu'un moyen d'échapper à cette contradiction, c'est de s'interdire la comparaison; il s'ensuit donc que la comparaison est illégitime, et comme la contradiction résulte uniquement ici de ce que les deux séries que l'on compare sont infinies, il faut en conclure de nouveau que deux nombres infinis sont essentiellement incomparables sous le rapport de la grandeur. Au lieu des carrés, on aurait pu prendre les cubes, ou une foule d'autres fonctions, toutes capables de mener à la même conclusion.

Or, dire que l'idée même du nombre infini exclut toute possibilité de comparaison sous le rapport de la grandeur, c'est dire en d'autres termes que les nombres infinis sont essentiellement incapables d'une grandeur qui les individualise; qu'à l'état de nombres *abstraits*, ils n'ont et ne peuvent avoir absolument rien qui les distingue les uns des autres; c'est enfin dire qu'ils sont essentiellement indéterminés.

La seconde partie de notre formule fondamentale doit donc être considérée comme établie. Mais les arguments qui précèdent sont des *réductions à l'absurde*; et comme tels, quoique parfaitement rigoureux, ils ont l'inconvénient d'imposer leur conclusion à l'esprit comme une sorte de mystère qu'ils lui révèlent sans daigner l'expliquer. Bien plus, l'hypothèse que l'on fait au point de départ, n'est pas seulement, comme dans la plupart des arguments de ce genre, une hypothèse fausse, c'est en réalité une hypothèse absurde qui, au fond, n'a pas de sens. Or, comme l'admission, même hypothétique, de l'absurde peut entraîner une foule de conséquences étranges, il en résulte que ces arguments peuvent susciter dans certains esprits de nouvelles difficultés. Ainsi, dans l'exemple des deux séries de boules, nous avons admis le numérotage de toutes les boules des deux séries. Or, en vertu de la démonstration même, ce numérotage est absolument impossible ; car tout numéro d'ordre, assignant un rang, est nécessairement un nombre déterminé, et puisque tout nombre infini est indéterminé, il est impossible que toutes les boules, en nombre infini, portent un numéro. Cela n'empêche pas la démonstration de conclure, parce que, dans l'hypothèse absurde du nombre infini déterminé, on est bien forcé d'admettre la possibilité de ce numérotage complet. On pourrait faire une remarque analogue pour l'alignement des boules, et aussi pour la comparaison de la série des carrés avec celle des nombres entiers. Quant aux séries continues, ceux qui voudront approfondir ce sujet y rencontreront certainement des difficultés sérieuses ; mais ces difficultés ne tiennent pas essentiellement à la question du nombre infini ; elles proviennent de la nature même des séries continues, et ce n'est pas ici qu'il convient de les exposer ou de les résoudre.

Du reste, la réduction à l'absurde, utile pour contraindre l'esprit à accepter notre formule, n'est pas absolument indispensable. Il nous semble qu'il s'agit ici d'une de ces vérités que l'esprit reconnaît immédiatement quand il en possède l'énoncé. Aussi nous en avons souvent trouvé des traces, pour ainsi dire fortuites, dans les écrivains qui ont cherché à élucider cette question, et nous croyons en voir comme un reflet dans l'usage assez répandu de désigner, quand on le peut, le nombre infini par *une infinité*, expression plus vague qui rappelle naturellement une multitude indéterminée.

La distinction que nous cherchions, pour remplacer celle de l'infini en acte ou en puissance, est maintenant toute trouvée. C'est le nombre à la fois infini et déterminé qui est une absurdité, tandis que le nombre infini et indéterminé n'a rien qui répugne. On conçoit fort bien que Pascal ait pu dire de son côté : « Il y a un infini en nombre, mais nous ne savons ce qu'il est. » Il songeait évidemment, sans s'en rendre compte, à un nombre indéterminé. En même temps d'autres pouvaient dire avec la même conviction : Un nombre infini implique contradiction ; parce que, pour eux, *un nombre* représentait un certain nombre, un nombre déterminé. Notre distinction supprime l'équivoque. Nous verrons bientôt avec quelle facilité elle s'applique aux problèmes les plus intéressants pour les résoudre avec une entière clarté. Mais auparavant, nous croyons devoir, pour satisfaire complètement la raison, retenir encore le lecteur pendant quelques instants au milieu d'arides abstractions. Le sujet que nous traitons a naturellement les mêmes avantages et les mêmes inconvénients que les mathématiques.

Reprenons les trois classes d'exemples déjà considérées, et montrons que les nombres infinis que nous y avons reconnus ne se présentent réellement pas à l'esprit comme des nombres déterminés.

Dans les possibles d'abord, les objets n'étant définis que par la nature commune, ne sont pas individualisés en eux-mêmes. Il faut, pour en déterminer un ou plusieurs, un acte arbitraire de notre esprit appliqué à chacun d'eux. Mais en dehors de ceux qu'il nous plaît d'individualiser ainsi, il en restera toujours, et ceux-là seront nécessairement indéterminés. Rien d'étonnant dès lors que la collection complète se compose d'un nombre indéterminé.

Dans les séries continues, dans une ligne par exemple, si les points doivent être considérés comme existants, ils ne sont pas cependant, en tant qu'unités rangées dans la série, objectivement individualisés. Ainsi, le premier point de la ligne AB se trouve au point A. Mais le second, le troisième, le quatrième, etc. se confondent également avec le même point A. De même, chaque point de la ligne peut arbitrairement nous représenter une ou plusieurs unités consécutives de la série. On comprend donc, vu l'absence d'individualisation objective, que cette série, quoique composée d'unités existantes, puisse en renfermer un nombre réellement indéterminé.

Restent les séries discontinues ; et dans celles-ci, dans celle des nombres entiers par exemple, il semble qu'il y ait une vraie difficulté. En effet, d'un côté, chaque nombre fini est une chose objectivement déterminée. Donc une collection quelconque, composée uniquement de nombres finis, ne peut renfermer qu'un nombre objectivement déterminé d'individus. Donc il faudrait en dire autant de la collection complète de tous les nombres finis, et l'on se trouverait devant ce dilemme dont les deux parties sont également fausses : ou bien les nombres finis forment une série limitée, ou bien leur nombre est à la fois infini et déterminé. La réponse est facile. La collection des nombres finis ne peut être complète qu'à la condition de renfermer en même temps les nombres infinis ; et comme ceux-ci sont essentiellement indéterminés, rien d'étonnant, de nouveau, que le nombre des objets de cette collection soit indéterminé. Il faut en dire autant pour l'exemple des nombres commensurables compris entre 1 et 2. Chaque nombre commensurable de cette collection est une chose déterminée ; mais la collection ne peut être complète qu'à la condition de renfermer en même temps les nombres incommensurables ; et dans cet état il n'y a plus aucune raison de lui attribuer un nombre déterminé d'unités.

Passons aux applications. Et d'abord, notre formule fondamentale n'a besoin d'aucune transformation pour trancher immédiatement une importante question relative à l'univers matériel. Le nombre des étoiles est-il fini ou infini ? — Il s'agit évidemment, non des étoiles possibles, mais des étoiles existant actuellement, au moment précis où nous en parlons. L'observation n'a rien à voir dans ce problème, qu'elle est essentiellement incapable de résoudre. Notre formule le résout avec une entière certitude. En effet, il est clair que, chacune de ces étoiles existantes étant individuellement déterminée par son existence même, le nombre total à chaque instant est lui-même nécessairement déterminé. Dire qu'il ne l'est pas, ce serait dire que, à un même instant, il est flottant, indécis, changeant; ce serait dire par conséquent que parmi ses unités il y en a d'indéterminées, qui comptent et ne comptent pas, qu'on peut à la fois considérer comme existant et comme n'existant pas. Tout cela est d'une évidente absurdité, et personne n'oserait le soutenir. Or aucun nombre déterminé ne peut être un nombre infini. Il faut donc, de toute nécessité, que le nombre des étoiles, quel qu'il soit, soit un nombre fini. Les philosophes et les poètes qui, depuis Épicure et Lucrèce jusqu'à nos contemporains, ont enseigné ou chanté le contraire, n'ont donc enseigné ou chanté qu'une absurdité.

Au lieu des étoiles, mettons les atomes ; le raisonnement et la conclusion resteront les mêmes : quelque grand qu'il soit, le nombre des atomes existants est un nombre fini. C'est là une vérité nécessaire, où l'expérience et l'observation n'ont rien à voir, absolument comme dans les théorèmes de l'arithmétique. Ce n'est, après tout, qu'une application immédiate d'un véritable théorème d'arithmétique.

Abordons enfin la double question qui figure au titre même de ce chapitre : l'infini dans le temps et dans l'espace.

Nous parlerons d'abord du temps et de l'espace abstraits, c'est-à-dire, considérés uniquement en eux-mêmes, tels que nous les concevons après les avoir extraits des concepts composés des phénomènes, et parfaitement isolés des autres éléments de ces concepts. C'est ainsi d'ailleurs qu'on les considère généralement en géométrie et en mécanique ; de même qu'on ne considère généralement en arithmétique que les nombres abstraits. De ce temps, de cet espace nous devons dire ce que, plus haut, nous avons dit du nombre. Ce ne sont certainement ni des substances, ni des phénomènes ; qu'on les appelle, si l'on veut, des abstractions ; qu'on les mette, si l'on veut, fort au-dessous des substances et des phénomènes ; mais qu'on ne dise pas qu'ils ne sont rien ; car la géométrie et la mécanique prouvent assez clairement qu'ils ont des propriétés. De même que le nombre, ce qu'ils sont, ils le sont *nécessairement* ; leur existence et toutes leurs propriétés intrinsèques sont nécessaires ; elles ne peuvent pas ne pas être. Cela ne peut se dire d'aucune substance finie, ni d'aucun phénomène.

Comme le nombre, ce temps et cet espace sont

illimités ; seulement chacun l'est à sa manière. Le nombre entier commence à 1, ne progresse que dans un sens et n'est illimité que d'un côté. Au temps, nous ne pouvons donner pour origine qu'un instant arbitrairement choisi, et quel que soit notre choix, à partir de cet instant, le temps abstrait s'étend sans limite en deux sens opposés, le passé et l'avenir ; ce qui veut dire simplement qu'il n'y a pas dans le passé un instant avant lequel on ne puisse concevoir d'autres instants, et qu'il n'y a pas dans l'avenir un instant après lequel on ne puisse en concevoir d'autres. L'espace abstrait n'a de même aucune origine naturelle et, grâce à ses trois dimensions, il s'étend sans limite dans une infinité de sens. Nous allons voir que ces propriétés évidentes du temps et de l'espace s'harmonisent parfaitement avec notre formule sur le nombre infini.

Remarquons d'abord qu'entre deux instants déterminés il ne peut y avoir un intervalle infini, et qu'entre deux points déterminés il ne peut y avoir une distance infinie. En effet, l'intervalle de temps ou la distance ne peuvent évidemment avoir une grandeur indéterminée, c'est-à-dire indécise, que si l'une au moins de leurs extrémités est elle-même indécise et changeante. Leur grandeur, dans les conditions données, sera donc toute déterminée. D'un autre côté, toute grandeur pouvant être exprimée par un nombre avec une unité arbitraire de la même nature, une grandeur déterminée s'exprimera nécessairement par un nombre déterminé, et une grandeur infinie par un nombre infini. Si donc l'intervalle de temps ou la distance dont il s'agit étaient infinis, ils s'exprimeraient par des nombres qui seraient à la fois déterminés et infinis ; ce qui est absurde. L'un et l'autre sont donc nécessairement finis.

On peut encore établir autrement cette proposition pour la partie relative à l'espace. Nous le ferons en raisonnant d'après les principes de la géométrie ordinaire ; mais on pourrait arriver à la même conclusion dans la géométrie non euclidienne. Joignons par une droite les deux points déterminés A et B. Au point B élevons sur cette droite une perpendiculaire BC ayant une longueur finie quelconque, un mètre par exemple, et joignons A et C par une troisième droite. Si les deux points A et B sont déterminés, toute cette construction est nécessairement possible et le point C sera lui-même un point déterminé. Or si la droite AB avait une longueur infinie, l'angle en C du triangle ABC serait droit, comme l'angle en B, et l'angle en A serait nul. Il s'ensuivrait que, en C et dans le voisinage, la droite AC serait rigoureusement parallèle à AB, tandis que, en A et dans le voisinage, elle se confondrait exactement avec cette même droite. Il y a là déjà une contradiction ; mais quelques esprits, trompés par certaines façons de parler qu'on emploie en géométrie, pourraient ne pas le voir. Il faut la leur faire toucher du doigt. Eh bien, ils seront bien forcés d'admettre que cette droite AC, qui en A se confond avec AB, et qui en C en est éloignée d'une distance BC doit, quelque part en un point intermédiaire D, commencer à s'en séparer. Et cependant la géométrie leur enseigne que si, d'un côté d'un certain point, deux droites coïncident exactement, elles coïncident forcément encore de l'autre côté. Il n'y a donc pas moyen de ne pas voir la contradiction. Il faut donc rejeter l'hypothèse et admettre, par suite, que la distance AB de deux points déterminés A et B est nécessairement une distance finie.

Si, au contraire, l'une au moins des deux extrémités, instant ou point, reste indéterminée, il n'y a plus aucune contradiction à admettre soit un intervalle infini, soit une distance infinie. Dans cette hypothèse, les deux raisonnements précédents deviennent inapplicables. Pour le premier, la chose est évidente. Pour le second, il suffit de remarquer que le point D, qui n'est plus renfermé entre deux points déterminés, n'est plus nécessairement lui-même un point déterminé. Dès lors, la distinction disparaît entre la partie de AC qui se trouve d'un côté de ce point, et celle qui se trouve de l'autre. La séparation des deux droites peut être censée ne se produire qu'à l'infini, en un lieu essentiellement indéterminé, et dans ces conditions elle n'a plus rien qui répugne. L'indétermination permet de regarder arbitrairement les deux portions, celle qui commence en A et celle qui arrive en C, comme appartenant à une même droite ou à des droites différentes ; tout comme, dans les séries continues, un même point, un même instant, une même position, etc. peuvent être considérés comme représentant chacun autant d'unités que l'on voudra.

Au fond, l'on pourrait souvent faire disparaître du langage la plupart des étrangetés qu'y introduit l'emploi de l'indéterminé et de l'infini ; mais souvent aussi, pour étendre à certains cas exceptionnels une formule reçue en général et parfaitement claire dans le fini et le déterminé, on trouve commode de ne pas s'interdire ces étrangetés. Les mathématiciens surtout, avec cet esprit de généralisation qui tend à grouper tous les cas possibles sous des formules sans exceptions, ce qui a bien aussi ses avantages, prennent naturellement l'habitude d'un langage qui, pour les profanes du moins, a besoin de correctifs ; mais qui en réalité, malgré sa dureté et son audace apparentes, peut être parfaitement justifié. C'est ainsi que, pour eux, deux droites parallèles, quoique restant partout équidistantes, se rencontrent à l'infini ; c'est ainsi que, malgré l'étymologie même de son nom [1], l'asymptote rencontre sa courbe à l'infini ; ainsi encore que, dans les formules de la dynamique, ils n'hésitent pas à *faire* le temps infini, soit dans l'avenir, soit même dans le passé. Ils calculent, par exemple, la vitesse actuelle d'un corps qui, parti du repos depuis un temps infini sous la seule action d'un soleil infiniment éloigné, se trouve actuellement à une distance finie de ce soleil. Sans avoir à justifier ici cette manière d'agir et de parler, nous pouvons cependant déclarer que nous la regardons comme parfaitement justifiable ; pourvu que les mathématiciens eux-mêmes ne s'y laissent pas tromper, et qu'ils sachent au besoin employer les correctifs qui ramènent leur langage à n'être que l'expression de la vérité Déjà ce que nous venons de dire sur la distance de deux points suffit à les justifier quand ils préfèrent dire que la droite s'étend à

[1] 'Ασύμπτωτος, qui ne peut coïncider.

l'infini dans les deux sens, plutôt que de la réduire, comme plusieurs voudraient les y contraindre, à un segment fini et déterminé, susceptible d'être indéfiniment allongé par les deux bouts.

De toutes les applications la plus importante reste encore à faire ; il s'agit de démontrer, comme nous le promettions dès les premières lignes de ce chapitre, que le monde matériel a eu un commencement. Une école, fort bruyante aujourd'hui, est obligée d'enseigner le contraire. L'éternité de la matière, nous disait M. Littré, est l'*axiome essentiel* du matérialisme ; et il est bien entendu de part et d'autre que le mot *éternité* est employé ici dans le sens d'un temps qui n'a pas eu de commencement ; car la *matière* représente les phénomènes matériels, composés de phases successives, essentiellement et évidemment incapables de cette identité permanente qui nous fait dire, par exemple, d'un théorème d'arithmétique que c'est une vérité *éternelle*. La proposition que nous allons démontrer est donc bien la contradictoire de l'axiome essentiel du matérialisme ; elle suffit donc à elle seule pour renverser tout le système ; et en le renversant elle ne se contente pas de montrer qu'il est faux, elle montre qu'il est absurde. La démonstration pourtant peut se faire en quelques lignes.

Un événement passé, un phénomène matériel, par exemple, ne peut être réel qu'à la condition de s'être produit à une époque déterminée dans le passé ; chacune de ses phases doit correspondre à un instant déterminé, tout comme les phases des phénomènes qui se produisent actuellement sous nos yeux. Dire qu'il s'est produit à un instant indéterminé (nous ne disons pas inconnu, subjectivement indéterminé, mais indéterminé en lui-même, objectivement, essentiellement indéterminé), c'est lui enlever toute sa réalité, c'est déclarer qu'il ne s'est jamais produit, c'est le reléguer, non parmi les fables, mais parmi les chimères et les impossibilités. Or nous avons vu que deux instants déterminés ne peuvent être séparés que par un intervalle fini. Donc entre le moment actuel et l'instant où s'est produit dans le passé un événement réel, il ne peut y avoir qu'un intervalle fini. Donc aucun événement réel, aucun phénomène matériel, ne peut correspondre à un passé infini. Donc l'éternité de la matière est une impossibilité intrinsèque, un pur non-sens, et la série des phénomènes qui constituent le monde matériel a eu nécessairement un commencement.

On peut donner à la démonstration une forme

plus saisissante et qui a l'avantage de ne pas renvoyer à une proposition établie précédemment. Pour l'exposer avec toute la clarté possible, qu'on nous permette de rappeler quelques notions fort élémentaires sur une courbe et deux droites dont nous avons déjà prononcé le nom, l'hyperbole et ses deux asymptotes. Que ceux de nos lecteurs qui n'auraient pas poussé leurs études géométriques jusqu'aux sections coniques ne s'effraient pas ; ils peuvent acquérir le nécessaire en quelques minutes. Tous les soirs, quand leur lampe, armée d'un abat-jour, se trouve dans le voisinage d'une muraille, ils peuvent voir une hyperbole dessinée sur cette muraille par le bord supérieur de l'ombre de l'abat-jour. Le point le plus bas de cette courbe s'appelle le *sommet*. Si la muraille était indéfiniment prolongée, et si la lumière de la lampe était indéfiniment augmentée, l'arc d'hyperbole se prolongerait aussi indéfiniment en montant à droite et à gauche. Qu'ils supposent maintenant une ligne horizontale tombant perpendiculairement du milieu de la flamme sur la muraille ; l'extrémité de cette perpendiculaire marquera, un peu au-dessous du *sommet*, ce qu'on appelle le centre de l'hyperbole. C'est en ce point que se coupent les deux asymptotes. La lampe malheureusement ne les trace pas sur la muraille ; mais on peut aisément se les figurer partant du centre, montant à droite et à gauche, en dehors de la courbe elle-même et s'en rapprochant autant que possible sans la couper. On démontre fort rigoureusement et personne ne conteste le théorème suivant : A mesure que l'on s'éloigne du centre, l'hyperbole et l'asymptote voisine se rapprochent de plus en plus, c'est-à-dire que la perpendiculaire abaissée de la courbe sur la droite devient de plus en plus petite. On peut toujours s'éloigner assez pour que cette perpendiculaire devienne aussi petite que l'on voudra ; mais elle ne devient nulle pour aucun éloignement fini ; ce n'est qu'à l'infini, pour employer le langage reçu, que la courbe et la droite se rencontrent et se confondent.

Ces notions rappelées, rien de plus facile que de répondre à la question suivante : si un point mobile parcourt l'hyperbole avec une vitesse constante, quand arrivera-t-il sur l'asympote? — Inutile de connaître le point de départ et la valeur de la vitesse. Aucun temps fini, aucune suite de siècles ne suffira. A mesure que le temps s'écoule et que le point avance, la distance à l'asymptote diminue toujours; mais elle ne devient jamais nulle. Les mathématiciens disent bien qu'il arrivera sur la droite au bout d'un temps infini ; mais comme il est impossible d'atteindre le bout d'un temps infini, ils ont eux-mêmes donné à l'asymptote un nom qui indique précisément que la *coïncidence* n'est pas possible. Cette coïncidence est un événement qui, par cela seul qu'il ne doit se produire qu'au bout d'un temps infini, ne se produira jamais. Posons maintenant le même problème en changeant, comme on dit, le signe du temps, c'est-à-dire l'avenir en passé. Demandons-nous d'abord à quelles époques le point mobile, supposé en mouvement depuis un temps suffisant, se trouvait à tels et tels points de sa course passée. La parfaite symétrie des deux côtés de notre courbe facilite la solution. Supposons, par exemple, que le point mobile soit actuellement au *sommet*, et que l'on puisse dire : dans une heure il se trouvera en A, dans deux heures il se trouvera en B, etc.; on pourra immédiatement dire : il y a une heure il se trouvait en A', il y a deux heures il se trouvait en B', etc., en appelant A', B', etc. les symétriques de A, B, etc. sur l'autre côté de l'hyperbole. Alors, de même qu'à la question : quand se trouvera-t-il sur l'asymptote de droite ? il faut répondre : dans un temps infini, c'est-à-dire, jamais ; de même à la question : quand s'est-il trouvé sur l'asymptote de gauche ? il faut répondre : il y a un temps infini, c'est-à-dire, jamais. Après avoir compris cet exemple, l'esprit généralise clairement et sans effort, et il conclut : Un événement qui s'est produit il y a un temps infini, est un événement qui ne s'est jamais produit ; et par conséquent aucun événement réel ne remonte à un temps infini. Le plus ancien des événements réels s'est donc produit il y a un certain temps fini et déterminé, et par conséquent le monde matériel a eu un commencement.

Comme dernière application, montrons avec la même clarté et la même rigueur que, dans l'espace illimité, le monde matériel est complètement limité, c'est-à-dire que l'on peut concevoir une surface fermée, renfermant un volume fini, en dehors de laquelle il ne se produit aucun phénomène matériel. Cela ressort évidemment de ce qui précède, si l'on y joint la réflexion absolument incontestable qu'un phénomène matériel ne peut exister réellement, ne peut se produire, sans se produire quelque part, c'est-à-dire dans un endroit déterminé. Il s'ensuit, en effet, d'après ce que nous avons dit de la distance de deux points déterminés, qu'il est absurde de supposer deux phénomènes matériels séparés par une distance infinie. Or, si le monde matériel s'étendait à l'infini, ne fût-ce que dans quelques directions comme les lignes droites et les hyperboles, il y aurait des phénomènes réels séparés par des distances infinies. Donc le monde matériel est limité dans toutes les directions. Quant aux figures géométriques abstraites, dont nous venons de citer des cas particuliers, si elles ne sont pas soumises à cette loi, c'est que, par la nature même de ce qu'on appelle leur existence, elles peuvent, comme les nombres abstraits, renfermer des parties indéterminées; chacune de leurs parties est déterminable par un acte de l'esprit qui conçoit le tout; mais pour concevoir le tout, il n'est pas nécessaire de donner la détermination à toutes les parties. Au contraire, tout phénomène matériel est, de toute nécessité, déterminé en lui-même par l'existence, et le lieu qu'il occupe est, par suite, nécessairement un lieu déterminé. C'est donc, de nouveau, un pur non-sens que de parler d'univers infini. Cette thèse n'est pas seulement fausse, elle est absurde; on peut répondre à ceux qui la soutiennent : vous faites pis que de vous tromper, vous parlez sans comprendre ce que vous dites. Ni le Dieu vivant et tout-puissant dont la vision plus ou moins claire, plus ou moins confuse, s'impose sans relâche à la raison humaine, ni la fatalité obscure et les lois inconscientes par lesquelles le matérialisme essaie en vain de le remplacer, ne peuvent donner une existence quelconque à cette chimère. Elle n'a de réel que le son des mots qui servent à l'affirmer.

Le lecteur a maintenant parcouru d'un bout à l'autre la démonstration que nous annoncions au début de ce chapitre. Il nous semble toujours qu'elle remplit parfaitement notre promesse : qu'elle est à la fois scientifique, claire et rigoureuse. Quelques-uns probablement la trouveront trop scientifique dans ses allures ; ce n'est pas un défaut essentiel. Plusieurs penseront qu'elle est trop étendue pour être absolument claire. Mais il est bien facile, après l'avoir vue dans ses détails, de la resserrer dans son ensemble, de concentrer toute sa substance en une formule courte et précise. La formule que nous avons soulignée plus haut la contient, au fond, toute entière ; car si l'on comprend bien que *ce qui est absurde, ce n'est pas le nombre infini, mais le nombre à la fois infini et déterminé*, rien n'est plus aisé que de porter la lumière dans chaque question particulière. L'objet en question admet-il l'indétermination, il pourra sans contradiction admettre l'infinité. Au contraire s'agit-il de choses qui ne peuvent avoir de réalité qu'à la condition d'être déterminées, aussitôt l'infinité devient absurde et contradictoire. Dans toutes les applications que nous avons faites, la voie nous a paru si naturellement, si uniformément tracée par cette courte formule, que nous craignons vraiment d'avoir, en étendant quelque peu les raisonnements, produit sur le lecteur un effet que ne recherche aucun écrivain :

> L'ennui naquit un jour de l'uniformité.

Espérons que l'intérêt de plusieurs de ces applications nous aura préservé de cette infortune ; en tout cas, il peut bien nous servir d'excuse.

Quant à la troisième qualité, la rigueur et même la rigueur mathématique, si elle nous fait défaut à notre insu, que nos amis veuillent bien nous le montrer ; car, à vrai dire, nous n'attendons pas que dans l'école positiviste, si généralement brouillée avec le raisonnement abstrait, on fasse un moment trêve d'affirmations hasardées pour essayer de nous réfuter. Nous aurions voulu, pour faire ressortir la solidité de notre thèse et de sa démonstration, exposer ici les meilleurs arguments de ces adversaires ; mais, il faut bien l'avouer, nous n'en connaissons pas. Le passage de M. Littré, que nous avons donné plus haut, est, croyons-nous, ce que l'école a produit de plus fort. Or, si nous le comprenons bien, il déclare que, pour attaquer notre thèse, les positivistes ne peuvent invoquer que l'observation, et que l'observation ne peut rien fournir de démonstratif. Nous sommes obligé de remonter de près d'un siècle pour trouver des arguments qui vaillent une réponse, jusqu'à la *Critique de la raison pure*, de Kant.

On sait que, dans sa *Logique transcendentale*, Kant affirme qu'il y a des conflits naturels entre les connaissances de la raison pure, et que pour le prouver il donne parallèlement, sous le nom d'antinomies, des couples de propositions opposées qu'il appelle la thèse et l'antithèse, en essayant de les démontrer toutes deux. La première des quatre antinomies roule précisément sur les deux applications principales de notre formule. Nous la transcrivons ici d'après la traduction de M. J. Tissot (Paris, 1845).

THÈSE.

« Le monde a un commencement dans le temps, il est limité dans l'espace.

» *Preuve.* Car si l'on suppose, quant au temps, que le monde n'a pas de commencement, une éternité est donc écoulée à tout moment donné ; et par conséquent une série infinie d'états successifs des choses dans le monde, est aussi écoulée. Or l'infinité d'une série consiste précisément en ce qu'elle ne peut jamais être accomplie par une synthèse successive. Par conséquent une série cosmique passée ne peut être infinie ; donc un commencement du monde est une condition nécessaire de son existence ; ce qu'il fallait d'abord démontrer.

» Si maintenant nous supposons que le monde n'a pas de limite, alors le monde sera un tout infini donné de choses simultanément existantes. Or nous ne pouvons concevoir la grandeur d'une quantité qui n'est pas donnée en intuition dans de certaines limites [1] d'aucune autre manière que par la synthèse des parties, ni la totalité d'un tel *quantum*, que par la synthèse complète ou par

[1] Nous pouvons percevoir un *quantum* indéterminé comme un tout, s'il est renfermé dans des bornes, sans qu'il soit nécessaire d'en construire la totalité en la mesurant, c'est-à-dire en construisant la synthèse successive de ses parties : car les bornes déterminent déjà la totalité, puisqu'elles font disparaître toute quantité ultérieure. (*Note de l'ouvrage cité.*)

l'addition répétée de l'unité à elle-même [1]. Pour concevoir le monde comme un tout qui remplisse l'espace entier, la synthèse successive des parties d'un monde infini devrait donc être considérée comme complète, c'est-à-dire qu'un temps infini devrait être conçu dans l'énumération de toutes les choses coexistantes, comme écoulé ; ce qui est impossible. Un agrégat infini de choses réelles ne peut donc être considéré comme un tout donné, par conséquent pas non plus comme donné *en même temps*. Donc un monde, quant à son étendue dans l'espace, n'est *pas infini*, mais au contraire renfermé dans ses bornes. Ce qui était la deuxième chose à démontrer.

ANTITHÈSE.

» Le monde n'a ni commencement ni limite ; il est au contraire infini quant au temps et à l'espace.

[1] Le concept de la totalité n'est donc, en ce cas, que la représentation de la synthèse complète de ses parties, parce que ne pouvant tirer le concept de l'intuition du tout (laquelle intuition est impossible ici), nous ne pouvons saisir ce concept que par la synthèse des parties jusqu'à l'accomplissement de l'infini, au moins en idée. (*Note de l'ouvrage cité.*)

» *Preuve*. Car, supposez que le monde ait un commencement : puisque le monde est une existence précédée d'un temps dans lequel la chose n'est pas, un temps doit avoir précédé dans lequel le monde n'était pas, c'est-à-dire un temps vide. Or rien ne peut commencer d'être dans un temps vide, parce qu'aucune partie d'un pareil temps ne renferme en soi, plutôt qu'une autre quelconque, une condition distinctive de l'existence, de préférence à la condition de la non-existence (tout en supposant du reste que cette condition existe par elle-même ou par une autre cause). Plusieurs séries de choses peuvent donc bien commencer dans le monde, mais le monde lui-même ne peut avoir aucun commencement ; il est donc infini par rapport au temps passé.

» Quant au deuxième cas, celui de l'illimitation dans l'espace, supposons d'abord le contraire, à savoir que le monde est limité : il se trouve alors dans un espace vide qui n'a point de bornes. Il n'y aurait par conséquent pas seulement un rapport des choses *dans l'espace*, mais aussi des choses *à l'espace*. Mais comme le monde est un tout absolu, hors duquel il n'y a pas d'objet d'intuition, et par conséquent pas de corrélatif du monde, avec lequel le monde soit en rapport, alors le rapport du monde à l'espace vide serait un rapport du monde *à aucun objet*. Mais un tel rapport, par conséquent la limitation du monde par l'espace vide, n'est rien. Le monde n'est donc point limité quant à l'espace ; c'est-à-dire qu'il est infini en étendue [1]. »

[1] L'espace est la simple forme de l'intuition extérieure (intuition formelle), mais pas un objet réel qui puisse être extérieurement perçu. L'espace, avant toutes les choses qui le déterminent (le remplissent ou le circonscrivent), ou plutôt qui donnent une *intuition empirique* d'accord avec sa forme, et qu'on appelle l'espace absolu, n'est que la simple possibilité des phénomènes extérieurs en tant qu'ils peuvent exister en soi, ou s'ajouter encore à des phénomènes donnés. L'intuition empirique n'est donc pas composée de phénomènes et de l'espace (de la perception et de l'intuition vide). L'un n'est pas le corrélatif synthétique de l'autre, mais l'un est seulement uni à l'autre dans une seule et même intuition empirique, comme matière et forme de cette intuition. Veut-on placer l'un de ces éléments de la connaissance externe hors de l'autre (l'espace en dehors de tous les phénomènes), il en résultera toutes sortes de déterminations vaines de l'intuition externe, qui ne sont pas cependant des perceptions possibles ; par exemple un mouvement ou un repos du monde dans un espace vide infini, détermination du rapport de deux choses entre elles qui ne peut jamais être perçue, et qui est par conséquent le prédicat d'un pur être de raison. (*Note de l'ouvrage cité.*)

Pour être complètement exact, nous avons dû citer les deux parties de cette antinomie. De la *thèse* nous dirons simplement qu'elle pourrait être mieux établie. Nous comprenons sans peine qu'à côté d'une pareille *preuve* il reste encore dans l'esprit quelque place pour l'*antithèse;* et si cette juxtaposition regrettable,si ce *conflit* existait dans la raison du philosophe allemand, ce n'est qu'un phénomène individuel, que les conditions où il s'est produit ne permettent pas d'étendre à l'humanité toute entière. Mais ce n'est pas de ce conflit qu'il faut ici nous occuper. Examinons la preuve de l'antithèse.

Dans la première partie nous accordons volontiers le commencement, à savoir qu'il y aurait *un temps vide ;* mais nous rejetons tout ce qui suit. Voici, réduit en syllogisme, le raisonnement de Kant : Pour qu'une chose commence à exister, il faut que le temps où elle commence renferme une condition distinctive de l'existence. Or un temps vide ne peut renfermer une telle condition. Donc rien ne peut commencer à exister dans un temps vide. Notez que ce raisonnement a eu des admirateurs qui se moquaient de la scolastique. Mais si nous demandons qu'on en prouve la majeure, ni le maître ni les disciples n'ont rien à répondre. C'est, paraît-il, une vérité évidente. Que signifie-t-elle donc ? Qu'est-ce que cette condition distinctive de l'existence ? Est-ce la cause efficiente ? Est-ce la raison suffisante ? Est-ce le motif capable de déterminer la puissance créatrice ? On ne le dit pas. Dès lors, quelle valeur, quelle force démonstrative peut avoir un argument aussi indéterminé ? Mieux vaut cent fois pour entraîner l'esprit ne lui offrir, comme font les positivistes, qu'une bonne affirmation sans preuve. Si pourtant l'on veut bien nous permettre une conjecture, nous dirons que, à notre avis, on peut exprimer ainsi cet obscur argument : Pour que le monde commençât à un certain instant, il faudrait que cet instant fût préféré à tous les autres ; et par conséquent il faudrait une raison à cette préférence. Nous ne pouvons cependant trouver cette raison dans la nature du temps ; parce que dans un temps vide chaque instant vaut les autres. — Soit, répondons-nous, vous ne pouvez la trouver là, cherchez ailleurs : et si vous ne la trouvez pas, gardez-vous de conclure qu'elle n'existe pas. Connaissez-vous donc si bien la nature divine du Créateur ? Il est rare, nous le savons, qu'on puisse être sûr de comprendre ce que Kant a voulu dire ; mais si nous l'avons deviné dans ce passage, on conviendra sans peine que sa *preuve* est insuffisante, et que la première partie de l'antithèse est encore à prouver.

Quant à la seconde partie, elle est plus compréhensible ; mais elle est, comme argumentation, d'une faiblesse vraiment incroyable. Remarquons d'abord que Kant est ici le jouet d'une erreur que nous avons signalée plus haut. De ce que l'espace abstrait n'est ni une substance, ni un phénomène, il ne s'ensuit pas qu'il n'est rien ; car enfin la géométrie qui n'étudie que l'espace, étudie bien quelque chose. Mais peu importe ; on accorderait tout ce qui précède la conclusion, qu'il serait encore impossible de conclure. Voici en effet le canevas de ce raisonnement : Dans l'hypothèse, il y aurait un certain rapport qui, dans un certain sens, reviendrait à rien ; donc l'hypothèse doit être rejetée. Et à supposer même que cet argument me paraisse logique, comment pourra-t-il me convaincre ? Au moment de me prononcer, ne suis-je pas forcé de résumer ainsi la situation : D'un côté, la limitation de l'univers, qu'elle soit vraie ou fausse, est une chose que je conçois très facilement et très nettement ; Kant lui-même, jusque dans son antithèse, m'en parle comme un homme qui la conçoit tout aussi bien que moi. D'un autre côté, s'il m'en parle, c'est pour me soutenir qu'il est absolument impossible de la concevoir. Il marche en niant le mouvement. Pour le confondre je n'ai pas à me déranger ; il suffit de le laisser faire. Voilà certes une antinomie qu'il n'a pas recherchée, et qui, pour n'être pas dans la raison pure, n'en est pas moins décisive.

Les deux thèses que nous avons eues principalement en vue dans ce chapitre, à savoir que le monde matériel a eu un commencement dans le temps et qu'il est entièrement limité dans l'espace, doivent maintenant être regardées, non seulement comme établies, mais encore comme inattaquables. Une démonstration directe les a établies clairement et rigoureusement ; l'examen des arguments qu'on a pu trouver contre elles, depuis deux mille ans qu'on les nie, nous montre indirectement qu'elles sont inattaquables.

La question des lois générales de l'univers, que nous étudierons au chapitre suivant, nous obligera de nouveau à les considérer l'une et l'autre, et fera particulièrement ressortir l'importance scientifique de la seconde. Pour terminer le chapitre actuel, nous n'avons plus qu'à affirmer, comme conclusion de la première, la création du monde matériel. Au point où nous sommes arrivés, cette simple affirmation est légitime et suffisante ; car M. Littré lui-même nous accorde que « pour l'esprit moderne en son état actuel, il n'y a pas d'autre alternative », c'est-à-dire que si la matière n'est pas éternelle, « il faut qu'elle soit créée » ; qu'admettre pour elle un commencement, c'est admettre « la création, c'est-à-dire, la production hors du néant ». Il est vrai que, pour échapper aux « fourches caudines de cette dichotomie », il se fonde sur « l'incapacité psychique » ; mais c'est là une pauvre fin de non-recevoir qu'il n'essaie pas même d'expliquer. Mieux vaut, paraît-il, renier les lois de la raison, que d'admettre le Créateur. Dernière et humiliante apostasie ! On a rejeté la foi au nom de la raison, et l'on aboutit à rejeter la raison parce qu'elle est d'accord avec la foi.

Si nous écrivions un traité philosophique ou théologique sur la création, nous devrions, au lieu de terminer ici, considérer tout ce qui précède comme une simple entrée en matière. De ce que les phénomènes ont eu un commencement, il faudrait conclure à la création des substances ; il faudrait ensuite montrer que la création des substances implique un Créateur d'une puissance infinie, substance nécessaire et éternelle ; il faudrait écarter du concept de la création les erreurs panthéistiques qui s'y glissent aisément, et pour un traité théologique nous aurions en outre à considérer les rapports de la création avec le dogme de la sainte Trinité, et à discuter plus d'un passage obscur dans les écrits des anciens pères. Mais toutes ces questions, étant en dehors de la zone où la science confine à la philosophie, sortiraient de notre programme et nous devons nous les interdire.

Rentrons donc sur notre véritable terrain. Après ce que nous avons dit dans les deux chapitres précédents sur le rôle prépondérant de la mécanique dans la connaissance du monde matériel, et sur l'importance de ce qu'on appelle l'état initial dans les questions de dynamique, on conçoit la sublime grandeur du problème qui se pose actuellement devant nous, quand nous considérons l'état véritablement *initial* de l'univers. Dans cette masse immense où les atomes vont se mouvoir, il n'y a encore aucune forme qui se dessine. Pour nous c'est le chaos ; mais nous savons qu'une intelligence y a déposé les germes de l'avenir, que le Créateur c'est la Providence, et que l'esprit de Dieu plane sur l'abîme pour le féconder. Aussi le plan divin commence à s'accomplir, le temps en étale désormais toutes les phases successives. Les soleils se concentrent, les planètes s'animent, la créature intelligente apporte le concours prévu de sa liberté. Oh ! sans doute, l'ensemble du plan nous échappe, et presque tous les détails sont pour nous des mystères. Mais enfin nous en devinons quelque chose, et nous avons intérêt à connaître le rôle que nous y remplissons. Ce sera le sujet du chapitre suivant.

CHAPITRE V.

LOIS GÉNÉRALES DE L'UNIVERS. — LA RÉVERSION. — LA PROVIDENCE.

SOMMAIRE. — L'étude scientifique de l'univers matériel ne se réduit que théoriquement à un simple problème de mécanique; cette réduction permet toutefois de trouver des lois générales. — 1re loi: Constance de la masse. — 2e loi: Constance de l'énergie. — 3e loi: Marche de l'énergie dans un sens déterminé. — L'univers descend vers un état final comparable à la mort; il a eu un commencement. — Le principe de la réversion et ses conséquences. — Solution d'une difficulté et nouvel argument scientifique contre le matérialisme. — La providence divine et la liberté humaine. — Objection de M. Jules Simon. — Réponse. — La prière. — Euler, saint Thomas d'Aquin, saint Grégoire le Grand. — Le miracle.

Pour la physique moderne, telle que nous l'avons définie dans le troisième chapitre, l'étude scientifique de l'univers purement matériel se réduit théoriquement à la solution d'un vaste problème de mécanique rationnelle. Cette proposition, que nous avons suffisamment développée plus haut, jette une vive lumière sur la question dont nous devons maintenant nous occuper. Elle nous avertit que, en nous adressant aux principes généraux de la dynamique, nous avons toute chance de trouver, malgré le peu d'étendue et le peu de profondeur de nos connaissances expérimentales, des lois véritablement générales de cet immense univers. Suivons cette indication, mais n'oublions pas que notre mécanique rationnelle est loin d'être parfaite, qu'il nous est souvent presque impossible de l'appliquer aux phénomènes naturels, et qu'en tenant compte de notre ignorance et de la faiblesse de nos méthodes, il faut distribuer en plusieurs catégories les problèmes qu'elle nous présente.

Il en est d'abord que nous pouvons, non seulement poser, mais résoudre avec toute la perfection qui appartient à cette science. Tel est, par exemple, le problème du mouvement d'une planète attirée par un soleil, dans les cas où l'on peut négliger les perturbations que l'action des autres corps célestes tendrait à produire dans ce mouvement. Rien de plus facile que de le *poser*, avec toute la précision et la généralité de la dynamique, en écrivant deux équations différentielles du second ordre. On le *résout* ensuite sans peine, par un procédé général, en intégrant exactement ces équations et en déterminant les valeurs des constantes naturellement indiquées par cette intégration. Dans tous les cas de cette classe, les équations intégrales ainsi déterminées renferment, non seulement quelques lois, mais toutes les lois des phénomènes étudiés.

Il est d'autres problèmes que nous savons *poser* tout aussi parfaitement, mais que nous ne parvenons à *résoudre* que par des approximations. Tel est celui des mouvements de notre système solaire. Les équations différentielles peuvent s'écrire aisément et rigoureusement dès le début, parce que nous connaissons bien la loi des forces mécaniques qui interviennent dans le phénomène; nous trouvons ainsi trois fois autant d'équations qu'il y a de planètes dans le système. Mais nous ne savons intégrer ces équations que par des approximations, en profitant des connaissances exactes et générales fournies par les problèmes de la classe précédente, et de toutes les facilités particulières que présente accidentellement le système considéré. Nous trouvons ainsi un grand nombre des lois du phénomène; mais les restrictions et les simplifications de la solution peuvent nous en masquer quelques-unes, ou les entacher d'inexactitudes.

Il est une troisième classe de problèmes que nous ne savons pas même *poser* par les seuls principes de la dynamique. Tels sont ceux de l'hydrostatique, de l'hydrodynamique, de la théorie de la chaleur, et en général tous ceux que l'on étudie dans la physique mathématique. L'ignorance où nous sommes des véritables forces élémentaires qui interviennent alors, et le nombre immense des mobiles atomiques qu'il faudrait considérer dans ces problèmes pour leur appliquer les procédés naturels de la dynamique, nous obligent à invoquer de nouvelles connaissances expérimentales pour simplifier les questions dès le début. Nous parvenons ainsi à poser des équations, théoriquement moins parfaites mais pratiquement plus utiles, et dans beaucoup de cas nous savons les intégrer et les appliquer ensuite aux phénomènes naturels. Seulement il est clair que ces intégrales ne peuvent fournir d'autres lois que celles dont le germe a été déposé dans les équations différentielles. Si donc elles enrichissent le trésor de nos connaissances générales sur les phénomènes qu'elles expliquent, elles doivent y laisser bien des lacunes; l'explication qu'elles nous donnent n'est encore qu'une étape dans la théorie scientifique; elle ne rattache pas définitivement les effets à leurs causes substantielles.

Le grand problème de mécanique rationnelle auquel la physique moderne réduit, comme nous le disions, l'étude scientifique de l'univers purement matériel, n'appartient à aucune des trois classes que nous venons d'énumérer. Chacune d'elles ne renferme et ne renfermera jamais que des études partielles de cet univers, dont une portion seulement est ouverte à nos explorations sans que nous puissions en deviner l'importance relative. C'est pourquoi nous avons appelé cette réduction du problème une réduction théorique. Mais, d'un autre côté, il suffit de lire attentivement notre deuxième chapitre pour être parfaitement convaincu que cette réduction théorique est légitime, pour oser affirmer, avec une de ces grandes probabilités qui équivalent pratiquement à la certitude, que tous les phénomènes purement matériels ne sont, en dernière analyse, que des déplacements d'atomes régis par les simples lois de la dynamique. Dès lors, bien qu'il nous soit absolument impossible, à nous, d'écrire les innombrables équations différentielles qui poseraient ce vaste problème, il faut bien admettre leur possibilité intrinsèque ; et si nous pouvons établir que de leurs combinaisons il doit résulter telle ou telle proposition que nous pouvons saisir, cette proposition devra être acceptée comme une loi générale de l'univers. Une loi ainsi établie sera tout à fait comparable, pour la certitude et la précision, à celles que les procédés ordinaires de la dynamique nous fournissent dans les problèmes des deux premières classes. Nous en donnerons bientôt un exemple.

De plus, la connaissance mécanique imparfaite que nous avons des problèmes de la troisième classe peut elle-même, comme nous le verrons, nous mener à quelque proposition générale, à une loi qui s'applique à l'ensemble de l'univers.

Enfin la simple expérience, qui après tout se trouve à la racine de la mécanique rationnelle, peut à elle seule, si elle est convenablement interprétée et élargie par une induction légitime, nous fournir une pareille loi. Telle est, par exemple, la loi de la constance de la masse par laquelle nous ouvrons la série.

Première loi générale. Constance de la masse. — Nous avons démontré, sans réplique possible, au chapitre précédent, que l'univers est fini dans l'espace, c'est-à-dire qu'on peut le concevoir tout entier comme contenu dans une certaine surface fermée dont aucune dimension n'est infinie. Il y a actuellement, dans l'intérieur de cette surface, une certaine quantité de *masse;* et nous donnons à ce mot le sens très précis qui a été défini au chapitre II, dans le paragraphe intitulé :

Mesure des forces par leurs effets. Cette quantité de masse nous est inconnue, mais nous pouvons en mesurer des portions. La balance ordinaire nous donne, avec beaucoup d'exactitude, la masse des corps pondérables que nous pouvons manier ; la balance de Cavendish nous donne une approximation de la masse du globe terrestre ; l'observation des mouvements célestes nous permet d'étendre nos connaissances jusqu'aux masses d'un grand nombre d'astres. Sans aucun doute, les progrès continus des sciences naturelles fourniront à l'humanité les moyens d'augmenter, de siècle en siècle, le nombre et l'exactitude de ces déterminations ; sans doute aussi, quels que soient les progrès dans cette voie, il en restera toujours à faire. Mais ce qui est absolument certain, c'est qu'il faut regarder la masse totale contenue dans l'univers comme égale au produit de la masse déjà mesurée, par un certain nombre, très grand mais fini, déterminé en lui-même mais inconnu de nous.

Cette masse totale est-elle constante ou change-t-elle avec le temps ? Évidemment l'observation directe ne peut résoudre cette question ; mais que dit l'expérience ? De quelque côté qu'on la dirige, dans aucune portion accessible de cet univers, elle ne peut constater aucune augmentation, aucune diminution de masse. Et pourtant elle a exploré bien des phénomènes où l'on serait en droit de soupçonner des variations. Tels sont les phénomènes chimiques, et les phénomènes vitaux du règne végétal et du règne animal. En soumettant ces phénomènes à un contrôle rigoureux, elle n'a jamais vu qu'ils introduisent le moindre changement dans la masse totale ; s'il y a une augmentation de masse en tel endroit, il se produit toujours ailleurs une diminution égale. Le carbone, par exemple, semble disparaître en brûlant ; mais toute la masse du carbone brûlé se trouve dans le gaz produit par la combustion. Une plante n'augmente son poids qu'en empruntant au sol et à l'atmosphère des éléments qui représentent exactement toute la masse qu'elle gagne. De ce que tel animal pèse aujourd'hui cent kilogrammes, nul ne conclut que, depuis sa naissance, l'univers a gagné la masse correspondante ; on sait par des expériences précises que cette masse a été prise tout entière dans des corps qui la possédaient avant cet animal, et que, s'il n'avait jamais vécu, elle ferait également partie de la masse totale.

Jamais l'expérience bien interprétée n'a donné un démenti à cette loi. Nous sommes ainsi conduits à penser que la constance de la masse est dans la nature des choses ; et qu'il n'est au pouvoir d'aucun des agents créés dont l'influence intervient dans le monde matériel, d'augmenter et de diminuer la masse de l'univers. La quantité de masse peut donc être regardée comme une certaine mesure du nombre des agents matériels, causes substantielles de tous les phénomènes ; de façon que pour la changer il faudrait changer ce nombre même, il faudrait créer de nouveaux agents ou annihiler quelques-uns des anciens ; il faudrait, en un mot, une intervention immédiate de la cause première, du Créateur.

Dire qu'une pareille intervention est impossible, c'est un acte de foi qu'il faut laisser à certains adversaires de la religion révélée ; mais le nom même qu'elle porte, le nom de miracle, prouve qu'elle n'est pas dans l'ordre naturel des choses, qu'elle est extraordinaire, qu'elle est une dérogation à ce que l'on appelle les lois du monde physique ; or c'est exclusivement de ces lois que nous nous occupons ici.

Bien que l'idée de masse appartienne essentiellement à la mécanique, bien qu'on ne puisse la former nettement qu'au moyen des principes de cette science, on voit que cette première loi générale ne dérive pas des équations de la dynamique ; elle n'est qu'une induction légitime appliquée à l'expérience quotidienne. Il en est tout autrement de la suivante.

Seconde loi générale. Constance de l'énergie. — Pour bien comprendre cette seconde loi, il est indispensable que l'on sache très exactement le sens que les mathématiciens attachent au mot *énergie*, et pour y arriver il faut concevoir tout aussi clairement ce qu'ils appellent *force vive* et *travail d'une force*. Rappelons au lecteur peu familiarisé avec les mathématiques que ces mots ont été soigneusement définis et expliqués plus haut, vers le milieu du deuxième chapitre. Il y trouvera, sans démonstrations et en langage suffisamment intelligible, non seulement l'énoncé déjà ancien du *théorème des forces vives*, mais encore certaines transformations modernes de ce théorème, extrêmement utiles dans les applications. Ainsi la base de notre seconde loi générale se trouve dans la transformation suivante.

Quand dans un système quelconque, comme par exemple dans le système solaire tel qu'on le considère en mécanique céleste, il n'y a que des forces intérieures, réciproques, proportionnelles aux masses, et variant uniquement avec les distances des corps entre lesquels elles s'exercent, la somme de tous les travaux des forces pendant un temps donné dépend seulement de la position des corps au commencement et à la fin de cet intervalle de temps. Cette somme de travaux représente exactement la différence entre le travail maximum que les forces du système pourraient exécuter à partir de la seconde position des corps et le travail maximum qu'elles pourraient exécuter à partir de la première. Ce travail maximum est une quantité positive qui varie de position en position ; mais le théorème des forces vives nous apprend que la somme des forces vives varie tout juste d'autant en sens contraire ; de sorte que *travail maximum* et *somme des forces vives* sont deux variables qui ensemble forment une constante. On a appelé le premier l'*énergie potentielle*, la seconde l'*énergie actuelle*, et leur somme l'*énergie totale*. L'énoncé du théorème devient donc : *Dans un pareil système, l'énergie totale est constante.*

Remarquons que cet énoncé se démontre avec toute la rigueur des mathématiques, quels que soient le nombre et la distribution des points matériels qui composent le système. Il s'ensuit que l'ignorance où nous sommes de l'étendue et de la figure de l'univers entier n'est pas un obstacle à ce que nous en fassions une loi générale. Il suffit que nous puissions légitimement affirmer que, dans les phénomènes purement matériels de cet univers, toutes les forces mécaniques sont intérieures, qu'elles sont réciproques, qu'elles sont proportionnelles aux masses et qu'elles varient uniquement avec les distances des corps entre lesquels elles s'exercent. Examinons d'abord les trois dernières de ces quatre conditions.

Au chapitre II, l'analyse des phénomènes nous a conduit à admettre l'existence de causes de mouvement que nous avons appelées *forces*. Nous avons alors défini ce que nous entendions par le *point d'application*, la *direction* et l'*intensité* d'une force. Bientôt en parlant des phénomènes de réaction, nous avons dû introduire une idée nouvelle, le *siège* de la force. Or il se trouve que, pour analyser de la façon la plus simple, il faut, dans la plupart des cas, admettre une distance réelle, généralement variable, entre le siège et le point d'application. C'est de cette distance que parle notre loi ; elle peut, nous l'avons déjà remarqué, s'accorder, tout aussi aisément que la loi expérimentale de Newton qui en est un cas particulier avec les assertions philosophiques les plus opposées sur l'action à distance.

L'égalité de l'action à la réaction, établie expérimentalement à propos de l'inertie, toujours vérifiée et jamais contredite par les phénomènes les plus divers, peut être légitimement généralisée par l'induction. Nous pouvons donc d'abord affirmer, sans crainte d'erreur, que toutes les forces de l'univers matériel sont des forces réciproques.

On comprend aisément cette condition ; mais que signifie celle qui est relative aux masses ? D'après la manière même dont nous employons les forces en mécanique, une force réciproque entre deux corps quelconques ne peut être qu'une attraction ou une répulsion ; car son siège et son point d'application sont toujours placés sur la droite qu'on appelle sa direction. Cela posé, supposons qu'à côté du premier point matériel attirant ou repoussant, on en place un second ayant une masse égale ; d'après la loi, il faut que l'intensité de l'attraction ou de la répulsion se trouve doublée. C'est bien la loi la plus naturelle ; car si la masse additionnelle est exactement égale à la première, la cause, quelle qu'elle soit, de l'action qui s'exerce entre celle-ci et le point matériel attiré ou repoussé, doit produire dans les mêmes circonstances la même action entre ce dernier point et la masse additionnelle ; par conséquent, quand ces trois corps seront en présence comme nous le supposons, l'action sera doublée ; et plus généralement, si l'on conçoit qu'on fasse varier les masses des deux corps en les conservant à la même distance l'un de l'autre, l'attraction ou la répulsion devra toujours être, d'après la loi, proportionnelle à chacune des deux masses, et par conséquent à leur produit. Mais toute naturelle que nous paraisse cette partie de la loi, il reste toujours à voir expérimentalement si la nature l'approuve. Or, on sait que, dans toutes les attractions sur lesquelles la gravitation universelle nous permet d'expérimenter, cette loi se vérifie ; ainsi en particulier, tous les corps pesants, quelles que soient leur nature et leur masse, tombent dans le vide avec la même vitesse, et par conséquent l'attraction à laquelle ils sont soumis, comme celle qu'ils exercent sur la terre, est proportionnelle à leur masse. Mais n'y a-t-il pas d'autres faits qui semblent contredire au moins la généralité de la loi ? Supposons que pour faire l'expérience bien connue de Cavendish, on substitue aux grosses sphères de plomb deux grosses masses de fer; aussi longtemps qu'on fera le pendule horizontal avec des substances non magnétiques, la loi sera vérifiée ; mais elle cesserait de l'être, du moins en apparence, si le pendule était aimanté. Simple apparence cependant; car l'aimantation du pendule fait entrer en jeu cette matière impondérable dont nous avons parlé plus haut ; et l'on sait que, dans toutes les attractions et répulsions dues à cette matière, la loi des masses se vérifie également et n'est jamais contredite. Nous sommes donc légitimement amenés à regarder cette condition comme une loi naturelle qui s'observe universellement.

Quant à la dernière partie de la loi, qui fait de l'intensité des forces une fonction des seules distances, elle est très facile à comprendre. Elle admet que, malgré la constance de deux masses, leur action mutuelle peut varier, mais qu'elle est toujours entièrement déterminée par leur distance. Elle serait donc d'abord indépendante du temps ; c'est-à-dire qu'à toutes les époques la même distance ramènerait toujours la même intensité ; or pour qui connaît la constance avec laquelle les phénomènes physiques se reproduisent toujours les mêmes dans les mêmes circonstances, il est évident que tel est le cas général et sans exception. Elle serait ensuite indépendante de l'orientation de la droite qui joint les deux masses ; or pour peu qu'on ait étudié les phénomènes généraux de l'univers, on devine aisément que cette loi doit être confirmée par l'expérience ; car nulle part on ne trouve d'orientations réellement privilégiées, qui se distinguent naturellement des autres. Descendons pourtant aux faits positifs, et prenons pour exemple l'attraction newtonienne. Si le corps attirant n'est pas une sphère, son attraction ne paraît indépendante de l'orientation que dans les cas où le corps attiré est très éloigné ; elle est alors toute déterminée par la distance des deux centres de gravité ; mais quand les deux corps se rapprochent, l'orientation de la ligne droite qui joint ces deux centres acquiert une influence parfois considérable. On ne peut pas dire cependant que ce résultat contredise notre loi ; car en réalité il a été trouvé par un calcul qui la suppose. La force unique réciproque dont nous mettions le siège et le point d'application aux deux centres de gravité, n'est en réalité que la résultante d'autres forces, des forces élémentaires qui *résident* dans toutes les particules de chaque corps, et s'*appliquent* à toutes les particules de l'autre ; et c'est précisément parce que la loi se vérifie pour chacune de ces forces élémentaires, que l'influence de l'orientation se manifeste sur la force unique précédemment considérée. Ainsi en est-il de tous les cas qui, dans l'expérience, semblent contredire la loi ; qu'il s'agisse de gravitation, d'électricité, de magnétisme, la décomposition en forces élémentaires fait toujours disparaître l'anomalie. Nous voici donc encore devant le témoignage de faits très nombreux et très variés, témoignage concordant qu'aucun autre fait n'a jamais contredit.

Mais nous avons réservé la première de nos quatre conditions. Est-il vrai que, dans les phénomènes de l'univers, il n'y ait que des forces *intérieures ;* c'est-à-dire, puisque les mobiles sont exclusivement ces points dont les substances purement matérielles font les centres de leurs actions et que nous avons nommés atomes pondérables ou impondérables, est-il vrai que les seules forces mécaniques qui interviennent soient ces actions centrales réciproques, que les seules forces *appliquées* aux atomes soient celles qui *résident* dans les autres atomes ? Nous traiterons plus tard cette importante question, et nous montrerons que dans les phénomènes matériels *volontaires* auxquels concourent l'homme et les animaux, il y a en réalité de nouvelles forces mécaniques qui sont appliquées aux atomes, mais dont les atomes ne sont pas le siège. Ces forces sont donc ici de véritables forces extérieures ; mais leur intensité propre est si faible qu'on n'a pu encore les mesurer. Les variations d'énergie qu'elles peuvent produire sont donc, relativement à l'énorme quantité d'énergie qui se manifeste dans l'univers, tout à fait insignifiantes ; et de plus il n'est pas improbable que ces faibles variations sont tantôt positives et tantôt négatives, et qu'elles arrivent à peu près à se compenser. Il est donc permis de les négliger ici et, avec cette réserve, nous pouvons appliquer l'énoncé trouvé plus haut et dire :

L'énergie totale de l'univers est constante.

Considérons un moment le sens physique et la portée de cette loi si simple et si grande.

L'univers, à un instant quelconque, possède une quantité déterminée d'énergie potentielle et une quantité déterminée de force vive ou d'énergie actuelle. Son énergie potentielle est, comme nous l'avons dit, un nombre positif qui représente en kilogrammètres le travail maximum dont sont capables, à partir de cet instant, les forces attractives ou répulsives qui s'exercent entre tous les atomes ; c'est-à-dire, le travail que les forces exécuteraient réellement si le système passait, de la position correspondante, à une certaine position d'équilibre stable où toutes ces forces se neutraliseraient mutuellement Dans quelques problèmes, généralement fort simples, ce travail s'exécute réellement ; mais il n'en est pas ordinairement ainsi, et probablement, dans notre univers actuel, ce cas ne doit pas se présenter. Cependant si l'on conçoit qu'il vienne à s'exécuter par l'intervention d'une cause quelconque, il amènerait l'ensemble des atomes de l'univers à posséder tout juste le maximum de force vive dont ils sont susceptibles, vu leur nombre, leurs masses, leurs positions et les forces qui les régissent. Toute l'énergie potentielle aurait disparu, tout serait converti en énergie actuelle. L'énergie potentielle représente donc à chaque instant le maximum de force vive que l'univers peut acquérir à partir de cet instant. Quant à l'énergie actuelle, elle représente au même instant, tout le travail négatif que, vu les vitesses dont ils sont animés, les corps de l'univers feraient exécuter aux forces, s'ils passaient de leur position présente à une autre position où, par la résistance de ces forces, toutes les vitesses seraient anéanties. Il est peu de problèmes où la force vive arrive à disparaître complètement, comme il en est peu où l'énergie potentielle s'épuise entièrement; mais dans tous les problèmes de dynamique, et dans le grand problème de l'univers en particulier, ces deux quantités, force vive et énergie potentielle, varient sans cesse, l'une gagnant exactement tout ce que l'autre perd, et devenant par cela même capable de restituer ensuite à celle-ci tout ce qu'elle a perdu. La somme de l'une et de l'autre, l'énergie totale reste toujours constante par l'effet même de cet échange mutuel et ininterrompu. Tel est le sens physique de la seconde loi. Quelques remarques permettront d'en apprécier la portée.

Supposons qu'en étudiant un phénomène, nous arrivions à constater dans les corps que nous observons une augmentation ou une diminution d'énergie. Il est fort probable qu'un pareil résultat n'eût attiré l'attention d'aucun savant, il y a quelque trente ans. Aujourd'hui, au contraire, ce seul fait nous ouvrirait une recherche; de même que le chimiste, qui verrait dans une réaction la masse diminuer, se mettrait aussitôt à la recherche de la masse disparue, bien persuadé qu'elle doit se retrouver quelque part; de même le savant, dans l'hypothèse où nous nous plaçons, conclura immédiatement qu'une partie du phénomène étudié lui échappe, et il ne croira s'en être fait une juste idée, que lorsqu'il pourra dire où est allée l'énergie disparue, ou de quelle source provient celle qu'il trouve en excès.

Supposons que, pour édifier une explication scientifique quelconque, il faille hasarder une hypothèse. Jadis on n'eût pas reculé devant les hypothèses qui, bien examinées, auraient supposé des variations dans l'énergie universelle; devant des créations ou des anéantissements d'énergie. On sait aujourd'hui que toute hypothèse semblable doit être rejetée sans examen; et souvent cette connaissance déblaie fort utilement le champ des conjectures scientifiques.

Supposons que, dans les applications pratiques des sciences, dans l'invention d'appareils ou de machines industrielles, on arrive à imaginer une combinaison qui, si elle réussissait, entraînerait une véritable création d'énergie ; ce cas s'est bien souvent présenté même à des inventeurs sérieux, sans compter les malheureux qui consument leur vie à la recherche du mouvement perpétuel. Aujourd'hui cette seule remarque suffirait pour nous assurer d'avance que la combinaison imaginée est fautive et qu'elle ne peut réussir.

On voit par ces exemples que la grande loi de la constance de l'énergie dans l'univers, n'est pas seulement une connaissance théorique, belle par sa grande simplicité et sa généralité ; c'est encore une conquête pratiquement fort utile au développement des sciences et un contrôle précieux pour préserver d'erreur l'esprit d'invention et de découverte.

Cette loi n'est pas la seule que, à l'aide des principes de la dynamique, on puisse conclure de cette proposition que tous les phénomènes de l'univers matériel ne forment ensemble qu'un vaste phénomène de mouvement mécanique. Les traités classiques nous offrent d'autres théorèmes généraux, qui s'appliquent également à l'univers entier. Seulement, il arrive que par le fait même de cette application, ils perdent à peu près toute l'importance qu'ils présentent dans les problèmes particuliers ; ainsi par exemple, quel intérêt peut avoir pour nous la connaissance que le mouvement absolu du centre de gravité de l'univers est nécessairement un mouvement rectiligne et uniforme? ou même que la somme des moments des quantités de mouvement estimées par rapport à une direction fixe est constante? La découverte du *plan invariable*, si importante pour le système solaire parce que nous en connaissons les masses et la configuration, n'a plus d'importance pratique quand on l'applique au système de l'univers entier qui nous est si peu connu. La seule de ces lois que nous devions citer, est celle qu'on appelle la *conservation de la quantité totale de mouvement*, et nous ne la mentionnons que pour relever une erreur assez souvent commise par les vulgarisateurs. On a vu au chapitre II que la *quantité de mouvement* d'un corps est le produit de sa masse par sa vitesse ; c'est quelque chose d'assez différent de la force vive qui est la moitié du produit de la masse par le *carré* de la vitesse. Les forces vives ne pouvant être négatives, on ne risque pas d'être équivoque quand on parle d'une *somme* de forces vives. Au contraire, les quantités de mouvement renferment un facteur, la vitesse, que l'on peut bien considérer parfois en valeur absolue, mais auquel il faut d'autres fois attribuer le signe positif ou le signe négatif; et de plus, quand il s'agit d'un problème à trois dimensions comme dans le cas de l'univers, les vitesses, si elles n'entrent pas simplement par leurs valeurs absolues, apportent avec elles non seulement les signes algébriques, mais les directions diverses des axes auxquels on les rapporte. Il faut en dire autant des quantités de mouvement. Il y a donc deux manières très distinctes de réunir plusieurs quantités de mouvement en une seule; la première consiste à additionner ensemble les valeurs absolues de toutes les quantités partielles; la seconde, qui donne un résultat tout différent, consiste à les regarder, avec leurs signes et leurs directions, comme des *composantes*, et à remplacer le système par une *résultante.* Plus d'un auteur a oublié cette distinction, et, trompé par les mots, a cru que la loi de la *conservation de la quantité totale de mouvement* était établie dans le premier sens; tandis qu'elle ne l'est que dans le second. Ce que la mécanique démontre, c'est que dans l'univers, si l'on suppose toutes les quantités de mouvement transportées parallèlement à elles-mêmes en un même point, leur *résultante* reste constante en grandeur et en direction. Cette proposition, dans sa généralité, n'a guère plus d'importance physique que la loi relative au mouvement du centre de gravité de l'univers. Au contraire, s'il était établi que, dans le premier sens, la *somme* de toutes les quantités de mouvement reste constante, ce serait une loi générale tout aussi importante que la loi de la conservation de l'énergie ; mais, répétons-le, malgré les assertions contraires de bien des vulgarisateurs, cela n'est pas établi ; il est même très probable que cela n'est pas vrai.

Troisième loi générale. Marche de l'énergie dans un sens déterminé. — En présence des deux premières lois, de cette constance de la masse et de cette constance de l'énergie, on serait bien tenté d'adopter les vues que les progrès de la mécanique céleste commencèrent à populariser dans le dernier siècle, et de regarder l'univers tout entier comme destiné à marcher toujours à peu près de la même manière. On pourrait y admettre des variations, mais avec d'autres variations compensatrices. Car, si l'énergie se déplace, elle reste invariable dans l'ensemble ; si elle se transforme, si, par exemple, de visible elle devient vibratoire, la transformation inverse se produit aussi ; on le voit chaque jour dans nos machines à feu, où l'énergie vibratoire calorifique disparaît pour se manifester dans des mouvements visibles ; et peut-être ces deux transformations inverses arrivent-elles à se compenser. Déjà nous savons d'une manière certaine que, malgré les grandes variations que subissent, chacune de son côté, l'énergie potentielle et l'énergie actuelle de l'univers, l'énergie totale reste constante parce que toujours l'une gagne ce que l'autre perd.

Et cependant tous les changements qui se font dans le monde ne sont pas destinés à se compenser ; nous pouvons affirmer, et c'est notre troisième loi cosmologique, que l'énergie de l'univers est, pour ainsi dire, placée sur une pente naturelle qui facilite certains changements dans un sens déterminé. *La quantité d'énergie vibratoire augmente sans cesse aux dépens de l'énergie visible, et cette énergie vibratoire tend à se distribuer uniformément entre tous les corps de l'univers.*

C'est la thermodynamique qui, en étudiant la conversion de l'énergie vibratoire en énergie visible, appela d'abord l'attention des savants sur les faits que cette grande loi résume. Essayons de dire comment.

Pour trouver les lois de cette conversion, elle considère une machine à feu, d'une simplicité toute théorique, composée d'un corps de pompe cylindrique vertical, dans lequel une certaine quantité d'air est emprisonnée sous le piston, et peut, lorsqu'on le veut, être mise successivement en communication calorifique avec deux masses de températures inégales que nous appellerons le corps *chaud* et le corps *froid*. Supposant cette machine déjà mise en train et arrivée à la marche régulière, elle distingue dans une seule excursion complète du piston quatre périodes.

Dans la première, le piston commence à s'élever; l'air, qui se dilate nécessairement en pressant contre le piston, et tendrait par suite à se refroidir, emprunte au corps chaud une certaine quantité de chaleur.

Dans la seconde, cette communication calorifique avec le corps chaud est supprimée ; mais comme le piston achève de monter, l'air continue à se dilater en pressant contre lui, et il se refroidit.

Dans la troisième, le piston commence à redescendre, l'air se comprime et tend par suite à s'échauffer ; mais il est en communication avec le corps froid sur lequel il dégage de la chaleur.

Enfin dans la quatrième, on supprime cette communication, et comme le piston achève sa course descendante, l'air se comprime en s'échauffant de manière à reprendre exactement le volume et la température qu'il avait au début.

Le cycle des quatre périodes recommence alors et se répète périodiquement tant que la machine continue sa marche régulière. Voyons quelles ont été, pendant la durée du cycle, les transformations de l'énergie vibratoire. Pendant toute l'ascension du piston, l'air, en se dilatant, exécute un travail positif qui augmente l'énergie visible de ce piston et des corps avec lesquels il est relié par les organes de la machine ; mais aussi il prenait, pendant la première période, de la chaleur au corps chaud, et pendant la seconde sa propre température baissait. En d'autres termes, une certaine quantité de ce qui, dans cet air, était de l'énergie calorifique en est sortie à l'état visible pour se porter sur le piston et les corps extérieurs ; mais en même temps une certaine quantité d'énergie calorifique est passée du corps chaud dans l'air lui-même. Pendant la descente, le piston a perdu de l'énergie visible qui est passée dans l'air à l'état calorifique ; mais en même temps, pendant la troisième période une certaine quantité d'énergie calorifique de l'air passait sur le corps froid. Si l'on compare l'énergie visible cédée d'abord par l'air au piston, avec celle que le piston lui cède ensuite, on trouve que la première l'emporte sur la seconde; et par conséquent, à la fin du cycle on peut dire que la transformation a servi à augmenter dans l'univers la quantité totale d'énergie visible. Il faut donc que la quantité totale d'énergie calorifique ait diminué d'autant. Or, l'air du corps de pompe est, à la fin du cycle, dans le même état qu'au commencement ; donc, d'après la manière dont les transformations se sont opérées, toute la chaleur ainsi transformée a été prise au corps chaud. L'air a servi d'intermédiaire entre celui-ci et le piston, enlevant au premier de l'énergie calorifique, la transformant par sa dilatation en énergie visible et la transmettant sous cette forme au piston. Mais en outre il a servi d'intermédiaire purement thermique entre le corps chaud et le corps froid, car il a dégagé de la chaleur sur le second; or, puisque lui-même est revenu à son état initial, il faut qu'il ait emprunté cette chaleur au premier.

Donc, en résumé, après un cycle entier, il s'est produit un double courant d'énergie. Le premier courant a emporté du corps chaud une certaine quantité de chaleur et l'a déposée sur le piston sous forme d'énergie visible; le second courant a emporté de la même source une autre quantité de chaleur, et l'a déposée sur le corps froid, en lui faisant subir la transformation qu'on appelle une *chute* de chaleur, c'est-à-dire en la faisant passer d'une température plus élevée à une température plus basse.

Tel est, sur la distribution de l'énergie dans le monde, l'effet des changements de volume des corps, quand ces changements s'accomplissent, comme dans l'exemple précédent, suivant un cycle *direct*. Mais ils peuvent aussi s'accomplir suivant un cycle *inverse*. Supposons que, dans la même machine à feu, on distribue ainsi les quatre périodes : 1° le piston se relève, l'air n'a aucune communication thermique ; 2° le piston achève de s'élever, l'air communique avec le corps froid ; 3° le piston descend, l'air n'a aucune communication ; 4° le piston achève sa descente, l'air communique avec le corps chaud. Dans un cycle ainsi parcouru, il est aisé de voir que nos deux courants s'établissent précisément en sens contraires ; le premier emprunte au piston de l'énergie visible qu'il transforme en chaleur et dépose sur le corps chaud ; le second emprunte de la chaleur au corps froid et la dépose également sur le corps chaud, en la faisant ainsi *remonter* d'une température plus basse à une température plus élevée.

Mais, pour que cette seconde série de transformations puisse neutraliser *exactement* l'effet de la première, on trouve qu'il est nécessaire que, dans les deux séries, l'air qui change de volume accomplisse ce changement dans des circonstances que nous ne parvenons pas à réaliser parfaitement, même dans nos meilleures machines. Ces circonstances, qu'on appelle *conditions de réversibilité*, sont l'égalité absolue, pendant toute l'opération, 1° de la pression *extérieure* variable que le piston applique à l'air, et de la pression *intérieure* que cet air possède en vertu de son volume et de sa température ; 2° de la température de l'air et de celles des deux corps avec lesquels il se trouve successivement en communication thermique. Si ces deux conditions de réversibilité étaient toujours vérifiées dans la nature, on pourrait dire que le phénomène, si fréquent, si continu, des changements thermiques de volume ne contribue en rien à l'accomplissement de la troisième loi générale ; car le cycle inverse pourrait neutraliser exactement l'effet du cycle direct, et comme, dans ces mêmes conditions, l'un des cycles est exactement aussi probable que l'autre, il faudrait admettre qu'en définitive leurs effets arrivent à se compenser dans l'univers. Mais cette réversibilité parfaite, loin d'être la loi générale, est au contraire une exception qui ne se réalise guère ; et l'on trouve que deux cycles inverses l'un de l'autre, accomplis en dehors d'elle, ne se compensent plus, mais ont toujours pour effet de placer l'énergie sur la pente indiquée par la troisième loi. Ainsi pour ne citer que le cas le plus simple, dans une célèbre expérience imaginée par M. Joule, où il n'y a ni corps chaud, ni corps froid, ni pression extérieure, la dilatation de l'air se fait sans qu'aucune chaleur soit changée en énergie visible, tandis que le cycle inverse est impossible, et le retour de cet air à l'état primitif, par la compression, ne peut se faire sans changer l'énergie visible en chaleur.

Ce résultat attira, comme nous le disions, l'attention des savants sur une foule d'autres phénomènes, qui tous contribuent à faire marcher l'énergie dans le sens de la pente, tandis que les phénomènes inverses ne peuvent la relever. Quand, par exemple, deux corps viennent à se choquer, une partie au moins de leur énergie visible devient de la chaleur; mais il n'y a pas moyen de les mettre en mouvement en leur communiquant de la chaleur quand ils sont au contact. Il en est de même dans le frottement : de l'énergie visible s'y convertit en chaleur sans que le changement inverse soit possible. Or si l'on réfléchit au grand rôle que jouent dans l'univers les chocs et les frottements, on doit voir dans ces phénomènes une cause puissante qui travaille sans cesse à accomplir la première partie de la loi. La seconde partie s'accomplit de même à chaque instant, grâce à la loi des phénomènes purement thermiques, qui, soit par rayonnement, soit par conductibilité, tend à établir l'uniformité de la température.

C'est, au fond, en considérant à ce point de vue toutes les classes connues de phénomènes physiques, que l'on est arrivé à formuler la loi, et à se convaincre de son exactitude. Nous croyons d'ailleurs qu'il est possible d'indiquer la raison générale qui doit faire admettre au moins la première partie de cette loi.

Voyons en effet ce qui se passe quand une certaine quantité d'énergie visible se convertit en énergie vibratoire ; et pour fixer les idées, considérons cette conversion dans le cas d'un corps pesant qui tombe verticalement dans le vide et s'arrête à la surface du sol. On sait que le choc transforme toute la force vive de ce corps en une quantité équivalente de chaleur ; mais on sait assez par l'expérience qu'il n'y a pas moyen de produire le phénomène inverse. On aurait beau renverser le cycle, ou plutôt la série, et commencer par donner de la chaleur au sol et au corps pesant lorqu'ils sont en contact, jamais le corps pesant ne quittera le sol pour remonter au point d'où il est descendu. Cela se comprend aisément si l'on considère, dans cette chute et dans cette élévation de température, les phénomènes élémentaires dont ils se composent. Dans la chute, tous les atomes du corps pesant ont des vitesses égales et parallèles. C'est un état simple et uniforme, naturellement produit par une cause unique, la pesanteur. Mais cette simplicité et cette uniformité disparaissent au moment du choc; parce que les forces moléculaires multiples du corps et du sol entrent alors en jeu, et il en résulte un ensemble, qu'à un certain point de vue on pourrait appeler désordonné, de vitesses atomiques inégales dans toutes les directions. A cet état correspond une certaine température dans les divers points des deux corps en contact; mais la même température correspondrait à une infinité d'autres états vibratoires. Quelles sont les conséquences de cette transformation? Sans doute, il est parfaitement certain que si plus tard à un moment quelconque on donnait à tous les atomes des deux corps des vitesses égales et diamétralement opposées à celles que le choc a produites, il en résulterait non seulement la même température, mais encore toute une série exactement inverse de phénomènes, de façon que le corps pesant se détacherait du sol avec la vitesse qu'il avait en y arrivant, et remonterait verticalement à la hauteur d'où il est tombé ; mais pour cela, il ne suffit pas de faire absorber une certaine quantité de chaleur et d'arriver à une certaine distribution de la température ; pas plus que, pour faire un livre, il ne suffit de réunir dans un ordre quelconque le million de lettres dont il se compose. Il faudrait, entre tous les états vibratoires en nombre infini qui correspondent à la même distribution de la température, choisir exactement l'état inverse de celui qui a produit le choc. De quelque façon qu'on s'y prenne pour communiquer la température, on n'a évidemment aucune chance de rencontrer cet état vibratoire particulier ; et l'on comprend par suite que, malgré la possibilité théorique du contraire, le phénomène se passe toujours comme l'expérience nous le montre.

Il est bien facile de généraliser cet exemple. Dans un grand nombre de cas, on voit sans peine que la simplicité et l'uniformité doivent se diviser en une multiplicité extrêmement variée, tandis que, vu le nombre infini de chances contraires, l'inimaginable multiplicité des mouvements atomiques est incapable de se réduire à l'unité. C'est pour cela que, dans les phénomènes de la nature, l'énergie visible a énormément plus de chances de se diviser en énergie vibratoire, que celle-ci n'en a de se concentrer en énergie visible ; c'est pour cela, par conséquent, que, selon la première partie de la loi que nous étudions, *la quantité d'énergie vibratoire augmente sans cesse aux dépens de l'énergie visible.*

Cette loi remarquable, bien que découverte depuis peu d'années, peut déjà être regardée comme aussi solide que les deux lois de la constance de la masse et de l'énergie. Elle est aussi bien établie que la plupart des lois expérimentales admises dans les sciences et, comme toutes ces lois, elle doit gagner en certitude avec le temps qui permet de multiplier les expériences pour les confirmer, et les observations pour en mieux démontrer la généralité. On le voit, d'ailleurs, il s'ensuit que l'univers, placé sur une pente, marche sans cesse vers un état que probablement il n'atteindra jamais, mais dont il pourra indéfiniment se rapprocher. Citons à ce propos les paroles de M. Clausius, un des fondateurs de la nouvelle science de la chaleur :

« Plus l'univers s'approche de cet état limite..., plus les occasions de nouveaux changements disparaissent ; et si cet état se réalisait enfin, aucun nouveau changement n'aurait plus lieu, et l'univers se trouverait dans un état de mort persistante. Bien qu'actuellement il en soit encore très éloigné, et bien qu'il s'en rapproche avec une lenteur excessive, car nos périodes historiques sont de courts intervalles auprès des périodes immenses dont l'univers a besoin pour effectuer d'une manière successive ses moindres transformations, il y a une conséquence importante qui subsiste toujours, c'est qu'on a trouvé une loi naturelle qui permet de conclure d'une manière certaine que, dans l'univers, tout n'a pas un cours circulaire, mais que les modifications ont lieu dans un sens déterminé, et tendent ainsi à amener un état limite [1]. »

Il n'est pas nécessaire, pour concevoir cet état limite, de se représenter l'univers comme une masse d'une température uniforme dans laquelle ne se produiraient plus que des mouvements vibratoires. Il est possible que des portions de son énergie visible échappent éternellement au changement. Si, par exemple, les corps célestes ne sont pas soumis au frottement dans l'éther, si leurs

[1] Rapport de M. Clausius au *Congrès des naturalistes et médecins allemands*, session de Francfort-sur-le-Mein. Une traduction de ce travail a paru dans la *Revue des cours scientifiques*, février 1868.

révolutions sont tellement équilibrées qu'un certain nombre d'entre eux ne doivent jamais arriver à s'entre-choquer, on ne voit pas ce qui pourrait amener la conversion de leur énergie visible en calorifique. Mais il reste toujours vrai qu'un état, où aucune conversion de ce genre ne peut se produire, n'est comparable qu'à la mort ; or c'est vers un tel état que l'univers marche sans cesse. On peut donc dire qu'en naissant il a été comme nous condamné à mourir, et que la sentence s'accomplit lentement sous nos yeux.

C'est de cette troisième loi que nous parlions au commencement du chapitre II, quand, après avoir indiqué combien la physique moderne était peu encourageante pour le matérialisme, nous ajoutions : « L'athéisme est encore plus maltraité par cette théorie ; car déjà, dans son état actuel, elle établit scientifiquement le fait de la création. C'est d'elle en effet que découle une loi magnifique, découverte depuis moins d'un quart de siècle, admise, croyons-nous, par tous les savants qui l'ont étudiée, et qu'il suffit d'admettre pour être clairement, rigoureusement obligé de conclure que le monde matériel a eu un commencement. » En effet, il est évident d'abord qu'on ne peut admettre, comme M. Clausius, l'existence d'un état limite de l'univers, sans admettre en même temps que l'univers existant est limité ; car s'il était infini, son énergie visible serait elle-même infinie, et rien n'autoriserait à dire qu'elle s'épuise. Du reste, le chapitre IV a montré, d'une manière absolument irréfutable, que l'univers infini est une absurdité, qu'on ne peut l'admettre sans se contredire. Or, si l'univers n'avait pas eu de commencement, il ne pourrait pas être aujourd'hui en marche vers un état limite, il y serait arrivé depuis longtemps. L'énergie universelle serait toute transformée et distribuée comme elle doit l'être dans un lointain avenir. Si le monde était éternel, le monde serait mort aujourd'hui. Donc chaque transformation nous démontre qu'il n'est pas éternel et qu'il a eu un commencement. Pour se soustraire à cette conséquence, pour rejeter la création, il faut, tout en parlant au nom de la science moderne, ignorer ou repousser aveuglément l'une de ses plus belles découvertes.

Les trois grandes lois que nous venons d'étudier, la troisième surtout, amèneraient ici tout naturellement le sujet indiqué dans les dernières lignes du chapitre précédent, à savoir le plan du Créateur et le rôle assigné à nos actes dans l'ensemble de l'univers. Nous devons pourtant, avant de l'aborder directement, signaler une remarque fort simple et fort originale, publiée il y a trois ans par M. Philippe Breton, de Grenoble, ingénieur en chef des ponts et chaussées [1]. Il ne paraît pas qu'elle ait attiré l'attention qu'elle mérite, à moins qu'on n'ait simplement négligé de la relever parce que, faute d'en apprécier nettement la portée, on ne savait trop comment s'en autoriser ou comment la combattre.

Le point de départ de M. Breton est un théorème de mécanique, très clairement énoncé dans les passages suivants : « Connaissant la série complète de tous les états successifs d'un système de corps, et ces états se suivant et s'engendrant dans un ordre déterminé, du passé qui fait fonction de cause à l'avenir qui a le rang d'effet, considérons un de ces états successifs, et, sans rien changer aux masses composantes, ni aux forces qui agissent entre ces masses, ni aux lois de ces forces, non plus qu'aux situations actuelles des masses dans l'espace, remplaçons chaque vitesse par une vitesse égale et contraire... Nous appellerons cela *révertir* les vitesses ; ce changement lui-même prendra le nom de *réversion*, et nous

[1] De la réversibilité de tout mouvement purement matériel. *Les Mondes*, 2, 9, 16 et 23 décembre 1875. Publié de nouveau, en 1876, avec quelques additions de l'auteur, dans les *Actualités scientifiques* de M. l'abbé Moigno.

appellerons sa possibilité *réversibilité* du mouvement du système...

» Or, quand on aura opéré (non dans la réalité mais dans la pensée pure) la réversion des vitesses d'un système de corps, il s'agira de trouver, pour ce système ainsi réverti, la série complète de ses états futurs et passés : cette recherche sera-t-elle plus ou moins difficile que le problème correspondant pour les états successifs du même système non réverti ? Ni plus ni moins, et la solution complète de l'un de ces deux problèmes donnera celle de l'autre par un changement très simple, consistant, en termes techniques, à changer le signe algébrique du temps, à écrire $-t$ au lieu de $+t$, et réciproquement. C'est-à-dire que les deux séries complètes d'états successifs du même système de corps différeront seulement en ce que l'avenir deviendra passé, et que le passé deviendra futur. Ce sera la même série d'états successifs parcourue en ordre inverse. La réversion des vitesses à une époque quelconque révertit simplement le temps ; la série primitive des états successifs et la série révertie ont, à tous les instants correspondants, les mêmes figures du système avec les mêmes vitesses égales et contraires. Si l'on considère deux époques dans une de ces séries d'états avec les deux époques correspondantes dans l'autre série, et si l'on compare dans ces deux séries les chemins décrits par un même corps entre ces deux couples d'époques correspondantes, on trouvera identiquement le même chemin, parcouru par ce corps en deux sens opposés. »

Il faut, pour être parfaitement exact, apporter à cet énoncé un peu trop général une restriction qui, d'ailleurs, est absolument sans conséquence pour les applications au système de l'univers ; il faut en excepter certains problèmes de mécanique dans lesquels, grâce à la manière dont ils sont traités, les forces sont ce qu'on appelle des fonctions du temps. Quant à la démonstration, M. Breton ne la donne pas ; mais elle est bien facile à faire Il suffit de supposer que l'on change, dans les équations qui renferment complètement le problème, soit le signe des vitesses initiales, soit le signe du temps considéré comme étant la variable indépendante [1] ; les deux changements donnent le même résultat, et c'est en cela précisément que consiste le théorème.

M. Breton applique ce principe général comme devrait le faire un matérialiste conséquent, pour

[1] Par ce dernier changement les dérivées premières changent de signe, et les dérivées secondes restent inaltérées.

lequel les phénomènes matériels sont les seuls qui existent, pour lequel par conséquent les phénomènes vitaux dans les animaux et les phénomènes de l'ordre intellectuel et moral dans l'homme doivent tous se réduire en dernière analyse à des déplacements mécaniques d'atomes ; « mais, dit-il, je proteste d'avance que, de ma part, ce n'est là qu'un rôle, une fiction ; et si je prends ce rôle, c'est dans l'intention de le pousser à des conséquences suffisamment absurdes pour manifester sa fausseté. » Suivons-le dans ses applications.

Une goutte de pluie, en tombant à travers l'air et en se mêlant avec l'eau d'un étang, produit des mouvements qui sont fort bien décrits par notre auteur. Supposant alors que la réversion se produise, il nous montre tous ces mouvements s'exécutant en ordre inverse et à rebours ; la goutte de pluie se refait aux dépens de l'étang et « commence à remonter en l'air ; puis toutes les molécules d'air que la goutte en tombant avait dérangées de leur mouvement, viennent lui restituer les actions qu'elles en ont reçues. » Quelques pages plus haut, nous avons fait du principe de la réversion une application toute semblable quand nous avons dit de quelles conditions *pratiquement irréalisables* dépendait la réversion de la chute d'un corps pesant qui s'est arrêté sur le sol. M. Breton ajoute :

« Ceci commence bien à froisser un peu le bon sens : ce sera bien mieux si, au lieu d'une seule goutte de pluie, nous considérons toute une averse, composée de millions de gouttes inégales, ayant des vitesses inégales, qui, pendant leur chute réelle, se sont souvent rencontrées deux à deux et fondues en une seule goutte plus grosse. »

La manière dont une pierre se casse entre l'enclume et le marteau est ensuite exposée par le menu, puis on en vient à la réversion. « Voyez-vous les fragments de pierre qui viennent se rejoindre et se recoller entre l'enclume et le marteau, et renvoyer celui-ci en l'air ; après quoi la pierre a retrouvé sa forme, sa cohésion, sa dureté, toutes ses propriétés physiques, telles qu'elles étaient avant le cassage ? Il me semble que le froissement du bon sens augmente un peu. »

Comme troisième exemple pris dans les corps inorganiques, M. Breton décrit un cône d'éboulis au pied d'un rocher escarpé, et ajoute : « De toutes ces remarques, l'homme de bon sens conclut que le rocher supérieur laisse tomber de temps en temps des fragments de lui-même, de diverses grosseurs, qui bondissent plus ou moins facilement sur le tas déjà ancien, selon que la masse et le volume de chaque fragment le rend plus ou moins propre à prolonger la série de ses bonds descendants ; que ce tas est un cône d'éboulis qui s'est formé peu à peu de fragments détachés un à un du rocher, à des intervalles de temps assez longs pour que chacun d'eux soit allé s'arrêter à sa place, sans être gêné dans sa descente par d'autres blocs descendant avec lui et le touchant presque continuellement...

» Survient alors un géomètre doué d'une foi robuste dans la certitude de toutes les formules mathématiques, jointe à un dédain profond de tout ce qui n'entre pas dans ces formules, et qu'il qualifie de métaphysique ; je suppose que ce géomètre ait examiné la théorie de la réversion, et reconnu que tout phénomène réel est théoriquement réversible. En conséquence il affirme tranquillement à notre observateur que ses conclusions sont douteuses ; qu'on peut croire tout aussi bien que ce n'est pas le rocher qui a fourni les matériaux du cône que l'on prétend être formé d'éboulis, mais qu'au contraire le cône a été autrefois plus grand qu'à présent, qu'il décroîtra dans l'avenir en envoyant en haut des pierres qui monteront jusqu'au rocher et s'y colleront. Pour le prouver, il invoque la réversion des mouvements moléculaires, qui subsistent certainement quelque part après que chaque fragment tombé du rocher s'est arrêté...

» Je ne dis pas encore à qui je donne raison dans ce débat. Je remarquerai seulement qu'il serait facile de multiplier les exemples de réversions choquant le bon sens universel, sans sortir de l'ordre purement physique, et en se laissant simplement guider par la loi générale de la dynamique, telle que les géomètres l'ont formulée. Et comme rien n'autorise à assigner des bornes quelconques à l'étendue et à la variété du monde physique ; comme d'ailleurs toutes les combinaisons possibles de vitesses des éléments matériels à un instant donné sont également probables, il est hautement probable, ou plutôt il est certain qu'il existe quelque part, dans les profondeurs de l'immensité, un monde où tous les phénomènes physiques dont nous sommes témoins se passent en ordre inverse. Ce monde que vous jugez être à rebours du bon sens, est simplement à rebours de vos habitudes. Là la lumière va de l'espace céleste vers les soleils ; là les actions chimiques, électriques, élastiques, caloriques, que nous connaissons, se produisent à rebours de nos expériences, et leurs explications et leurs lois sont les mêmes que chez nous... »

Dans le règne végétal nous verrions, par la réversion, une poire tombée « qui se dépourrit, qui devient fruit mûr, qui se recolle à son arbre, puis redevient fruit vert, qui décroît, et redevient fleur flétrie, puis fleur semblable à une fleur fraîchement éclose, puis bouton de fleur, puis bourgeon à fruit, en même temps que ses matériaux repassent les uns à l'état d'acide carbonique et vapeur d'eau répandue dans l'air, les autres à l'état de sève, puis à celui d'humus ou d'engrais.» Nous verrions « les bois pourris se dépourrir, se recoller en branches, en troncs, en racines vivantes ;... les feuilles mortes se raccrocher chacune à sa place sur son arbre, en repassant de la couleur brune au rouge, puis au jaune, puis au vert,... se contracter en feuilles naissantes, se réenvelopper en bourgeons, et les branches qui étaient déjà durcies repasser par la consistance herbacée des jeunes pousses, pour décroître et se renfermer en bourgeons, puis chaque arbre décroître et redevenir une graine. Et il n'y a pas de raison pour s'arrêter là, cette graine devant se démûrir, redevenir fleur passée, etc. »

Nous verrions dans le règne animal « les débris des os et de la chair de la proie qui reviennent de l'estomac du carnassier dans sa bouche, pour se reconstruire entre ses dents, et reconstituer la proie toute vivante, puis... les deux bêtes se mettent à courir à reculons, le carnassier s'enfuyant affamé devant le derrière de son ex-proie. » Au lieu de dire : *omne vivum ex ovo*, tout ce qui vit vient d'un œuf, il faudrait dire : tout être vivant sort d'un cadavre et finit en un œuf.

Par la réversion encore, « les deux règnes organiques opèrent en sens inverse de ce que nous connaissons. La respiration animale prend l'acide carbonique dans l'air, garde le charbon et même l'hydrogène pour enrichir le sang de matières combustibles, et celles-ci, entre les dents des animaux, s'assemblent en organes végétaux ; puis les plantes ainsi constituées décroissent en brûlant leurs matériaux combustibles, et rendent à l'air ces matériaux brûlés. »

Enfin si, nous conformant aux dogmes matérialistes, nous appliquons aux hommes les lois de ce monde réverti, nous trouvons qu'ils entendent les paroles avant qu'elles ne soient prononcées, qu'ils aperçoivent les éclipses avant qu'elles ne se produisent. Ils se rappellent l'avenir, et devinent timidement ce qui vient de leur arriver. A mesure que l'avenir se réalise dans le présent, ils l'oublient ; ils n'ont pas d'historiens, mais des prophètes. Ils exécutent leurs résolutions avant de les avoir prises, et ne les prennent que pour exercer quelque action sur les événements passés. Ils ne se repentent jamais que des actes qu'ils n'ont pas posés, et attendent souvent pour commettre un crime qu'ils en aient été punis d'abord par les tribunaux. Dans l'industrie, ils défont leurs machines pour reconstituer le minerai, et enfouissent profondément toute la houille qu'ils trouvent. Dans le commerce, ils transportent les marchandises aux lieux où elles abondent; ils n'aiment pas ceux qui les paient longtemps à l'avance. Dans leurs études, ils commencent par les parties les plus ardues; leurs mathématiciens, par exemple, possèdent la théorie des fonctions elliptiques plusieurs années avant d'apprendre la table de multiplication. Leurs guerres commencent toujours par un traité de paix. Leurs journaux ne se composent qu'après avoir été distribués au public, et la poste chez eux a généralement l'avance sur le télégraphe. Sans qu'il soit nécessaire de parler de leur politique, on voit que l'on peut aisément accumuler ici autant d'absurdités que l'on voudra.

Il est parfaitement évident que les réversions supposées dans ce dernier paragraphe sont essentiellement impossibles. Leur possibilité est cependant une conséquence que les matérialistes ne peuvent éviter, s'ils admettent la physique moderne; et par conséquent nous avons ici une nouvelle réfutation de leurs tristes doctrines. Mais nous ne pouvons la faire valoir qu'à la condition de résoudre une difficulté que la réversion, considérée dans les phénomènes purement matériels, semble élever contre les principes mêmes de cette science. D'un côté, en effet, les phénomènes matériels révertis, pris en eux-mêmes, paraissent absolument improbables, pratiquement impossibles. De l'autre, si l'on considère quel simple changement de données suffirait, d'après les principes de la physique moderne, à les rendre nécessaires, ils paraissent être aussi probables, *à priori*, que les phénomènes auxquels nous sommes habitués. Il y a là une contradiction, au moins apparente, qui, si elle n'était pas clairement détruite, constituerait une objection sérieuse contre ces mêmes principes, et contre toutes les conséquences qu'ils nous ont fournies. Nous allons donc essayer de résoudre cette difficulté ; mais il faut désormais nous séparer de M. Breton ; car, s'il admet comme nous la physique moderne, il la sauvegarde ici par un système que nous ne pouvons admettre.

Si nous l'avons bien compris, il soupçonne qu'il y a « une lacune essentielle dans la mécanique rationnelle ; » il réclame, pour la combler, « l'introduction, dans l'emploi mathématique du temps, de quelque condition expressément manifestée par la notation, qui ne permette pas » de confondre le passé et l'avenir. Il semble croire qu'alors on ne rencontrerait plus de ces réversions qui lui font dire : « Ceci commence bien à froisser un peu le bon sens... Il me semble que le froissement du bon sens augmente un peu ; » et dont on rencontre cependant tant d'exemples « choquant le bon sens universel, sans sortir de l'ordre purement physique, et en se laissant simplement guider par la loi générale de la dynamique, telle que les géomètres l'ont formulée. » Nous le dirons sans détour. Il nous est bien évident que la mécanique rationnelle n'est pas en défaut, et qu'aucune précaution comme celle que suggère M. Breton ne peut avoir la moindre influence sur les conclusions qu'il voudrait écarter ; car si l'on change le signe du temps, ce n'est pas pour rendre possible le problème réverti, ni même, à proprement parler, pour le résoudre ; c'est uniquement pour le comparer au problème primitif, et relier entre elles les deux solutions. Chaque fois que nous saurons résoudre l'un quelconque des deux, nous saurons résoudre l'autre, directement, par les mêmes procédés, et sans recourir à la considération d'aucun temps négatif. La précaution suggérée sera donc manifestement superflue, puisqu'il sera absolument impossible de confondre le passé et l'avenir. Du reste, M. Breton n'essaie pas de montrer comment ce qu'il propose corrigerait la théorie générale de la réversibilité. Il admet, dans son travail, certains cas de réversion, par exemple, pour les mouvements des corps célestes; comment parvient-il à les conserver, tout en rejetant les autres ? Et puis, que peut-il lui rester de son argument contre les matérialistes ? Au fond, il dit à ceux-ci : les phénomènes de l'ordre intellectuel et moral ne peuvent être purement matériels, puisqu'ils deviennent absurdes dans la réversion. — Mais cela suppose que *tout* phénomène purement matériel peut être réverti sans devenir absurde. Or, M. Breton semble bien penser le contraire.

Pour lever nous-même l'apparente contradiction signalée plus haut, nous ne dirons pas à M.Breton : ce que dans l'ordre matériel, « vous jugez être à rebours du bon sens, est simplement à rebours de vos habitudes. » Non, nous reconnaissons que ces phénomènes, comme la pluie qui remonte, la pierre cassée qui se reforme, le rocher qui se reconstitue aux dépens de l'éboulis, sont, pour qui les considère en eux-mêmes excessivement improbables, tellement improbables qu'il faut les regarder comme pratiquement impossibles. Seulement nous n'allons pas jusqu'à les déclarer théoriquement impossibles; parce que, sans même songer au théorème général de la réversion, nous concevons aisément que certaines conditions d'ordre dans les actions moléculaires, conditions qui ne sont pas absurdes, les rendraient nécessaires. Quant à leur improbabilité, loin de contredire nos principes, elle en est une conséquence. Déjà ce que nous avons dit plus haut, en indiquant la raison générale de notre troisième loi cosmique, nous autorise à prédire que leur possibilité théorique n'a aucune chance de devenir jamais une réalité. Le phénomène direct a toutes les chances pour lui, parce qu'il consiste dans la dispersion de l'énergie visible en une multitude quelconque de mouvements divers ; le phénomène réverti n'en a aucune, parce qu'il consiste dans la concentration régulière, en un mouvement visible déterminé, d'une multitude énorme de petits mouvements qui peuvent exister d'une infinité de manières sans avoir aucune tendance à la concentration. L'exemple donné plus haut d'un livre formé par la réunion fortuite d'un million de lettres, suffit à peine à nous faire apprécier de pareilles improbabilités ; il y a tant de milliards d'atomes dans la moindre goutte d'eau, et chacun d'eux peut y prendre tant de mouvements divers, que nous croirions à la formation fortuite de tous les livres d'une bibliothèque, plutôt qu'au mouvement réverti d'une seule goutte de pluie. Aussi nous rejetons sans hésiter la singulière assertion, déjà citée, que M. Breton croit être une conséquence de la réversion: « Et comme rien n'autorise à assigner des bornes quelconques à l'étendue et à la variété du monde physique; comme d'ailleurs toutes les combinaisons possibles de vitesses des éléments matériels à un instant donné sont également probables, il est hautement probable, ou plutôt il est certain qu'il existe quelque part, dans les profondeurs de l'immensité, un monde où tous les phénomènes physiques dont nous sommes témoins se passent en ordre inverse. » — Malgré l'immense étendue et la variété du monde physique, la probabilité des phénomènes qui nous occupent est si faible, grâce entre autres au nombre des « combinaisons possibles de vitesses des éléments matériels, » qu'il n'y a aucune raison de leur assigner pour théâtre, dans les profondeurs de l'immensité, ni un monde ni une fraction quelconque de monde.

Comprenons bien pourtant cette négation. Il n'y a aucune raison, c'est-à-dire que rien, absolument rien, dans la nature d'un pareil monde, ne nous autorise à admettre sa réalisation. Mais puisque, après tout, il est théoriquement possible, il faut bien reconnaître que le Créateur peut l'appeler à l'existence. Seulement, pour croire à ce décret divin, il faudrait une raison, la seule que l'on pût maintenant invoquer, c'est qu'il s'harmoniserait bien avec ce que nous croyons connaître du plan providentiel. Or, quelque conjecturale et sujette à l'erreur que soit cette manière de découvrir ce qui existe, nous devons faire remarquer qu'elle n'est, en aucune façon, favorable à l'existence d'un monde réverti. En effet, d'après ce que nous venons de voir, les phénomènes révertis exigent souvent le concours d'un nombre presque infini de circonstances indépendantes, et c'est là ce qui les rend improbables ; évidemment la même raison fera que, dans la plupart des cas, la moindre influence extérieure suffirait pour empêcher le phénomène, en écartant ou changeant quelques-unes de ces circonstances, et en rendant ainsi leur concours impossible. L'ordre régulier, dans un pareil monde, serait donc quelque chose d'éminemment instable, où les plus légers caprices des agents volontaires pourraient apporter d'énormes perturbations. Se figure-t-on ce que deviendrait la société humaine, si chacun de nous avait le pouvoir de bouleverser la terre en remuant le doigt ? Bien loin d'entrer dans les vues de la Providence, il nous semble qu'un pareil monde, s'il se présentait naturellement, devrait être écarté par elle. En tout cas, grâce à l'instabilité fatalement attachée à tout ce qu'il offrirait d'étonnant, les agents volontaires le ramèneraient bien vite à n'être qu'un monde ordinaire.

Il est donc bien entendu que nous n'atténuons en aucune façon l'improbabilité d'un grand nombre de phénomènes révertis. Le fait qu'il suffit, pour les produire, de retourner toutes les vitesses les rend-il plus probables ? Nous allons voir le contraire, et le théorème de la réversion nous aidera lui-même à faire cette démonstration.

Voyons d'abord ce que renferme cette condition du retournement des vitesses, qui a l'air d'être aussi facile à remplir qu'à formuler. Supposons un instant qu'on veuille la remplir par l'application de forces extérieures à tous les points mobiles de l'univers. Quel serait le travail de ces forces ? On peut le décomposer en deux parties égales; la première aurait pour effet de détruire toutes les vitesses, la seconde de produire des vitesses égales en sens contraires. Chacune de ces parties peut se mesurer par la force vive qui lui est équivalente. Or, on le voit, pour l'une et pour l'autre, cette force vive est précisément toute la force vive de l'univers. Il est vrai que la première partie serait un travail négatif et la seconde un travail positif, de façon que la somme serait nulle et qu'après l'intervention de ces forces extérieures l'énergie actuelle de l'univers serait redevenue ce qu'elle était auparavant; mais on sait qu'en mécanique, quand il s'agit d'une force, travail et action sont loin d'être synonymes. On a vu, au chapitre II, l'exemple d'une force qui agit constamment, et dont cependant le travail est constamment nul. Le retournement de toutes les vitesses exigerait donc une action énorme; mais quand même on le réduirait à des proportions moins gigantesques, il serait encore absolument impossible de le réaliser, par des forces mécaniques, dans les conditions que suppose l'énoncé du théorème. En effet, le retournement, pour ne point altérer les positions des atomes, devrait se faire, non en un temps très court, mais en un instant. Or il n'y a aucune force mécanique, quelque grande qu'on la suppose, qui puisse, en un instant, changer d'aussi peu que l'on voudra la vitesse d'un mobile. Donc, tel que nous l'avons supposé jusqu'ici, le retournement ne pourrait se faire que par un miracle; et ce miracle serait bien le plus grand qu'on puisse imaginer dans l'ordre purement matériel. Mais qui oserait lui attribuer la moindre probabilité?

Gardons-nous cependant d'exagérer l'importance de cette remarque. On peut, en effet, conclure du théorème de la réversion, que si, à un instant quelconque dans l'avenir, les vitesses arrivaient à être toutes contraires à ce qu'elles sont aujourd'hui, tandis que le système des atomes serait précisément revenu à sa figure actuelle, à partir de cet instant, ou plutôt autour de cet instant, tous les phénomènes seraient exactement les inverses de ce qu'ils sont à l'époque actuelle. Ainsi exprimée, la condition n'exige plus de changement instantané. Mais il est aisé de voir qu'elle ne pourra jamais être remplie. Admettons, en effet, que ce genre de réversion doive un jour se produire. D'après le théorème fondamental, les phénomènes qui découlent de l'état actuel du monde devront nécessairement, révertis et rangés en ordre inverse, précéder et amener cet état futur ; en d'autres termes, toute la série intermédiaire des phénomènes, parcourue à rebours, doit être sa propre révertie. Cette série se composera donc de deux parties parfaitement symétriques, égales en durée, dont l'une sera la révertie de l'autre. Que sera donc l'état de l'univers juste au milieu de cet intervalle de temps, à l'instant précis qui termine la première partie et commence la seconde ? Ce sera un état qui est à lui-même son propre réverti, c'est-à-dire, un état qui ne change pas par le retournement de toutes ses vitesses. Ce sera donc un état *où toutes les vitesses sont nulles*. Des vitesses nulles, à la vérité, ne sont pas nécessairement le repos ; elles peuvent ne correspondre, et dans notre hypothèse elles ne correspondraient qu'à un seul instant ; elles n'auraient aucune durée. Ainsi, pour citer un exemple qui se présente de lui-même à propos de réversion, le pendule simple, arrivé au plus haut de sa course, a une vitesse nulle, mais ne reste pas en repos. Cette vitesse nulle étant sa propre révertie, le pendule repasse alors, en ordre inverse et avec des vitesses retournées, par toutes les positions qu'il a précédemment occupées. Mais il est aisé de voir que, si un pareil fait se produit périodiquement dans les oscillations planes du point unique qui constitue le pendule simple, jamais il ne pourra se produire pour l'ensemble des atomes de notre univers. Car, sans compter les mouvements révolutifs des planètes qui, comme nous le disions à propos de la troisième loi générale, ont toute chance de ne jamais disparaître dans l'énergie vibratoire, ce n'est que par exception que certains mouvements vibratoires admettent, comme le pendule, une vitesse nulle en deux points de leur trajectoire.

En général, la vitesse d'un atome qui vibre oscille entre un maximum et un minimum qui n'est pas nul. Et quand bien même tout atome en vibrant serait capable d'une vitesse nulle, comme il ne l'aurait jamais qu'à certains *instants* séparés par des *intervalles* continus, il n'y a pas la moindre probabilité que tous les atomes puissent arriver exactement ensemble à cette phase singulière de leurs mouvements. Il faut donc reconnaître que, jusqu'au plus lointain avenir de notre univers, avenir sur lequel la troisième loi générale nous a donné quelque lumière, il y aura toujours dans l'énergie totale une certaine quantité d'énergie actuelle; que jamais il ne viendra un instant où toutes les vitesses seront nulles, et que jamais, par conséquent, l'ordre actuel ne sera réverti.

Il est pourtant permis d'admettre un instant où toutes les vitesses atomiques ont été nulles ensemble; mais dans l'univers que nous connaissons, cet instant ne peut être que le véritable instant initial; car, une fois commencée la série de ses mouvements, on peut être sûr, d'après ce que nous venons de voir, qu'un pareil instant ne se présentera plus. On n'a jamais démontré qu'un commencement à partir du repos fût impossible; et s'il n'est pas impossible, il nous semble de beaucoup le plus probable; car alors tous les phénomènes purement matériels seraient bien réellement dus aux seules forces atomiques; si au contraire on admet des vitesses réelles dès le premier instant, les premiers phénomènes seraient dus à une autre cause, et ces vitesses auraient déposé, dans le trésor désormais constant de l'énergie totale, une portion qui ne serait pas due à l'activité des substances atomiques. Elles constitueraient une intervention véritable, surajoutée à la création; intervention qui est très possible sans doute, mais qu'il faudrait admettre seulement si elle était reconnue indispensable. Quoi qu'il en soit, si l'on ne veut pas admettre, même à l'origine du monde, un état où toutes les vitesses sont nulles, il faudra *à fortiori* le rejeter dans toute la série du passé; il faudra, par suite, nier également toute réversion dans le passé; car il y a nécessairement, comme nous l'avons vu, un pareil état entre deux états mutuellement révertis. Si, au contraire, on suppose toutes les vitesses nulles à l'instant réellement initial du monde, on ne réserve pour les phénomènes révertis que le temps antérieur, où il n'y avait pas de phénomènes.

Ainsi donc, loin de rendre probables les phénomènes révertis qui, considérés en eux-mêmes, nous apparaissaient comme pratiquement impossibles, le théorème général de la réversion nous démontre que leur existence ne peut être admise ni dans l'avenir, ni dans le passé.

Ces remarques suffisent pour faire disparaître la contradiction apparente qui nous embarrassait. Nous ne les pousserons pas plus loin ; et nous renonçons à développer l'argument nouveau qu'elles fournissent contre le matérialisme. Contentons-nous d'en indiquer sommairement la substance. Quelque improbable que soit la réversion pour les phénomènes purement matériels de notre univers, elle n'est pas absurde en elle-même et elle ne peut pas l'être, parce que, de deux états successifs d'un système atomique, chacun peut, absolument parlant, jouer relativement à l'autre le rôle de cause ou le rôle d'effet ; ce n'est pas la nature de ces états, c'est l'ordre de succession qui décide. Mais il n'en est plus de même dans les phénomènes de l'ordre intellectuel et moral ; l'échange des rôles entre ce qui est la cause et ce qui est l'effet y est ordinairement impossible ; de là les absurdités essentielles qu'y produit l'hypothèse d'une réversion, et dont nous avons vu plus haut quelques exemples. Il s'ensuit évidemment que ces phénomènes ne sont pas de l'ordre matériel. Pour échapper à cette conclusion, il faut nier le théorème de la réversion, il faut s'inscrire en faux contre la mécanique rationnelle.

Abordons enfin la partie de ce chapitre qui doit le plus vivement intéresser un philosophe : le plan providentiel et le rôle que nous y jouons. Au fond, tout ce qui précède renferme les traits les plus généraux qui nous soient connus du plan de l'univers ; mais, après l'avoir lu, nous devons être bien tentés de considérer notre rôle comme fort insignifiant. Ainsi nous venons de voir que, dans l'ordre adopté, il n'y a aucune place pour ces phénomènes révertis qui, s'ils avaient souvent la chance de se produire, donneraient par leur instabilité une redoutable puissance aux caprices de notre liberté. Ainsi encore, nous avons reconnu dans cet ordre trois grandes lois qui nous dominent tyranniquement ; la constance de la masse sur laquelle nous ne pouvons rien ; la constance de l'énergie dans laquelle nos mouvements volontaires, nous le verrons plus tard, n'apportent que des modifications imperceptibles ; et enfin la marche de l'énergie dans un sens déterminé, dont nos machines à feu et toute notre industrie ne peuvent altérer, d'une façon appréciable, ni la direction, ni la rapidité. Ces grands faits d'ailleurs ne nous étaient pas nécessaires pour démontrer notre impuissance ; elle éclate de toutes parts. Nous aurons beau multiplier nos ressources par les découvertes de la science, coordonner socialement nos efforts d'après les règles les plus sages de l'économie, et accumuler le travail des générations qui se succèdent, nous ne parviendrons jamais, même dans la carrière si restreinte accessible à notre activité, soit à enrayer le char de la nature, soit à le diriger. Dieu, qui seul lui marque sa route, n'en veut pas confier les rênes au suffrage universel. Tout ce que nous pouvons, c'est d'y prendre place comme simples passagers.

Et cependant, à un autre point de vue, il est vrai de dire que notre influence sur le monde matériel est immense, qu'elle est vraiment proportionnée à la supériorité de la créature intellectuelle et morale sur la substance atomique, aveugle et inconsciente ; seulement cette influence ne s'exerce pas directement, elle a pour intermédiaire la providence divine. — En parlant ainsi, nous ne voulons pas dire vaguement que l'existence du monde purement matériel a été subordonnée à celle de la créature rationnelle, que notre terre, par exemple, a été destinée et préparée à recevoir le genre humain ; nous prétendons que nos actes libres de tous les jours, nos déterminations morales, nos actions religieuses, ont, grâce à la providence spéciale du Dieu qui les surveille pour les punir ou les récompenser, une influence directrice sur les phénomènes matériels de l'univers, une influence capable de modifier profondément la série de ces phénomènes. Le divin conducteur du char tient compte, en le guidant, de nos besoins et de nos désirs.

Cette doctrine, qui est en harmonie avec ce qu'il y a de plus profond dans la nature morale et religieuse de l'homme, ne plaît pas à tous les esprits. Elle a pour adversaires, non seulement les athées qui sont forcément fatalistes, mais encore des philosophes qui font profession de croire à un Dieu créateur et conservateur du monde. Un homme qui est arrivé à la célébrité dans plus d'un genre, M. Jules Simon, a écrit, il y a quelque vingt ans, un ouvrage intitulé *La Religion naturelle*, qui a bien un peu pour objet de combattre la religion surnaturelle, mais où cependant il a osé soutenir et la création, et la Providence, et la vie future, toutes choses que beaucoup de ses amis condamnent aujourd'hui comme réactionnaires. Il n'y parle de Dieu qu'avec onction, avec dévotion même. « Mon cœur est tout plein de lui, » nous dit-il dans sa préface. « Il est mon soutien et mon espoir, le fondement de ma raison, l'étoile de mon amour et de ma volonté. » Et cette dévotion est pratique; elle le détache du monde, et le rend capable de tous les efforts et de tous les sacrifices. « Voilà ma foi, dit-il un peu plus loin. Rempli de cette pensée, je ne puis connaître la solitude, ni le désespoir. Dieu me voit, Dieu m'attend. Je vois le monde invisible par les yeux de mon entendement. Ce monde-ci peut m'écraser ; ce n'est qu'une douleur d'un jour, dont je serai payé au centuple. Je sais que la carrière de la vertu est pénible, que le vice et quelquefois le crime sont des éléments de succès. Je ne demande rien au monde que l'occasion de lutter et de mériter. Mon repos, ma patrie, mon Dieu sont ailleurs. »

Cependant M. Jules Simon n'admet pas « que Dieu dirige le monde, et particulièrement l'humanité, par une intervention spéciale de tous les instants », pour lui le gouvernement de la Providence n'est représenté que par l'établissement de « lois générales ». Et voici sa raison : « Si l'on disait tout simplement que la volonté de Dieu est présente partout comme son intelligence, il faudrait le reconnaître ; mais là n'est pas la question. Ce que l'on demande, dans le système que nous examinons, ce n'est pas que Dieu puisse agir partout, ce n'est pas même qu'il agisse partout; sur ces deux points, il n'y aurait aucune contestation; c'est qu'il modifie ses résolutions, qu'il interrompe le cours de ses lois générales, par suite de l'usage que les hommes auront fait de leur liberté. En un mot, on demande que le plan de l'univers ne soit pas stable, que les résolutions de Dieu ne soient pas inébranlables, que ses vues ne soient pas exclusivement générales, que son acte ne soit pas unique, que sa sérénité ne soit pas absolue; mais qu'au contraire, il reçoive en lui des mouvements causés par sa créature, qu'il réponde par des résolutions nouvelles à nos vœux et à nos fautes; en un mot, car il n'y a pas moyen de résister à cette conséquence et elle nous revient de toutes parts, qu'il tombe avec nous dans le temps : ce qui est absurde[1]. »

Les considérations de mécanique rationnelle, dans lesquelles nous avons dû entrer précédemment, nous rendent bien facile la réfutation de cette objection. Relevons-y d'abord une confusion que commettent souvent les philosophes quand ils parlent de ces questions cosmologiques. Ils semblent ignorer qu'une série de phénomènes peut être altérée, très profondément altérée, au point

[1] *La Religion naturelle*, deuxième partie, chap. IV.

de n'avoir plus rien de sa physionomie primitive, sans que pour cela il soit nécessaire « d'interrompre le cours des lois générales ». Il y a deux choses distinctes dans tout problème de dynamique : les lois générales qui figurent dans les équations différentielles, et ce qu'on appelle l'état initial. En faisant varier celui-ci, on trouve par les mêmes équations, c'est-à-dire par les mêmes lois et avec les mêmes forces, des résultats très différents, parfois même opposés. C'est la même loi, c'est la même force qui fait tourner la planète dans une orbite à peu près circulaire, et rejette la comète dans l'espace sur une orbite hyperbolique. Il n'y a, entre les deux cas, qu'une différence de vitesses initiales. Dans l'immense problème du monde, songeons aux milliards d'atomes qui constituent la plus petite particule de matière, aux masses énormes que nous connaissons dans cette étendue aux limites ignorées, et demandons-nous combien d'états initiaux différents il est possible d'obtenir en variant seulement les positions de tous ces atomes. Un pareil nombre nous confond, nous ne saurions l'imaginer ; mais Dieu, qui le connaît, en connaît également toutes les unités ; et sous chacune de ces unités il voit toute la série de phénomènes qui en découlerait. Il voit cela bien plus nettement que nous ne voyons nous-mêmes, dans les équations les plus simples de la mécanique céleste, les diverses orbites, elliptiques, paraboliques, hyperboliques, résulter des diverses conditions initiales qu'il nous plaît de supposer. Eh bien ! chacun de ces états initiaux constitue un plan différent ; et quoiqu'ils correspondent tous aux mêmes lois générales, nous concevons sans peine qu'il en doive découler des séries d'événements tellement diverses que nous n'y pourrions deviner la moindre ressemblance. De tous ces plans possibles, un seul a été choisi. Quelle a pu être la raison de ce choix ?

Dieu, qui prévoit jusqu'aux dernières conséquences de chaque état initial, n'est pas arrêté dans sa prescience par notre liberté. Il prévoit tous nos actes libres ; ce qui ne les empêche pas d'être libres, car ils ne seront pas posés parce qu'ils sont prévus, mais ils sont prévus parce qu'ils seront posés. Ces actes entrent dans le développement du plan divin avec tous ceux des substances atomiques, et Dieu prévoit leurs rapports mutuels. Ici évidemment le problème de l'univers s'élargit; ce n'est plus un simple problème de mécanique, c'est un problème providentiel qui dépasse la portée de toute intelligence créée. Seul le Créateur peut le résoudre, en coordonnant, dans sa prescience, des phénomènes de deux classes essentiellement distinctes. Mais dans cette coordination, laquelle des deux classes devra être subordonnée à l'autre ? Évidemment la matière doit ici se soumettre à l'esprit ; évidemment l'ordre intellectuel et moral sera la raison d'être de l'ordre purement matériel. L'état initial des atomes sera donc disposé en vue des phénomènes intellectuels et moraux auxquels ils doivent concourir dans la suite des siècles; et l'on peut dire que ce qui détermine le choix providentiel entre les états initiaux, c'est la prévision des actes libres.

Eh bien ! faut-il pour admettre une pareille doctrine, demander que Dieu « modifie ses résolutions, qu'il interrompe le cours de ses lois générales, par suite de l'usage que les hommes auront fait de leur liberté » ? S'ensuit-il « que le plan de l'univers ne soit pas stable, que les résolutions de Dieu ne soient pas inébranlables?... qu'il réponde par des résolutions nouvelles à nos vœux et à nos fautes ? en un mot... qu'il tombe avec nous dans le temps : ce qui est absurde » ? Évidemment non. Et cependant il ressort bien de cette même doctrine que nos actes libres de tous les jours, nos déterminations morales, nos actions religieuses exercent une influence directrice sur les phénomènes matériels de l'univers, puisque la série de ces phénomènes, et l'état initial dont ils dérivent, ont été choisis par la Providence en vue de l'usage que nous devions faire de notre liberté. Nul de nous ne peut dire ce que telle de ses actions libres, supprimée librement comme elle pouvait l'être, ou remplacée par son contraire, eût, grâce à la prescience et à la volonté du Créateur, entraîné de changements dans l'état initial de l'univers et, par suite, dans tous les états postérieurs.

Il faut donc reconnaître, non seulement la haute dignité, mais encore la souveraine puissance de la liberté morale. Dieu l'a placée au sommet de son œuvre, et c'est en la regardant qu'il a disposé toute la création matérielle. C'est elle qui, semblable au ferment de l'évangile, remue toute cette masse énorme du monde qui sans elle serait une masse inerte. L'âme humaine, dont la force mécanique est si peu de chose qu'elle échappe aujourd'hui encore à nos mesures, donne cependant la vie et le mouvemeut à tout son organisme ; de même, grâce à la Providence, la liberté morale, malgré la faiblesse de son action immédiate, dirige en réalité l'ensemble de l'univers ; on peut dire qu'elle en est l'âme, et l'on a bien le droit de détourner quelque peu de leur sens, pour les lui appliquer, les beaux vers du poète latin :

Principio cœlum, ac terras, camposque liquentes,
Lucentemque globum Lunæ, Titaniaque astra
Spiritus intus alit ; totamque infusa per artus
Mens agitat molem, et magno se corpore miscet [1].

Au fond, la conviction d'une providence spéciale se trouve dans toutes les consciences, elle y est la source de nos actes moraux et religieux. C'est d'elle que naît cet invincible besoin de la prière, qui se fait sentir même aux malheureux qui font profession d'athéisme. On conçoit qu'un adversaire de l'Église essaie de l'ébranler; car c'est vers l'Église qu'elle pousse l'humanité; tout esprit sincère qui se laisse guider par elle, en étudiant l'histoire, finit par y reconnaître, avec Bossuet, l'action d'un « Dieu qui rapporte tous ses conseils à la conservation de la sainte Église [2] ».

Ces considérations nous mèneraient peut-être un peu loin des phénomènes matériels ; mais à coup sûr, ce ne sera pas sortir de notre sujet, que de dire un mot de la prière ; car l'Église nous enseigne à prier, même pour demander des bienfaits temporels. C'est son divin fondateur qui a dit dans l'Évangile : « Vous prierez ainsi : Notre père qui

[1] Énéide, liv. VI.

[2] Oraison funèbre de la reine d'Angleterre.

êtes aux cieux,... donnez-nous aujourd'hui notre pain quotidien. »

Il est vrai que M. Jules Simon nous dit le contraire : « Nous ne dirons pas : Mon Dieu, fais pousser mes épis. Mais nous dirons : Mon Dieu, donne-moi le courage de semer ; ou : console-moi de n'avoir pas récolté. » Quelques lignes plus haut, il disait : « Il n'est pas permis de demander à Dieu des choses pour lesquelles on rougirait d'importuner un ami. Quand même il s'agirait de toute notre fortune, est-il d'une âme religieuse de ne comparaître devant son Créateur que pour en faire le confident d'une pensée d'avarice ? Dans le combat que se livrent nos convoitises, Dieu est indifférent, ou, s'il accorde sa protection, il ne l'accorde qu'au courage et au travail. C'est donc en travaillant, et non en formant des vœux, que nous pouvons réussir. En courant dans une plaine, je sens tout à coup que la terre me manque, et que je suis précipité. — O mon Dieu, sauvez-moi ! — C'est le cri que la nature m'inspire. Mais comment Dieu me sauvera-t-il ? Sera-ce par un miracle ; en suspendant l'action des lois de la pesanteur? Non : cette espérance ne traverse pas même mon esprit. Je demande à Dieu de me faire trouver une branche secourable, au lieu de me laisser rouler jusqu'à l'abîme. Mais cette branche, elle est là, dans la direction de mon corps. Si elle y était avant ma prière, j'ai prié en vain; si elle n'y était pas, et que Dieu l'y mette, ce miracle n'est pas moins étonnant que de suspendre les lois de la pesanteur. Ainsi ma prière, si elle est sérieuse, est la demande formelle d'un miracle. C'est qu'au fond elle n'est que l'instinct irréfléchi d'un être faible qui se sent périr, et qui invoque le Dieu dont il tient la vie. Si nous savions toujours ce que nous faisons quand nous prions, nous ne demanderions pas si facilement des miracles; et nous ne les demanderions pas pour obtenir un jour de plus à passer loin de Dieu sur cette terre [1]. »

Le trait final est « d'une âme religieuse » ; le reste n'est, au fond, que l'argument ordinaire de toutes les âmes irréligieuses. Voici cet argument dans toute sa force : Les phénomènes matériels sont à chaque instant nécessités par les états antérieurs du monde. Demander à Dieu de les régler d'après nos désirs, c'est faire une œuvre inutile ou présomptueuse : inutile, parce que l'événement, s'il fait partie de la série prédestinée, arrivera sans que nous le demandions ; présomptueuse, parce que, dans le cas contraire, nous demandons en réalité une suspension du cours naturel des choses, un miracle.

[1] *La Religion naturelle,* quatrième partie, chap. I.

La réponse est facile d'après ce qui a été dit du plan providentiel. La série des événements, et l'état initial dont elle dépend, ont été choisis en vue des actes libres et, entre autres, des prières que nous devions adresser à Dieu ; ce qui fait que tout en dérivant, par les lois naturelles, de l'état initial du monde, tout en restant de purs événements naturels, les bienfaits temporels que Dieu nous accorde peuvent très bien avoir pour cause déterminante la demande que nous lui en faisons. Sans notre demande, un autre état initial aurait, de par les mêmes lois, amené un résultat tout différent. Nos prières ne sont donc pas inutiles, puisqu'elles peuvent être la cause qui, dans la prescience divine, détermine l'événement ; elles ne sont pas présomptueuses, puisqu'elles ne demandent aucune dérogation au cours de la nature. La prière, si nous en croyons l'instinct religieux de l'humanité, doit être une chose des plus ordinaires. Il serait absurde qu'elle ne pût avoir d'influence que pour obtenir une chose nécessairement extraordinaire, le miracle.

Après avoir lu cette réponse à M. Jules Simon, un ami nous signala une lettre d'Euler, dans laquelle l'illustre géomètre expose très clairement la même doctrine. C'est la 90e *Lettre à une prin-*

cesse d'Allemagne. Nous voudrions la citer tout entière ; en voici du moins quelques passages :

« Je remarque d'abord que, quand Dieu a établi le cours du monde et qu'il a arrangé tous les événements qui devaient y arriver, il a eu égard à toutes les circonstances qui accompagnaient chaque événement et particulièrement aux dispositions, aux vœux et aux prières de chaque être intelligent, et que l'arrangement de tous les événements a été mis parfaitement d'accord avec toutes ces circonstances. Quand donc un fidèle adresse à Dieu une prière digne d'être exaucée, il ne faut pas s'imaginer que cette prière ne parvient qu'à présent à la connaissance de Dieu. Il a déjà entendu cette prière depuis toute l'éternité, et si ce père miséricordieux l'a jugée digne d'être exaucée, il a arrangé exprès le monde en faveur de cette prière, en sorte que l'accomplissement fût une suite du cours naturel des événements. C'est ainsi que Dieu exauce les prières des fidèles sans faire des miracles ; quoiqu'il n'y ait aucune raison de nier que Dieu ait fait et fasse encore quelquefois de vrais miracles.

» L'établissement du cours du monde une fois fixé, loin de rendre nos prières inutiles, comme le prétendent les esprits forts, augmente plutôt notre confiance, en nous apprenant cette vérité consolante, que toutes nos prières ont été déjà présentées dès le commencement aux pieds du trône du Tout-Puissant, et qu'elles ont été placées dans le plan du monde, comme des motifs sur lesquels les événements devaient être réglés, conformément à la sagesse infinie du Créateur...

» Il en faut absolument conclure que les êtres intelligents et leur salut doivent avoir été le principal objet sur lequel Dieu a réglé l'arrangement de ce monde, et nous devons être assurés que tous les événements qui y arrivent sont dans la plus merveilleuse liaison avec les besoins de tous les êtres intelligents, pour les conduire à leur véritable félicité, mais sans contrainte, à cause de la liberté qui est aussi essentielle aux esprits que l'étendue l'est aux corps. Il ne faut donc pas être surpris qu'il y ait des êtres intelligents qui n'arriveront jamais au bonheur.

» C'est dans cette liaison des esprits avec les événements du monde que consiste la providence divine, à laquelle chacun a la consolation de participer; de sorte que chaque homme peut être assuré que, de toute éternité, il est entré dans le plan du monde, et que même tout ce qui lui arrive se trouve dans la plus étroite connexion avec ses besoins les plus pressants et qui tendent à son salut. »

Cette doctrine, qu'il ne faut pas confondre avec celle de Leibnitz sur l'harmonie préétablie, n'est pas née au XVIIIe siècle. Saint Thomas d'Aquin au XIIIe, et saint Grégoire le Grand au VIe, l'enseignaient également, comme on peut le voir par le passage suivant de la *Somme théologique*[1] :

« Il ne faut, pour montrer l'utilité de la prière, ni mettre la nécessité dans les choses humaines soumises à la providence divine, ni regarder le plan divin comme sujet au changement.

» On le verra bien si l'on considère que la divine

[1] 2a 2æ, q. 83, a. 2. — « Oportet sic inducere orationis utilitatem, ut neque rebus humanis divinæ providentiæ subjectis necessitatem imponamus, neque etiam divinam dispositionem mutabilem æstimemus.

» Ad hujus ergo evidentiam considerandum est, quod ex divina providentia non solum disponitur qui effectus fiant, sed etiam ex quibus causis et quo ordine proveniant. Inter alias autem causas, sunt etiam quorumdam causæ actus humani. Unde oportet homines agere aliqua, non ut per suos actus divinam dispositionem immutent, sed ut per actus suos impleant quosdam effectus secundum ordinem a Deo dispositum : et idem etiam est in naturalibus causis. Et simile est etiam in oratione : non enim propter hoc oramus ut divinam dispositionem immutemus, sed ut id impetremus quod Deus disposuit per orationes esse implendum, ut scilicet *homines postulando mereantur accipere quod eis Deus omnipotens ante sæcula disposuit donare*, ut Gregorius dicit in Lib. I. Dialogorum (Cap. VIII a med.). »

providence dispose, non seulement que tels effets se produiront, mais encore qu'ils proviendront de telles causes et dans tel ordre. Or parmi les causes, il y a, pour certains effets, les actions humaines. Il faut donc que les hommes agissent, non pour changer par là le plan divin, mais pour amener certains effets dans l'ordre voulu par Dieu ; et il en est de même pour les causes naturelles. Tel est aussi le cas de la prière : nous ne prions pas pour changer le plan divin, mais pour obtenir ce dont l'accomplissement a été, dans ce plan, subordonné à la prière ; de sorte que *les hommes, par leurs demandes, méritent de recevoir ce qu'avant tous les siècles, le Tout-Puissant a décidé de leur accorder*, comme le dit saint Grégoire au 1er livre des Dialogues (chap. VII). »

Quant au miracle lui-même, il entre comme tous nos actes libres dans le plan de la Providence. Ce n'est pas une dérogation postérieure à l'ordre précédemment établi, une correction qui témoigne d'une imperfection dans le plan. C'est une suspension prévue dans la série naturelle, voulue d'avance comme dérogation à l'ordre établi, et destinée comme telle à attester aux hommes la volonté divine.

Nous ne pouvons pas, dans les circonstances

ordinaires, demander à Dieu qu'il porte ce témoignage ; de même que, suivant le décalogue, nous ne pouvons pas « prendre en vain le nom du Seigneur ». C'est une présomption, en règle générale, de demander un miracle. Aussi quand nous savons que l'ordre naturel doit amener tel phénomène, quand nous savons que tel autre est exclu de la série par les phénomènes antérieurs, nous devons simplement nous soumettre à la volonté de Dieu suffisamment manifestée. Mais dans l'ignorance où nous sommes le plus souvent de ce que l'avenir nous réserve, les prières que nous adressons à Dieu pour obtenir, par exemple, la cessation d'un fléau, une guérison, des circonstances favorables à notre industrie, à notre agriculture, à toutes nos entreprises légitimes, sont parfaitement rationnelles et méritoires. Il n'y a que les esprits légers ou les cœurs irréligieux qui puissent, en les condamnant, condamner la pratique universelle et constante de l'humanité.

FIN DU TOME PREMIER.

TABLE DES MATIÈRES

CHAPITRE II.

LA PHYSIQUE MODERNE.

CHAPITRE III.

LA THÉORIE ATOMIQUE.

CHAPITRE IV.

L'INFINI DANS LE TEMPS ET DANS L'ESPACE.—LA CRÉATION.

CHAPITRE V.

LOIS GÉNÉRALES DE L'UNIVERS. — LA REVERSION. — LA PROVIDENCE.

BRUXELLES. — IMP. ALFRED VROMANT.

MÊME LIBRAIRIE

NOUVELLE BIBLIOTHÈQUE SCIENTIFIQUE

A TROIS FRANCS

Les Causeries du docteur, par le Dr DEROUET 1 vol. in-12 de 332 pages.

Comment s'est formé l'Univers, suivi de **Sic itur ad astra,** par JEAN d'ESTIENNE (2e édition revue et augmentée). 1 vol. in-12 de XII-330 pages.

Traité pratique de Chimie agricole et de Physiologie, par A. PROOST, professeur à l'Université catholique de Louvain, secrétaire perpétuel de la Société centrale d'Agriculture de Belgique. 1 vol. in-12 de 40 pages.

Le Darwinisme et l'Origine de l'homme, par l'abbé A. LECOMTE, docteur ès sciences naturelles (2e édition, considérablement augmentée) 1 vol. in-12 de XIII-411 pages.

Les Ignorances de la science moderne, par Eugène LOUDUN. 1 vol. in-12 de XII-283 pages.

La question de Galilée, les faits et leurs conséquences, par HENRI DE L'ÉPINOIS, 1 vol. in-12 de 332 pages.

Les Savants illustres du XVIe et du XVIIe siècle, par C. A. VALSON, doyen de la Faculté catholique des sciences de Lyon. 2 vol. in-12 de 376 pag. chacun.

www.ingramcontent.com/pod-product-compliance
Lightning Source LLC
LaVergne TN
LVHW020603110826
845149LV00002B/360

* 9 7 8 2 0 1 2 8 2 6 9 6 0 *